胡楚生 編著

新譯論語新編解義

三民書局

孔子畫像

孔子塑像

孔子周遊列國圖

孔子授業圖

刊印古籍今注新譯叢書緣起

劉振強

人類歷史發展，每至偏執一端，往而不返的關頭，總有一股新興的反本運動繼起，要求回顧過往的源頭，從中汲取新生的創造力量。孔子所謂的述而不作，溫故知新，以及西方文藝復興所強調的再生精神，都體現了創造源頭這股日新不竭的力量。古典之所以重要，古籍之所以不可不讀，正在這層尋本與啟示的意義上。處於現代世界而倡言讀古書，並不是迷信傳統，更不是故步自封；而是當我們愈懂得聆聽來自根源的聲音，我們就愈懂得如何向歷史追問，也就愈能夠清醒正對當世的苦厄。要擴大心量，冥契古今心靈，會通宇宙精神，不能不由學會讀古書這一層根本的工夫做起。

基於這樣的想法，本局自草創以來，即懷著注譯傳統重要典籍的理想，由第一部的四書做起，希望藉由文字障礙的掃除，幫助有心的讀者，打開禁錮於古老話語中的豐沛寶藏。我們工作的原則是「兼取諸家，直注明解」。一方面熔鑄眾說，擇善而從；一方面也力求明白可喻，達到學術普及化的要求。叢書自陸續出刊以來，頗受各界的喜愛，使我們得到很大的鼓勵，也有信心繼續推廣這項工作。隨著海峽兩岸的交流，我們注譯的成員，也由臺灣各大學的教授，擴及大陸各有專長的學者。陣容的充實，使我們有更多的資源，整理更多樣化的古籍。兼採經、史、子、集四部的要典，重拾對通才器識的重視，將是我們進一步工作的目標。

古籍的注譯，固然是一件繁難的工作，但其實也只是整個工作的開端而已，最後的完成與意義的賦予，全賴讀者的閱讀與自得自證。我們期望這項工作能有助於為世界文化的未來匯流，注入一股源頭活水；也希望各界博雅君子不吝指正，讓我們的步伐能夠更堅穩地走下去。

自敘

《論語》是傳統思想中的寶典，在精簡的文字中，記錄了許多孔子為人處世的哲理。這些哲理，每一句話，都出自孔子內心的深處，每一句話，都流露出智慧的光芒。兩千多年來，這些語句，一直激勵著人們去進德修業，去敦品勵學。即使在現代，仍然值得人們去細心涵泳，反復體味。

今本《論語》二十篇，共計約五百章，輯成於孔門弟子多人之手，因此，每篇的內容，重點並不一致，編次方面，也欠缺系統；加以每篇的篇名，只是擇取該篇首章的幾個文字，作為全篇的名稱，並不標示全篇的主旨，因此，從今本《論語》二十篇的編次中，也不容易見出全書的重心。

本書則是選取《論語》書中對於人們進德勵志尤為切要的部分，凡三百六十五章，略依孔子思想由近及遠、由下學以至上達的順序，重新編排，區分為二十類，另行標目，使得讀者展卷閱讀，即可了解《論語》一書義理的重點，也可以領悟孔子思想逐漸演進的軌跡。

本書的底本，以何晏的《論語集解》為依據。本書的「注釋」及「語譯」部分，力求簡潔明確。「解義」部分，主要是以朱熹的《論語集注》為基礎，並參考古今多家的注解，融會貫通，闡發義理，自己平素閱讀《論語》的心得，也間附其中。希望讀者對於此書，容易接近，容易受益。

程子曾說：「將《論語》中諸弟子問處，便作自己問，聖人答處，便作今日耳聞，自然有得。」由於孔子所說的道理，平易親切，不曾離開人倫日用之間，因此，青年朋友，如能依照程子的方法去閱讀《論語》，面對經典，虛心涵泳，切己體察，實踐力行，自然容易領悟孔子的智慧，自然能夠見解日新，道德日進，從而提升自己的人生境界。

二〇一二年八月三十日

胡楚生　謹識

新譯論語新編解義　目次

導讀——如何學習孔子的智慧

一、孔子與《論語》

孔子是傳統文化的代表人物，他的言行思想，記錄在《論語》之中，極為詳細。班固《漢書・藝文志》說：「《論語》者，孔子應答弟子時人，及弟子相與言而接聞於夫子之語也。當時弟子各有所記，夫子既卒，門人相與輯而論纂，故謂之《論語》。」《論語》中記載孔子的言語，都以「子曰」來尊稱孔子，但是，今本《論語》中記載曾參、有若的話語，也稱之為「曾子」及「有子」，因此，我們可以推測說，《論語》書中，也有曾參及有若的弟子參與編纂的可能。

至於《論語》二字的含義，依據《漢書・藝文志》的說法，將「論」解釋為「論纂」，則是讀「論」為去聲ㄌㄨㄣˋ，用為動詞。另外，劉熙《釋名・釋典藝》說：「論，倫也，有倫理也。」則是讀「論」為陽平聲的ㄌㄨㄣˊ，用為形容詞。這兩種解釋，都各有道理，後世也並行不廢。

孔子是春秋時代的魯國人，他的先世是宋國人。周靈王二十一年，魯襄公二十二年，西元前五五一年，孔子生於魯國昌平鄉陬邑（今山東曲阜附近），而印度的釋迦牟尼，生於西元前五五七年，希臘的蘇格拉底，生於西元前四七三年，世界三大哲人，出生年代如此相近，也是一件罕見的事情。

孔子年幼時，家庭貧困，但他努力學習，多方尋訪名師。他曾經問禮於老子，學琴於師襄，訪樂於萇弘，問官於郯子，並且招收弟子，講論儒學。他也曾周遊列國，尋求致用的機會。孔子年五十五歲時，曾經擔任魯國的大司寇，並攝行相事，與聞國政，僅只經過三個月的時間，魯國就已大治。齊國聽說孔子受到重用，恐怕魯國強盛，對齊國不利，於是贈送魯君許多美女車馬。魯定公與大臣季桓子沉迷於遊樂觀賞之中，孔子不得已，離開了魯國，前往衛國、陳國、宋國、鄭國、蔡國、楚國，但都並未受到各國的重用。

孔子六十八歲時，自衛國返回魯國，於是整理舊籍，刪《詩》、《書》，訂《禮》、《樂》，作《春秋》、贊《易傳》，教導弟子，曾招致弟子約三千人，其中身通六藝者，有七十二人。

周敬王四十一年，魯哀公十六年，西元前四七九年，孔子卒，享年七十三歲，後世尊稱他為「至聖先師」。

二、《論語》的傳本

孔子去世之後，弟子們蒐集各人所記錄的孔子言行，纂輯成為《論語》的初編芻形，等到後來散居在齊國、魯國的孔門弟子及再傳弟子，蒐集資料，進行擴編，分別成為觀點內容略有不同的輯本。流行於魯國的，稱為「魯論」，流行於齊國的，稱為「齊論」。到了漢朝，魯恭王在曲阜孔子舊宅牆壁中又得到以周代古文書寫的《論語》，稱為「古論」。因此，西漢時代，《論語》一書，就有了三種不同的傳本。

何晏《論語集解序》指出，漢代劉向校書，有《魯論語》二十篇，《齊論語》二十二篇，有〈問王〉、〈知道〉，多於《魯論》二篇。晁公武《郡齋讀書志》說：「《齊論》有〈問王〉、〈知道〉兩篇，詳其名，是必論內聖之道，外王之業。」班固《漢書・藝文志》說：「《古論》二十一篇，出孔壁中，兩〈子張〉。」

「魯論」、「齊論」、「古論」，三種不同的《論語》傳本，篇目有所不同，但是，「齊論」和「古論」，漢代以後，已經亡佚。現今傳世的《論語》，基本上，是以「魯論」為主，而參合了「齊論」的一些成分，經由漢代張禹、鄭玄等人陸續整理而成，共計有二十篇。其篇目的名稱，從〈學而第一〉、〈為政第二〉、〈八佾第三〉、〈里仁第四〉、〈公冶長第五〉、〈雍也第六〉、〈述而第七〉、〈泰伯第八〉、〈子罕第九〉、到〈鄉黨第十〉，稱為「上論」。從〈先進第十一〉、〈顏淵第十二〉、〈子路第十三〉、〈憲問第十四〉、〈衛靈公第十五〉、〈季氏第十六〉、〈陽貨第十七〉、〈微子第十八〉、〈子張第十九〉、到〈堯曰第二十〉，稱為「下論」。

三、《論語》的內容與價值

今本《論語》二十篇，全書內容，從形式上來看，其中多數是弟子們記錄孔子的言論，同時，也有孔子回答弟子們的問題，也有孔子回答國君或時人的問題，也有孔門弟子自相問答的言論。

如果從內容的重點來看，則《論語》中所記錄的，約可分為下列幾類：

1.是關於個人品格修養方面的言論，例如討論到「仁」、「義」、「忠」、「恕」等德行。

2.是關於社會倫理方面的言論，例如討論到「孝」、「悌」、「信」、「敬」等行為。

3.是關於教育學習方面的言論，例如討論到「學」、「思」、「君子」、「小人」等問題。

4.是關於施政治民方面的言論，例如討論到「禮」、「樂」、「刑」、「政」等措施。

5.是關於哲理領悟方面的言論，例如討論「天」、「道」、「性」、「命」等義蘊。

在前述的一些思想重點中，最重要的，則是「仁」字。「仁」，可以說是孔子思想的核心，《論語・學而》說：「君子務本，本立而道生，孝弟也者，其為仁之本與！」朱子《集注》說：「仁者，愛之理，心之德也。」《論語・顏淵》說：「顏淵問仁，子曰：『克己復禮為仁。一日克己復禮，天下歸仁焉。為仁由己，而由人乎哉？』」朱子《集注》說：「仁者，本心之全德。」《論語》中的「仁」字，朱子將它的意義解釋為「愛之理，心之德」，解釋為「本心之全德」，不但將「仁」德的意義，解說得十分清楚，同時，也將「仁」德在孔子思想中的核心地位、核心價值，闡釋得非常明確。

在孔子的思想中，由「仁」作為核心，向內，可以統領許多德目，成就克己修養的品格；向外，可以維繫許多德目，成就愛民從政的事業。所以，《論語・八佾》說：「子曰：『人而不仁，如禮何？人而不仁，如樂何？』」《論語・述而》說：「子曰：『仁遠乎哉？我欲仁，斯仁至矣。』」《論語・憲問》說：「子曰：『有德者必有言，有言者不必有德。仁者必有勇，勇者不必有仁。』」《論語，衛靈公》說：「子曰：『知及之，仁不能守之，雖得之，必失之。』」這都是以「仁」向內在修養個人品格方面的重要作用。

至於將「仁」德擴大到愛民治國方面，像《論語・雍也》說：「子貢曰：『如有博施於民，而能濟眾，何如？可謂仁乎？』子曰：『何事於仁，必也聖乎！堯舜其猶病諸！夫仁者，己欲立而立人，己欲達而達人。能近取譬，可謂仁之方也已。』」《論語・顏淵》說：「樊遲問仁，子曰：『愛人。』問知，子曰：『知人。』」《論語・衛靈公》說：「子曰：『民之於仁也，甚於水火。水火，吾見蹈而死者矣，未見蹈仁而死者也。』」《論語・陽貨》說：「子張問仁於孔子，孔子曰：『能行五者於天下，為仁矣。』『請問之？』曰：『恭、寬、信、敏、惠。恭則不侮，寬則得眾，信則人任焉，敏則有功，惠則足以使人。』」這也是以「仁」

向外在愛民施政方面的重要功用。

因此，孔子的思想，是以「仁」為核心，由「仁」而引申出許多道德項目、施政方針，如孝悌忠恕、禮樂刑政等等，並將這些道德項目、施政方針，環繞著「仁」德，組織成一套嚴謹的系統，獨特的體系。

《論語》成書以後，成為歷代學子人人閱讀的重要典籍，孔子的思想，也自然影響到歷代人們的觀念。許多人們心靈深處的道德標準、人倫規範、是非準繩、價值判斷，都已經深深地受到孔子思想的薰陶，而逐漸形成了中華民族的民族性格。甚至《論語》中的許多嘉言名句，像「溫故知新」、「有教無類」、「君子不器」、「任重道遠」、「見賢思齊」、「見利思義」、「己所不欲，勿施於人」等等，也自然成為國人習以為常，共同使用的成語，一直影響著國人的生活與觀點。

梁啟超先生曾經說道：「《論語》為二千年來國人思想之總源泉。」（見《國學入門書要目及其讀法》）他的話語，確實指出了《論語》一書的重要與價值。

四、本書的編纂與讀法

《論語》一書，共二十篇，它的篇名，只是擇取了該篇首章文句中開始的幾個文字，用以標目，以便於閱讀檢視；它的篇名，卻並不標示其全篇的意旨，例如〈學而〉篇，取該篇首章「學而時習之」句中的兩字命名，但〈學而〉篇中的其他章句，並不完全論學；又如〈為政〉篇，取該篇首章「為政以德」句中的兩字命名，但〈為政〉篇中的其他章句，也並不完全討論政治。因此，《論語》二十篇的內容，編次方面，較為駁雜；僅從每篇的篇名，也不容易見出二十篇的內容。讀者閱讀，也不容易立即掌握到《論語》的重點。

早在元代，朱公遷撰寫《四書通旨》一書，已將《四書》的文字，條分縷析，以類相從，區分為九十八門，例如「天」、「命」、「性」、「仁」、「義」、「禮」、「知」、「信」、「中」、「敬」、「剛」、「勇」等等。他的用意，是要使得《四書》重新分類，便於讀者閱讀，便於掌握書中要旨。他的方法，雖然可取，只是，他將《四書》區分為九十八類，不免過於繁瑣。

《論語．為政》說：「子曰：『吾十有五而志於學，三十而立，四十而不惑，五十而知天命，六十而耳順，七十而從心所欲，不踰矩。』」這一章，是孔子晚年，回憶他自己一生學習的經過，隨著年齡而與時俱進的階段歷程，以及下學人事，上達天理，所曾達到的心靈境界。

本書採取新編的方式，從《論語》約五百章的文句中，選取了對於人們進德勵志尤為切要的部分，凡三百六十五章，依據前文所引孔子自述為學的階段脈絡，重新編排，共分為勵學、教育、孝悌、禮樂等二十項類別。讀者依次閱覽，可以了解《論語》中由淺入深的分類重點，更可以了解孔子為學的心路歷程，可以體會孔子思想演進的軌跡。

閱讀《論語》，雖然可以有各種不同的目的，但是，最重要的，仍然是希望讀者能將孔子的智慧之言，體貼到自己的身心行為上面，去加以踐行，以求變化氣質，增進德性。

程子曾說：「讀《論語》，有讀了全然無事者，有讀了後其中得一兩句喜者，有讀了後知好之者，有讀了後不知手之舞之足之蹈之者。」又說：「今人不會讀書，如讀《論語》，未讀時是此等人，讀了後又只是此等人，便是不曾讀。」（引見朱熹《論語集注》書前〈論語序說〉）朱子也說：「《論語》難讀，日只可看一二段，不可只道理會文義得了便了；須是仔細玩味，以身體之，見前後晦明生熟不同，方是切實。」（見《朱子語類》卷十九）他們的這些叮嚀，都是希望讀者在閱讀《論語》時，能夠將聖人的言語，切己體會，在自己的身心行為上，求取真實的受用，增進自己人生的智慧。

一、勵學

小引

人生在世，除了極為少數的天才，智慧超群，不學而能之外，一般的常人，都需要經過不斷地學習，累積知識，逐漸地融會貫通，才能成為某一方面的專家，進而學以致用。

孔子是一位教育家，在歷史上，他首開私人講習之風，他教導學生，從事學習的重點，有兩個方向，一是品行道德，一是知識才能。

在品行道德方面，孔子強調應培養孝悌忠信的品德，才能使得人們家庭和樂，處事勤懇。他教導弟子，要養成智仁勇兼備的人格，具備修己治人的抱負，要結交有益的朋友，相互砥礪，以成就敦厚的品德。

在知識才能方面，孔子教導弟子，要學思並重，否則，「學而不思則罔，思而不學則殆」（《論語・為政》），容易陷入一偏之失；要溫故知新，從過往的知識中去多方探索，以引發出自己的新見解；同時，也應該去多方學習，「攻乎異端」（《論語・為政》），多了解與自己研習方向不同的思想學說，以開拓自己心靈上的廣度。

等到具備了優秀的品德、豐富的知識之後，孔子更鼓勵門下弟子，要學以致用，將自己的才華學識，貢獻給社會，造福於人群。

（一）

子❶曰：「學而時習之，不亦說❷乎？有朋❸自遠方來，不亦樂乎？人不知而不慍❹，不亦君子❺乎？」（〈學而第一〉．一）

【注　釋】❶子　弟子尊稱老師為子，《論語》中「子曰」之子，都指孔子。❷說　同「悅」。心中歡喜。❸朋　包咸曰：「同門曰朋。」也指志趣相投的人。❹慍　怨怒。❺君子　成德者之名。

【語　譯】孔子說：「已經獲得的學識，時常加以溫習，並可產生新知，不是很令人喜悅的事情嗎？有志同道合的朋友從遠處來訪，不是很令人快樂的事情嗎？別人不了解我的才學，我心中並無慍怒之意，不是很有風度的君子嗎？」

【解　義】人生在世，必須經過不斷地學習，知識品德，才會逐漸地進步。基本上，學字有「效」和「覺」兩種意義，因此，學習也有兩種方式，一種是向外去仿效別人的長處，一種是向內覺悟自己本具的才情，如此內外兼修，學識品德，才能日益進步。同時，學習知識，修養品德，如能有朋友在旁，彼此砥礪，更能達到事半功倍的效果。但是，學習的目的，主要在於充實自己的學識和品德，成就自己的事業，因此，即使暫不為他人所了解，也應當怡然自在，作一個精神能夠自主，不假外慕的君子，才能卓然自立於社會之中。

（二）

子曰：「君子食無求❶飽，居無求安，敏❷於事而慎❸於言，就有道而正焉❹，可謂好學也已。」（〈學而第一〉．十四）

【注釋】❶無求　不必強行要求。❷敏　勤敏。❸慎　謹慎。❹就有道而正焉　就，接近。有道，有道德的人。正，指正。

【語譯】孔子說：「君子對食物不求滿足，對居處不求安適，對於工作敏捷從事，對於言語謹慎小心，又能親近賢人而改正自己的過錯，這種人，可以算是好學之士了。」

【解義】在《論語》中，君子有兩種意義，一種是位居高官者，一種是品德優秀者。在此章中，孔子以為，無論是居高位者，或是品德優秀者，都應該不過度尋求安飽，不為物質的欲望所困擾，而應處世敏捷，言語謹慎，以免貽誤要事，也應該經常向有見解有道德的前輩去請求指正，才是君子好學不倦的態度。

（三）

子夏❶曰：「日知其所亡❷，月無忘其所能❸，可謂好學也已矣。」

〈子張第十九〉．五

【注釋】❶子夏　姓卜，名商，孔子弟子。❷亡　與「無」通。❸所能　指已經了解的知識。

【語譯】子夏說：「每天都能知道一些自己前所未聞的新知識，每月都能勤加溫習，以免遺忘。這樣，可以說是好學的人了。」

【解義】為學之道，當力求日獲新知，日有進益，又希望能夠每月複習檢討，溫故知新，累積舊日所得，不使遺忘，如此，自然基礎穩固，可以進求深造而自得。

（四）

子曰：「學而不思則罔❶，思而不學則殆❷。」〈為政第二〉．十五

【注釋】❶罔　迷惘。❷殆　危疑不安。

【語　譯】孔子說：「只知學習，而不加以思考，就會迷惘而無所得。只知思索，而不加以學習，就會陷入危疑不安。」

【解　義】學是從經驗中去學習，思是從理性上去推究。學而不思，指僅從外在去學習累積經驗，卻不反求內心作理性的思考，則其流弊，將心無主宰，難於判斷是非，容易陷於迷惘。思而不學，是指僅在內心反覆推究，卻不向外面去求實證，無法斷定思考所得，是否正確，容易陷入疑惑不安。因此，學思兩者，應當交互應用，齊頭並進，學問才有把握。

（五）

子曰：「溫故❶而知新❷，可以為師矣。」（〈為政第二〉・十一）

【注　釋】❶溫故　溫習舊有知識。❷知新　增加新近所得。

【語　譯】孔子說：「溫習以前所學的知識，從而體會出新的道理，便可以作為別人的老師了。」

【解　義】溫故而知新，故是舊日所聞，新是創獲所見，為學者既能時習舊聞，優游於故業之中，剎時靈光乍現，轉出心得，體悟新知，如此才可以為人師表。因此，溫故而知新，「而」字承接溫故與知新兩者，將之綰合為一事，學問見識，由故生新，日久，新又成故，故再生新，產生無窮義趣，而其得力處，仍然只在一個溫字上面。

（六）

子曰：「知之者❶不如好之者❷，好之者不如樂之者❸。」（〈雍也第六〉．十八）

【注釋】❶知之者　指初步了解的人。❷好之者　指心中喜愛的人。❸樂之者　指以此為樂的人。

【語譯】孔子說：「對於任何學問，了解它的人，不如喜愛它的人，喜愛它的人，不如以它為樂的人。」

【解義】學習任何事物，「知之」是初步的認識，「好之」是感情上的共鳴，「樂之」是性格上的相融，三者由淺入深。學習者有此三種層次，也期望在所學的對象中，逐漸升級，找到自己能好能樂的重心，逐漸而與所學的對象渾然一體，才能更加接近成功的目標。

（七）

子曰：「古之學者為己❶，今之學者為人❷。」（〈憲問第十四〉．二十五）

【注　釋】❶為己　指充實自己。❷為人　指求人所知。

【語　譯】孔子說：「古代的人求學，是為了充實自己的學問道德；現代的人求學，是為了獲得虛名，使人知曉。」

【解　義】為己之學，是希望充實自己，進德修業，心得日長，故盡其在己，重心在內。為人之學，是希望求為人知，求為人信，求為人用，故專務虛譽，重心在外。

（八）

子曰：「攻乎異端❶，斯害也已❷。」〈為政第二〉．十六

【注　釋】❶攻乎異端　研究雜學。攻，專門研究。異端，指雜學，非聖人之道。❷斯害也已　害，危害。也，語助詞。已，停止。

【語　譯】孔子說：「研究不同於自己的學術，它可能產生的弊害，就會中止。」

【解　義】攻，是研究之義，異端，指學術方向與自己不相同的另外一種主張。孔子以為，天下學術眾多，即使遇到與自己主張不相同的見解，也應該去加以研究，多所了解，才能深切知道對方的得失利弊。反之，如果遇到與自己學術思想有所不同的見解，就力加斥責，橫施攻擊，以致黨同伐異，陷於偏失，而未能觀察學問的多種面向，則於自己，必有禍害。

（九）

子曰：「由❶，誨女❷知之乎？知之為知之，不知為不知，是知也。」

〈為政第二〉‧十七

【注釋】❶由　姓仲，名由，字子路，孔子弟子。❷誨女　誨，教導。女，通「汝」，意義與現在的「你」相同。

【語譯】孔子說：「仲由啊，我所教你的都知道了嗎？知道的就說知道，不知道的就說不知道，這就是求知的基本態度。」

【解義】人非萬能，所知必然有限，但人們常有好勝之心，每逢他人詢問某些事件，不免強其不知，以為已知，近於自欺。故人們對於已知之事，強調其為已知，其事甚易，對於不知之事，承認其為不知，其事反而甚難。孔子弟子仲由經常勇於作為，不免強不知，以為已知，因此，孔子教他，果能以不知為不知，才是真正求知之道。

（一〇）

孔子曰：「生而知之者❶，上也；學而知之者，次也；困而學之❷，又其次也；困而不學，民斯為下矣。」（〈季氏第十六〉．九）

【注釋】❶生而知之者　指聖人，不需經過學習，就能了解大道者。❷困而學之　經過後天努力學習。

【語譯】孔子說：「生來就知道一切的，是上等智慧的人；一經學習就知道的，是次一等聰明的人；克服困境發憤力學的，又是次一等的人；遭遇困難就自暴自棄的，則是最不求上進的人。」

【解義】人的先天稟賦，後天努力，各有不同，如果希望自己學業有成，體悟至道，則人們的致力之道，約可分為三個層次：生知、學知、困學，此三者，其經過與難易，雖然不同，但及其到達「知」的程度，卻並無差異。故君子最重力學不倦，刻苦自勵，即使歷經艱困，所得所獲，也越發親切可貴。至於困而不學，自然居於最下。

（一一）

子曰：「我非生而知之者，好古，敏❶以求之者也。」（〈述而第七〉．十九）

【注釋】❶敏　勤奮敏捷。

【語譯】孔子說：「我不是生下來就知道許多道理的人，只不過是喜歡研讀古代典籍，又肯勤勉求學而得來的。」

【解義】學問能有成就，既需要有先天的才智，也需要有後天的努力，兩相配合，才能達到理想的境地。孔子天智雖高，卻格外注重後天勤敏的用功，所以孔子以為，自己並非生而知之，主要在於以古為師，學習前人的經驗，體會古人的智慧。因此，孔子時常稱讚弟子好學，而不稱讚弟子才質之美，理由也應當在此。

（一二）

子曰：「蓋有不知而作之者❶，我無是也。多聞，擇其善者而從之，多見而識❷之，知❸之次也。」〈述而第七〉．二十七

【注釋】❶蓋有不知而作之者　指不知其理而憑空創造的人。蓋，大概。❷識　記憶。❸知　與「智」同。

【語譯】孔子說：「往往有一種人，對事理一無所知，卻憑空創作，我不會這樣做。多聽別人言說，選擇其中好的部分，加以接受，多觀察別人的行事，用心記住。這種求知的方法，是僅次於生而知之的人了。」

【解義】孔子之時，常有人未明其理，卻妄自創作篇籍、典禮制度，孔子不以為然，認為自己求

知明理，是用多聞多見的工夫，比較異同，然後擇其善者，從之而行，記之於心。這種求知的方法，比起生而知之的人，孔子謙虛地以為，自己僅能達到學而知之的層次而已。

（一三）

子曰：「吾嘗終日❶不食，終夜❷不寢❸，以思，無益，不如學也。」

（〈衛靈公第十五〉・三十一）

【注釋】❶終日　一整天。❷終夜　一整夜。❸寢　睡眠。

【語譯】孔子說：「我曾經整天不吃飯，整晚不睡覺，去思考，可是沒有益處，還不如去學習來得有用。」

【解　義】思是默坐靜想，獨力探索，是向內心尋覓理則；學是向外習取他人的經驗，以增進自己的知識。學思並用，相輔相濟，才有進益。但如日夜不食不寢，全力思索，仍不能有所心得，則不妨先去博覽書冊，等到擁有了一定程度的知識水準，然後再去深思熟慮，學思並用，必有所獲。

（一四）

子曰：「十室之邑❶，必有忠信如丘❷者焉，不如丘之好學也。」

（〈公冶長第五〉．二十八）

【注釋】❶十室之邑　只有十戶人家的小村莊。❷丘　孔子名丘，字仲尼。孔子自稱，必名丘，以示謙虛。弟子稱呼孔子，則必稱仲尼，以示尊敬。

【語譯】孔子說：「就算是只有十戶人家的小地方，也必定會有像我這樣講求信實的人，只是沒能像我這樣好學罷了。」

【解義】孔子博識多聞，人們都認為孔子是生而知之，是天賦的聰慧過人，是人們無法企及的天才。孔子因此說明，自己與一般人相同的，是先天秉賦的忠信品格，而與人們不同的，是後天努力的學習精神。所以，人們不能因為先天之差，就忽略後天的努力。因此，好學二字，才是孔子勝過旁人的真正原因。

（一五）

子夏曰：「賢賢易色❶，事父母能竭其力❷，事君能致其身❸，與朋友交，言而有信，雖曰未學，吾必謂之學矣。」（〈學而第一〉．七）

【注　釋】❶賢賢易色　上一賢字，是動詞，作尊敬講。下一賢字，是名詞，指賢人。易色，易，改易。色，美色。指人們當以尊敬賢人之意，去改變、替代愛好美色之心。❷竭其力　指盡心盡力。❸致其身　指盡忠職守。

【語　譯】子夏說：「對待妻子，能重視品德，代替重視美色之心，孝順父母，能竭盡心力，侍奉君長，能獻身盡職，與朋友交往，能言語有信，如此之人，雖然自謙不曾學習，我也必然說他已深加學習過了。」

【解　義】傳統上，有五倫之說，五倫指父子、兄弟、夫婦、君臣、朋友的關係。在此章中，子夏指出，一個人對待妻子，應該重視她的品德，對待父母，應該盡心孝敬，侍奉君上，應該盡忠職守，對待朋友，應該誠實守信。子夏秉承孔子之教，特別注重品德的教育，在五倫之中，已經討論了四倫的重要性。

（一六）

子曰：「譬如為山，未成一簣❶，止，吾止也！譬如平地，雖覆❷一簣，進，吾往也！」（〈子罕第九〉．十八）

【注　釋】❶簣　竹筐，可以用來盛土。❷覆　傾倒。

【語　譯】孔子說：「譬如堆土成山，只差一筐泥土，即可完成，如果就此停止，這便是自己要停止下來的啊！又譬如填平窪地，只開始傾倒一筐泥土，如果繼續進行，也是自己要進行的啊！」

【解　義】孔子用譬喻的方式，說明人們進德修業，應當努力不懈，積少才能成多，最忌半途而廢，前功盡棄。所以，在學習的道路上，成功或失敗，取決於自己的努力，而不是外在環境的優劣。

（一七）

子貢❶問曰：「孔文子❷何以謂之文❸也？」子曰：「敏而好學，不恥下問，是以謂之文也。」（〈公冶長第五〉．十五）

【注　釋】❶子貢　姓端木，名賜，孔子弟子。❷孔文子　姓孔，名圉，衛國大夫，諡號為文，故稱孔文子。❸文　《周書．諡法解》：「勤學好問曰文。」

【語　譯】子貢問道：「孔文子為什麼會諡為文呢？」孔子說：「他天資聰敏，愛好學問，不以向不如自己的人學習為可恥，所以死後諡號稱他為文。」

【解　義】衛國大夫孔圉，生前行事，並非完美，《左傳》記載孔圉使大叔疾出其妻，而孔圉卻娶之為妻。孔圉死後，被諡為「文」，稱為孔文子。「文」為極佳的諡號，子貢因此有疑而問，孔圉因何緣故，得諡為文？孔子回答，孔圉性情敏達，卻好古博求，努力學習，雖居高位，仍能不恥下問，尤為難得。後世取其所長，而諡之為文。

（一八）

子曰：「吾有知乎哉？無知也。有鄙夫❶問於我，空空如也❷，我叩其兩端而竭焉❸。」（〈子罕第九〉．七）

【注釋】❶鄙夫　鄙陋無知之人。❷空空如也　空空，與「悾悾」同。誠懇貌。如，語助詞，用如「然」。❸我叩其兩端而竭焉　叩，反問。兩端，兩方面，如上下、正反之類。竭，窮盡之義。

【語譯】孔子說：「我有很多知識嗎？沒有啊！如果有個知識不多的人來請問我，他態度誠懇，我會針對他所問的問題，從正反兩面去詢問他，然後再盡我所知地去告訴他。」

【解義】孔子自居於所知不多，但當有人前來請問，即使其心甚愚，一無所知，但只要問者誠意相求，孔子也將就他所疑，從不同的角度，正反兩面，逐步去加以引導，儘量解決來者心中的問題。

（一九）

衛公孫朝❶問於子貢曰：「仲尼焉學？」子貢曰：「文武之道❷，未墜❸於地，在人。賢者識其大者❹，不賢者識其小者，莫不有文武之道焉。夫子焉不學，而亦何常師❺之有？」（〈子張第十九〉．二十二）

【注釋】❶公孫朝　衛國大夫。❷文武之道　指周文王、武王治理國政的禮樂典制。❸墜　掉落，譬喻為亡失。❹賢者識其大者　賢人記述了重要的。識，同「誌」。記也。❺常師　固定的老師。

【語譯】衛國大夫公孫朝問子貢說：「仲尼的學問是從那裡學來的？」子貢說：「周文王、武王的禮樂文章，並沒有失傳，還為人們所保存。有才德的人記住重大的部分，沒有才德的人記住細微的地方，文王、武王的德業道統無所不在。夫子隨時隨地都可以學習，又何必要有固定的老師呢？」

【解義】周文王武王，所遺留的禮樂典制文章，代代相習，並未失傳，仍在民間流布。賢人所知較多，不賢者所知較少，而孔子學無常師，道之所在，即師之所在，無處不可學習，故能成就廣博精深的學識。

傳聞記載，孔子曾經學琴於師襄，問禮於老聃，訪樂於萇弘，問官於郯子，也是孔子博習多聞的證明。

（二〇）

子曰：「苗而不秀者❶，有矣夫❷！秀而不實❸者，有矣夫！」（〈子罕第九〉·二十一）

【注釋】❶苗而不秀者　苗，禾苗。秀，開花。❷夫　語助詞。❸實　結成果實。

【語譯】孔子說：「禾苗長出莖葉，卻不吐穗開花，有這樣的事情吧！吐穗開花，卻不結成稻穀的，也有這樣的事情吧！」

【解義】稻禾始生稱為苗，至於吐穗開花稱為秀，到達結穀成果稱為實。在此章中，孔子以譬喻的方式，說明人們為學，應該精勤不懈，以底於成，方才可貴。否則，一暴十寒，就如同雖有禾苗，不能成長開花，或雖能開花，卻不能成果成實，不能有用於人類，都是可惜的事情。

（二一）

子張❶學干祿❷，子曰：「多聞闕疑❸，慎言其餘，則寡尤❹；多聞

闕殆❺，慎行其餘，則寡悔。言寡尤，行寡悔，祿在其中矣。」〈為政第二〉·十八）

【注釋】❶子張　姓顓孫，名師，字子張，孔子弟子。❷干祿　干，求。祿，祿位。❸闕疑　闕，空闕。疑，懷疑。❹尤　過錯。❺殆　疑慮。

【語譯】子張想要學習求得祿位的方法，孔子說：「多聽別人所言，有懷疑的地方暫時擱置一旁，其餘可信的地方，也要謹慎敘述，以減少過錯；多看別人行事，有懷疑的地方暫時擱置一旁，其餘可信的地方，也要謹慎地實行，以減少悔恨；說話少過錯，行事少後悔，祿位自在其中了。」

【解義】孔子弟子子張，或許因為家貧親老，想要學習進仕為官，求取俸祿，以孝養雙親，而問於孔子。孔子因深知官途艱險，於是告以為官之道，必先修身立品，作為根本，至於朝政之事，則應多見多聞，博習政務，如果有疑而未信，心有未安者，則儘量闕而不言，存而不行，其餘可安於心者，也當謹慎而言，小心而行，則行動言語，可儘量減少別人的怨尤，減少自己的追悔。如此，則官職安穩，俸祿可以常保，自己也能俯仰無愧，才是居官求祿的道理。

（二二）

子曰：「君子謀道❶不謀食。耕也，餒❷在其中矣；學也，祿在其

中矣。君子憂道不憂貧❸。」〈衛靈公第十五〉．三十一

【注釋】❶謀道　追求人生真理。謀，求。道，學問道理。❷餒　飢餓。❸貧　貧窮。

【語譯】孔子說：「君子專心致力於追求人生真理，而不專心致力於謀求衣食俸祿。譬如耕田種地，若遇到荒年，也不免飢餓；至於學習道藝有成，俸祿自然可以獲得。所以君子只憂慮真理不能彰明，不憂慮生活的貧困。」

【解義】君子謀道，以國家治亂為念，進德修業，所志在於明道救世，並非為一己之貧窮設想，但如能發揮長才，救民於水火之中，又何愁祿食的匱乏。況且農夫耕種，所以謀得衣食，而不幸遭逢亂世，年歲饑荒，有時也未必能得溫飽。君子所志者大，故不以一己之貧窮為憂，並非輕忽農耕之事。

（二三）

子夏曰：「仕❶而優❷則學❸，學而優則仕。」〈子張第十九〉．十三

【注釋】❶仕　擔任官職。❷優　有餘力。❸學　從事學問。

【語譯】子夏說：「擔任官員，如果行有餘力，便應當去研究學問；讀書為學，如果行有餘力，

就應當出來做官，服務民眾。」

【解　義】學與仕，相資為用，子夏先言仕，後言學，主要以為，學者一入仕途，往而不返，多數不復再求學問，因此，特別鼓勵人們，仕而能學，方才可貴。

（二四）

子路使子羔為費宰❶。子曰：「賊夫人之子❷。」子路曰：「有民人焉，有社稷❸焉，何必讀書，然後為學？」子曰：「是故惡夫佞者❹。」

（〈先進第十一〉．二十四）

【注　釋】❶子羔為費宰　子羔，姓高名柴，字子羔，孔子弟子。費，魯國邑名，宰，邑令。❷賊夫人之子　指子羔年齡尚幼，學尚未成，使之從政，適正害他。❸社稷　土神稱社，穀神稱稷。❹惡夫佞者　惡，厭惡。佞者，巧言善辯之人。

【語　譯】子路派子羔去做費邑的邑宰。孔子說：「這會害了別人的孩子。」子路說：「費邑有人民，還有祭祀土地、穀神的神廟，都可作為學習的對象，學問就在其中了，為什麼一定要讀書才算是學問呢？」孔子說：「所以我討厭像你這種強詞奪理的人。」

【解　義】在原始的學習中，人們可以直接從事務中去學習，累積經驗，但如果要逐漸提升到高深理論的學習，則須要慎思明辨，吸收前人知識的精華，利用書籍上的記錄，作為學習的階梯。子路為季氏家臣時，乃使年齡尚輕的子羔，去擔任費邑的邑宰，並且聲稱費邑有土地耕稼，有農業生產，有社稷之廟，子羔可以從人民務農及祭祀神祇中去學習為政之道，何必一定要讀書，才能視為是學習政事？孔子知道子路並非不懂得讀書可以學習為政，所以才責備子路是利口善辯。

（二五）

子曰：「由也！女❶聞六言六蔽❷矣乎？」對曰：「未也！」「居❸！吾語❹女。好仁不好學，其蔽也愚；好知不好學，其蔽也蕩❺；好信不好學，其蔽也賊❻；好直不好學，其蔽也絞❼；好勇不好學，其蔽也亂❽；好剛不好學，其蔽也狂❾。」（〈陽貨第十七〉．八）

【注釋】❶女　同「汝」。❷六言六蔽　六言，指下文所說的仁、知、信、直、勇、剛六件美德。六蔽，指下文所說的愚、蕩、賊、絞、亂、狂六種蒙蔽。❸居　坐也。❹語　告也。❺蕩　放蕩。❻賊　傷害。❼絞　急切。❽亂　禍亂。❾狂　浮躁。

【語譯】孔子說：「仲由啊！你聽過六種美德與六種蒙蔽嗎？」子路回答說：「沒有！」孔子說：「坐下來！我告訴你。喜好仁德而不喜好學習，容易受到蒙蔽，因而產生愚昧；喜好聰明而不喜好學習，容易受到蒙蔽，因而產生放蕩；喜好守信而不喜好學習，容易受到蒙蔽，因而產生傷害；喜好率直而不喜好學習，容易受到蒙蔽，因而產生偏激；喜好勇力而不喜好學習，容易受到蒙蔽，因而產生禍亂；喜好剛強而不喜好學習，容易受到蒙蔽，因而產生浮躁。」

【解義】六言，指仁、智、信、直、勇、剛，都屬於人生的美德；六蔽，指愚、蕩、賊、絞、亂、狂，都是人生的惡行。人們如果想要增加美德，避免惡行，必須經由努力的學習，深明道理，增強判斷能力，然後能除去弊病，增強品德，提升人生的境界。所以，孔子告訴子路，強調學習明理的重要。

（二六）

子曰：「可與共學❶，未可與適道❷；可與適道，未可與立❸；可與立，未可與權❹。」〈子罕第九〉・二十九

【注釋】❶共學　共同學習。❷適道　走向正道。❸立　立足常規常禮。❹權　權衡輕重，使合於義。

【語譯】孔子說：「有人可以和他共同學習，未必可以一起趨向正道；可以一起趨向正道，未必可以一起立於正道之上；可以一起立於正道之上，未必可以一起權衡事理的輕重。」

【解義】為學的進程，可分為「共學」、「適道」、「立」、「權」等四個層次，許多人在一起共同學習

習，可稱為「共學」。但各人的目標不同，能以正道為方向，可稱為「適道」，人數已漸少。至於能堅守目標，努力達成，可稱為「立」，其人數當更少。至於能權衡利害，斟酌輕重，使行事符合於道義，可稱為「權」，其人數自必更少。所以，學問的進程，可分四個層次，一層難於一層，但也一層高於一層。

（二七）

子曰：「後生❶可畏❷，焉❸知來者❹之不如今也？四十五十而無聞❺焉，斯亦不足畏也已。」〈子罕第九〉・二十二

【注釋】❶後生　青年。❷畏　懼怕。❸焉　怎麼。❹來者　未來的後輩。❺聞　名望、聲譽。

【語譯】孔子說：「年輕人是很可敬畏的，我們怎麼知道他將來的成就不如現今的人呢？但是，當一個人到了四十、五十歲，卻仍然沒有名望，那也就不值得敬畏了。」

【解　義】青年人年富力強，深具潛力，未來成就，不可限量；但是，人當少年，正宜多加努力，否則，四十五十之年，很快就會到來，至時，如果仍然不能出人頭地，有名聲於時，則未來的成就，也就難於使人期許了。

（二八）

子游曰：「子夏之門人小子❶，當洒掃應對進退❷，則可矣；抑末也。本❸之則無，如之何？」子夏聞之，曰：「噫！言游過矣！君子之道，孰先傳焉？孰後倦焉❹？譬諸草木，區以別矣❺。君子之道，焉可誣❻也？有始有卒❼者，其惟聖人乎！」（〈子張第十九〉．十二）

【注釋】❶門人小子　指青年學生。門人，弟子。小子，年青人。❷應對進退　指接待賓客。❸本　為學的根本道理。❹孰先傳焉二句　指教人學習君子之道，宜有先後次第，並非只先教人容易學習的小者、近者，就倦於教人較難學習的大者、遠者。❺譬諸草本二句　教學也如同種植花草樹木，需要分類種植灌溉。❻誣　欺罔。❼卒　終了之義。

【語譯】子遊說：「子夏門下的弟子，做做洒掃庭院、接待賓客、應對進退的工作，那是可以的；不過這只是細微末節罷了。學問的根本卻沒有，怎麼可以呢？」子夏聽到這些話，便說：「唉！子游未免說得太過分了！君子教人，那些該先傳授？那些該後講述？這要依學生才智的高下，程度的深淺，斟酌實行。譬如花草樹木，種類不同，培植的方法也要加以區分。君子教學，怎麼可以不顧學生的才智程度，一律以高深的道理去教導呢？能夠有本有末的，只有聖人才做得到吧！」

【解　義】子夏教導門人，從洒掃應對進退等小處淺處入手，使弟子由易學易知之處，打下作人處事的基礎，然後再求進一步的知識學問，這是由近及遠，指點初學的方法。子游主張教導弟子，則是希望讓學生了解誠意正心、忠恕一貫的道理，以建立人生上達的根本，這是層次較高的為學工夫。

孔門弟子之中，才性各有不同，教學重點自然相異，子夏之學，似乎偏於篤實，子游之學，似乎偏於高明。

（二九）

達巷❶黨人曰：「大哉孔子！博學而無所成名❷。」子聞之，謂門弟子曰：「吾何執❸？執御❹乎？執射❺乎？吾執御矣！」（〈子罕第九〉．二）

【注　釋】❶達巷　黨名，古代五百家為一黨。❷無所成名　不以一技一藝的專長享有名聲。❸執　掌守。❹御　駕車。❺射　射箭。

【語　譯】達巷鄉黨的人說：「孔子真偉大呀！他學問淵博，不以一技一藝的專長成名。」孔子聽到後，對門下弟子們說：「我該學習那一種技藝呢？學習駕車呢？還是學習射箭呢？我看還是學習駕車吧！」

【解義】孔子博學道藝，貫通古今，所以人們以「大哉」一詞去稱讚孔子，而無法以某一專家之名去稱呼孔子。孔子得知人們的讚美，謙虛地回答說，自己以禮樂射御書數六藝教授弟子，如果人們想以某種專家之名相稱，則自己擅射弓箭、擅駕車輛，在六藝之中，似乎也可以具有一個「御者」的專家名號了。

（三〇）

子曰：「默而識之❶，學而不厭❷，誨人❸不倦，何有❹於我哉？」

〈述而第七〉・二

【注釋】❶默而識之　默默地記憶。識，記憶。❷厭　厭棄。❸誨人　教導他人。❹何有　指並無困難。

【語譯】孔子說：「將所見所聞默記在心，努力學習而不厭棄，教導別人而不倦怠，這些事情對我來說，又有什麼困難呢？」

【解義】平日所見所聞，如果覺得有價值，即時默記於心，以備他日之用。如果遇到學習的機會，則必然專意求知，把握心得，不厭其詳。如當教導青年，則灌輸知識，傳授經驗，不避倦怠。孔子表示，對此三事，都能自動自發，加以實踐。

（三一）

子曰：「加我數年❶，五十以學《易》❷，可以無大過矣❸。」（〈述而第七〉．十六）

【注釋】❶加我數年　是說再多給我幾年時光。加，增加。❷易　《周易》，是古代儒家講求天道人事的經典，內容深奧精妙。❸可以無大過矣　孔子曾說：「五十而知天命。」指年到五十，學習《周易》，體會吉凶變化的道理，可以減少犯錯的機會。

【語譯】孔子說：「讓我多活幾年，到五十歲時，去學習《易經》，這樣就不致有大的過錯了。」

【解義】孔子年齡漸長，希望自己年屆五十歲的時候，人生經驗，逐漸成熟，然後研究《易學》，得以領悟吉凶消長之理，進退存亡之道，則雖然不敢盡言無過，但也期望可以不犯大過，則於心可安。

（三二）

子曰：「述而不作❶，信而好古❷，竊比於我老彭❸。」（〈述而第七〉．

一）

【注　釋】❶述而不作　傳述而不創作。述，傳述舊聞。作，創造新說。❷好古　愛好古代的經典。❸竊比於我老彭　我願自比為老彭。竊，私自。老彭，商朝的賢大夫。

【語　譯】孔子說：「我只是闡述舊聞，而不創作，篤信而且喜愛古代的文物制度，我私自比擬為老彭。」

【解　義】孔子博習典籍，彙集古代流傳的文獻，加以整理，刪《詩》、《書》，訂禮樂，贊《周易》，修《春秋》，使成為傳統文化的代表。他所採取的資料，都屬前代先王流傳的舊典，所以，孔子自稱是述而不作，是信而好古。對於整理的成果，孔子也自謙盼能與商代的賢人老彭，相提並論。

（三三）

曾子❶曰：「以能問於不能❷，以多問於寡❸，有若無，實若虛，犯而不校❹。昔者吾友❺，嘗從事於斯矣。」（〈泰伯第八〉．五）

【注　釋】❶曾子　曾參，姓曾，名參，字子輿，孔子弟子。❷能　才能。❸寡　知識缺乏。❹犯而不校　受到冒犯卻不計較。犯，冒犯。校，計較。❺吾友　指顏回。

【語　譯】曾子說：「自己有才能，卻願向才能比他低的人請教；自己見聞廣博，卻願向知識缺少的人請教；有才能，卻不自誇；有學問，卻像沒有學問的人一樣；即使受到侵犯，也不加以計較。以前我的朋友，便曾經做到如此了。」

【解　義】好學之人，力求進步，深知義理無窮，故常常不自覺其能，且願意問於不能者，常常不自覺其多，而願意問於不多者。修德的人，時若不足，深知盛德日新，故能夠雖有若無，雖實若虛，即使他人妄加批評，也必先自省己過，而不暇與人計較。曾子感嘆，同門友人之中，能如是者，唯有顏回一人而已。

二、教育

小引

孔子是一位偉大的教育家，他的教育方針，最大的特色，是「有教無類」（《論語・衛靈公》）。在春秋時代戰亂頻仍、社會動盪不安的情形下，孔子卻能堅持教育的理想，對於有志學習的青年，不分貴賤、貧富和智愚，他都樂意教誨，使人人都有接受教育的機會，並且各就他們個性的特質，去多方教導，培育成才，這是孔子最為可貴的地方。

孔子的教育理念，既注重道德品行、詩書禮樂的基本修養，又特別注重因才施教的方式，所以，門下的弟子們，經過他的教導，也分別培養出許多在德行、言語、政事、文學各方面，都有著優異表現的人才，去學以致用，去推動社會的進步。

孔子的教學方法，尤其注重啟發式的教學，希望弟子們自行用功，心中先有思考的問題，當他們心有所疑，而未能解決時，然後再加以開導，所謂「不憤、不啟，不悱、不發」（《論語・述而》），如此，一經指點，學生才能獲得更多的益處，從而養成舉一反三的領悟能力，自動自發的學習態度。

（三四）

子以四教：文❶、行❷、忠、信。（〈述而第七〉‧二十四）

【注釋】❶文　指古代的典籍，如詩、書、禮、樂等。❷行　德行。

【語譯】孔子以四種內容教導學生：詩書禮樂、修養品德、存心忠厚、誠懇信實。

【解義】孔子以「文行忠信」四事教育弟子，「文」是博習詩書禮樂，知識學問。「行」是品行道德，實踐力行。「忠」是意存忠厚，竭盡心力。「信」是為人信實，誠懇不欺。孔子教育弟子，在博學於文之外，其他三件事情，都著重在進德修業方面。

（三五）

子曰：「志❶於道❷，據❸於德❹，依❺於仁，游❻於藝❼。」（〈述而第七〉‧六）

【注釋】❶志　志願；心意所向。❷道　遠大的理想；正確的方向。❸據　遵守。❹德　美德。❺依　依從。

❻游　游習。❼藝　指禮、樂、射、御、書、數。

【語　譯】孔子說：「立志向道，據守品德，依據仁心，游憩於禮、樂、射、御、書、數六藝之中。」

【解　義】志於道，是立定努力的方向，不致迷失目標。據於德，是據守優良的品格，以免犯下過錯。依於仁，是關愛人群，儘量施惠民眾。游於藝，是博習才藝，使生活不致枯躁。志道、據德、依仁、游藝，這四者，是孔門教學的要旨。

（三六）

子曰：「興❶於詩，立於禮❷，成於樂❸。」（〈泰伯第八〉．八）

【注　釋】❶興　感發、興起。❷立於禮　立，立足；立身。禮，指禮儀。❸成於樂　成，成就。樂，音樂。

【語　譯】孔子說：「用詩鼓舞人的意志，用禮端正人的行為，用樂完成人的品格。」

【解　義】詩的作用，在抒發感情和心意，鼓舞人們的善念。禮的作用，在遵守行為的規範，端正人們的儀容。樂的作用，在涵養優雅的情操，引導人們的習俗。孔子用詩和禮、樂，教育弟子，以養成他們完美的人格。

（三七）

子曰：「有教無類❶。」（〈衛靈公第十五〉．三十八）

【注釋】❶類　類別；差別。有類別，則有差異，有差異，則不免有歧視。

【語譯】孔子說：「任何人我都願意教導他，沒有貴賤、貧富、智愚的區別。」

【解義】孔子教育的目的，是教導人們為仁行善，故不分貴賤、貧富、智愚、賢不肖，凡願意來學者，孔子都樂意教導，並各就其性之所近，培育成才，而不選擇其身分與背景。故孔子門下，像子貢富有、顏回貧窮、孟懿子為貴族、子路為鄉人、曾參魯鈍、高柴愚拙，後來都成為高才弟子。

（三八）

子曰：「自行束脩❶以上，吾未嘗無誨❷焉！」（〈述而第七〉．七）

【注釋】❶束脩　脩，乾肉；肉脯。每條肉脯，稱為一脡，十脡稱為一束，故稱為束脩。古代弟子求學，拜見師長，以束脩為禮物，禮雖輕，而義重。❷誨　教導。

【語　譯】孔子說：「凡是能夠前來奉送一些敬師肉乾作為禮品的人，我沒有不給予教誨的。」

【解　義】孔子樂於教人，欲人為善，但也需要受教者有主動學習的意願，尊敬師長的行為，教育才能收到效果。所以，孔子教人，也需弟子以十束肉脯作為贄見的禮物，禮物雖輕而心意莊重，表達尊師學習的真心誠意，如此，學者願學，教者才不致虛費氣力。

（三九）

子曰：「不憤不啟❶。不悱不發❷。舉一隅❸不以三隅反❹，則不復也❺。」（〈述而第七〉．八）

【注　釋】❶不憤不啟　憤，心中所思而未能通曉。啟，開導。❷不悱不發　悱，口中希望表達卻未能如意。發，使其通達。❸隅　稜角，方形物體都有四隅。❹反　依類推求。❺復　再行教導。

【語　譯】孔子說：「教導學生，沒有強烈求知欲望的人，我不去啟發他。缺乏懷疑精神的人，我不去開導他。一個四方形的東西，我提示了一個角，他卻不能推想到另外三個角的人，我也不去反覆告訴他。」

【解　義】孔子的教學方法，注重誘導和啟發，所以，要求學生自己先有向學的意願，心有所求，然後加以開導，口未能言，然後予以啟發，如此，有疑在心，一經指點，才能真正受益。同時，教師不能事事親身指示，學生也需養成舉一反三的領悟能力，觸類旁通，才能自動自發，去解決疑難。

（四〇）

子不語：怪❶、力❷、亂❸、神❹。（〈述而第七〉．二十）

【注釋】❶怪　怪異。❷力　暴力。❸亂　悖亂。❹神　鬼神。

【語譯】孔子不願談論那些怪異、勇力、悖亂、鬼神的事情。

【解義】孔子喜歡談論道德學問，至於怪力亂神，則不願言說，因為，怪異之事，容易迷惑人心，勇力之事，容易製造兇暴，悖亂之事，容易破壞秩序，鬼神之事，容易引入邪慝，故孔子對此四者，不願言之於口。

（四一）

子曰：「中人以上❶，可以語❷上也；中人以下，不可以語上也。」

（〈雍也第六〉．十九）

【注釋】❶中人以上　人的智慧，可分為上中下三等。中人以上，是指中等以上之人。❷語　告訴之義。

【語譯】孔子說：「中等資質以上的人，可以告訴他高深的學理；中等資質以下的人，不可以告訴他高深的學理。」

【解義】人的聰明才智，可以分為上中下三等，孔子教育弟子，善加誘導，中等以上之人，可用稍為高深的知識教他，引導他向上的機會；中等以下之人，如果驟然告以高深的知識，反而容易增加他的困擾，減低他的興趣。故孔子教人，也隨著學生才智的高下，而分別施教，加以裁成，並不勉強學生一律學習同樣的教材或內容。

（四二）

子曰：「唯上知❶與下愚，不移❷。」〈陽貨第十七〉・三

【注釋】❶知　同「智」。❷移　轉變。

【語譯】孔子說：「只有上等智慧和極端愚笨的人，是改變不了的。」

【解義】人們天生的才智，約可分為三等，上智之人，慣於為善，故不願改移。下愚之人，慣於為惡，故不能改移。但上智與下愚之人，為數較少。只有中才之人，為數最多，可因學習而移之於善，也可因不學而移之於惡。故中才之人，尤其盼望社會能對他施以良好的教化，使他多方學

習，才能轉移成為賢良的善人。

（四三）

子曰：「辭❶，達❷而已矣。」（〈衛靈公第十五〉・四十）

【注釋】❶辭　言辭；文辭。❷達　通達；達意。

【語譯】孔子說：「言語文辭，應求達意就夠了。」

【解義】言語文字，都是表達心意的工具，普通人以此傳達自己的思想感情，外交官以此傳達國家的任務使命，如能言語貼切動人，文字簡練得當，自然也是特殊的才能。但卻不希望刻意去雕琢文章，追求華麗的辭藻，以致言不由衷，淹沒真實的意旨。

（四四）

子曰：「《詩》三百❶，一言以蔽之❷，曰：思無邪❸。」（〈為政第二〉・二）

【注　釋】❶詩三百　《詩經》三百零五篇，此言三百，舉其整數。❷一言以蔽之　用一句話去包括它的意義。一言，一句話。蔽，概括。❸思無邪　指作者的思想純正不邪枉。思，思想。無邪，純正而不邪僻。

【語　譯】孔子說：「《詩經》三百篇，可以用一句話去概括它的大義，就是作者所表示的思想是純正的。」

【解　義】《詩經》三百篇，無論是託意於男女哀怨、忠臣孝子，主要都在於抒寫作者內心的衷曲，本於人性，真情流露，而不是虛偽假託之辭。從這一大方向而言，則《詩經》三百篇中所歌詠的，其善者可感發人的正念，其惡者也可懲制人的逸志，都可以歸於性情之正途，故孔子總歸一句，稱之為「思無邪」。

（四五）

子曰：「小子❶！何莫❷學夫《詩》？《詩》，可以興❸，可以觀❹，可以群❺，可以怨❻；邇❼之事父，遠之事君；多識於鳥獸草木之名❽。」

（〈陽貨第十七〉．九）

【注　釋】❶小子　指弟子們。❷何莫　何不。❸興　興起；激發意志。❹觀　觀察；了解得失。❺群　合群；和樂相聚。❻怨　怨恨；表示尤怨。❼邇　近也。❽鳥獸草木之名　《詩經》中出現許多鳥獸草木的名稱。

【語　譯】孔子說：「弟子們為什麼不研究《詩經》呢？讀《詩經》，可以培養道德意識，可以了解民情風俗，可以訓練合群，可以化解內心的憂傷；就近處說，可以運用其中的道理來侍奉父母，從遠處說，可以運用其中的道理來侍奉君上；還能夠多記識鳥獸草木的名稱，增廣知識。」

【解　義】孔子論讀詩《詩經》的作用，可以使人興起意志，內心和悅；可以使人觀察情偽，明白事理；可以使人和樂群眾，融洽相處；可以使人怨而不怒，哀而不傷。近則可以侍奉父母，遠則可以侍奉君長，使家和國治，並且可以多了解草木鳥獸的狀況，拓廣見識，博學多聞。

（四六）

子謂伯魚❶曰：「女為〈周南〉、〈召南〉❷矣乎？人而不為〈周南〉、〈召南〉，其猶正牆面而立❸也與？」（〈陽貨第十七〉．十）

【注　釋】❶伯魚　孔子之子孔鯉，字伯魚。❷周南召南　是《詩經．國風》中的首二篇篇名。〈周南〉中首篇〈關雎〉的小序說：「〈周南〉、〈召南〉，正始之道，王化之基。」可見〈周南〉、〈召南〉的重要性。❸正牆面而立　喻面對牆壁，一物不可見，一步不能行。

【語　譯】孔子對伯魚說：「你研習〈周南〉、〈召南〉了嗎？人若不研習〈周南〉、〈召南〉，就好像正對著牆壁站立一樣。」

【解　義】《詩經》中〈周南〉、〈召南〉兩卷內的詩篇，所歌詠的，都是男女、夫婦、父子、兄弟相處的正軌，恩愛、慈祥、和諧、溫柔的美德，多加誦習，可使人們性情和樂，行為勤勉。如果不加學習，不能受益，則有如面對牆壁而立，一物不能見，一步不能行，限制了自己的眼光，限制了自己與他人的往來。

（四七）

子曰：「誦《詩》三百，授之此政，不達❶；使於四方❷，不能專對❸。雖多，亦奚以為？」（〈子路第十三〉．五）

【注　釋】❶不達　不能明達處理政事。❷使於四方　出使到各國。使，出使；擔任使臣。四方，指外國。❸專對　單獨處理交涉，隨機應變。

【語　譯】孔子說：「熟讀《詩經》三百篇，交付給他政事，卻不能處理妥當；派他出使到外國，又不能單獨作主應對。這樣，雖然是讀了很多詩篇，又有什麼用處呢？」

【解　義】《詩經》多數是民歌的記錄，反映民情與風俗，政治的得失。為政之人，平時誦習《詩》篇，能夠通達政理，嫻善辭令，出使在外，能與外國使臣相互應對，吟誦《詩》篇，表達思想見解，而不失國家的顏面、個人的身分。否則，如果只是尋章摘句，吟誦風月，無關國家大事，民生利病，則記誦雖多，也並無所用。

（四八）

陳亢❶問於伯魚曰：「子亦有異聞❷乎？」對曰：「未也。嘗獨立❸，鯉趨而過庭。曰：『學詩乎？』對曰：『未也。』『不學詩，無以言。』鯉退而學詩。他日，又獨立，鯉趨而過庭。曰：『學禮乎？』對曰：『未也。』『不學禮，無以立❹。』鯉退而學禮。聞斯二者。」陳亢退而喜曰：「問一得三：聞詩，聞禮，又聞君子❺之遠❻其子也。」（〈季氏第十六〉・十三）

【注釋】❶陳亢　姓陳，名亢，字子禽，孔子弟子。❷異聞　異於眾弟子所聽到的意見。❸嘗獨立　指孔子曾經一人站立在中庭。❹立　立足於社會。❺君子　指孔子。❻遠　疏遠。指不偏私。

【語譯】陳亢問伯魚說：「你從你父親那兒聽過特別的教誨嗎？」伯魚回答說：「沒有。有一天，父親站在庭前，我經過庭中。父親問道：『你學了詩嗎？』我回答說：『沒有。』父親說：『不學詩，就不能從容應對。』於是我去學詩。又有一天，父親站在庭前，我經過庭中。父親問道：『你學了禮嗎？』我回答說：『沒有。』父親說：『不學禮，就不能立足社會。』於是我去學禮。

我平日所聽到的只有這兩件事而已。」陳亢離開伯魚之後，高興地說：「我問一件事，卻知道了三件事：既聽到學詩、學禮的功用，又聽到君子教誨自己的兒子，並沒有偏私的地方。」

【解義】聖人教學，以傳道為主，不偏私其子。學詩能多識前言往行，敦厚詞令，通達事理，學禮能詳明品節，德行堅立，行為端莊，都是孔子平素教導弟子的重心。陳亢問於伯魚，問一而得三，得到學詩學禮的要領，以及聖人不偏私其子的公正態度。

（四九）

子曰：「二三子❶以我為隱❷乎？吾無隱乎爾❸！吾無行❹而不與❺二三子者，是丘也。」〈述而第七〉．二十三

【注釋】❶二三子　指孔子的眾弟子。❷隱　隱瞞。❸乎爾　句末助詞。❹行　行事作為。❺與　明顯示知。

【語譯】孔子說：「諸位以為我在教學時隱瞞了些什麼嗎？我實在沒有任何隱瞞啊！我所做的事情，沒有一件不可以向你們公開的，這就是我孔丘的為人。」

【解義】孔子教導弟子，多在平常日用之間，務求實踐力行，以進德修業。或有弟子不能體會及此，覺得孔子所授，不夠高遠，以為孔子教學，別有隱匿之處，不曾盡情傾吐。故孔子告訴弟子，自己無所隱匿，且自己平時所言所行，無一不展現在諸弟子眼前，這就是孔子為人的一貫作風。

（五〇）

子路曰：「聞斯行諸❶？」子曰：「有父兄在，如之何其聞斯行之？」冉有❷問：「聞斯行諸？」子曰：「聞斯行之！」公西華❸曰：「由也問『聞斯行諸？』子曰：『有父兄在。』求也問『聞斯行諸？』子曰：『聞斯行之。』赤也惑❹，敢問？」子曰：「求也退❺，故進❻之；由也兼人❼，故退❽之。」（〈先進第十一〉·二十一）

【注釋】❶聞斯行諸　聽到嘉言，就立刻去實行嗎？聞，聽到。「聞」字下，省略「義」字。斯，則也。諸，「之乎」的合音，意義就等同「之乎」。❷冉求　字子有，孔子弟子。❸公西赤　字子華，孔子弟子。❹惑　疑惑。子路與冉有請問同樣的問題，孔子的答覆卻完全不同，因此，公西赤不免心中有所懷疑。❺退　性格退縮。❻進　鼓勵他勇敢進取。❼兼人　兼有兩個人的勇敢。❽退　抑制他，使他謙虛。

【語譯】子路問道：「聽到一件合理的事，就去做嗎？」孔子說：「還有父兄在上，怎麼可以聽到就去做呢？」冉有問道：「聽到一件合理的事，就去做嗎？」孔子說：「聽到了就去做！」公西華說：「仲由問『聽到一件合理的事，就去做嗎？』老師說：『還有父兄在上。』冉求問『聽到一件合理的事，就去做嗎？』老師說：『聽到了就去做。』我感到迷惑，大膽地請問其中的道理何在？」孔子說：「冉求性格退縮不前，所以鼓勵他進取；仲由好勇過人，所以要他謙讓些。」

【解　義】子路與冉有，提出的問題相同，孔子的回答，卻正好相反，難怪公西華有所懷疑。原來孔子對於弟子，常因材施教，教育的方式，主要在於發揮弟子的長處，也減少弟子的缺點。冉求遇事猶豫，所以孔子鼓勵他即知即行，努力進取；子路好勇過人，所以孔子抑制他遇事不妨多徵詢親長的意見，再加施行。孔子的回答，能使冉有子路二人的行為，合乎中道而無過與不及之處。

（五一）

孺悲❶欲見孔子，孔子辭以疾❷。將命者❸出戶，取瑟❹而歌，使之聞之❺。（〈陽貨第十七〉・二十）

【注　釋】❶孺悲　魯國人，嘗學士喪禮於孔子。此章記孺悲初見孔子，因其不由介紹，不合於禮，故孔子不願見他。但這恐是後人推測之詞，真正的原因，不能詳知。❷孔子辭以疾　孔子託言生病，拒絕接見。❸將命者　傳達語言之人。❹瑟　古弦樂器。❺使之聞之　使孺悲聽到瑟音，而知孔子並非生病，卻不願相見，必有原因，以自警惕。

【語　譯】孺悲想要求見孔子，孔子託言生病，不能見他。傳話的人剛走出房門，孔子便取瑟彈奏，並且唱歌，故意使孺悲聽到。

【解　義】孺悲想見孔子，孔子以疾病為由，推辭不見，並在孺悲尚未離開之際，奏瑟而歌，以表示自己未嘗生病。所以不見孺悲，必有更為重要的理由存在。主要在於，使孺悲自我警覺，由此醒悟，了解自己的過錯，從而加以改正。則孺悲雖未面受孔子之教，其實已經受益甚多；孔子雖未當面教導孺悲，也是另外一種教導的方法。

（五二）

子曰：「飽食終日，無所用心❶，難矣哉❷！不有博奕❸者乎？為之，猶賢❹乎已。」〈陽貨第十七〉．二十二

【注　釋】❶無所用心　不在學業事業上用心思。❷難矣哉　難於有所成就。❸博奕　博，古代的一種遊戲比賽。奕，圍棋。❹賢　勝過。

【語　譯】孔子說：「一個人如果整天吃飽飯卻沒有什麼事去用心思，這是很難養成好品行的呀！不是有局戲和圍棋的消遣嗎？做做這些，也比遊手好閒好得多吧。」

【解　義】人生在世，最怕飽食終日，閒而無事，心無所主，邪念滋生，引來禍害。所以，孔子提醒世人，即使是博奕圍棋，也勝於不用心思，虛渡光陰。

三、孝悌

小引

孝悌是實踐仁德的基礎，是家庭倫理的必要條件，人們孝順父母，親愛兄弟姐妹，更是一種自然的天性，因此，孔子教導弟子，也特別重視孝悌的踐行。

孔子以為，人們孝養雙親，除了在生活上要能夠加以供養，更重要的是，對待父母，應該發自內心的關切之情，以親切恭敬的態度，去加以事奉，否則，即使在物質方面能奉養父母，使父母過著豐衣足食的生活，但是，如果在態度上不能尊敬父母，使父母心情愉快，那也是不適當的行為。

孔子也以為，作子女者，一方面，應該謹慎行事，保重身體，免得使父母憂心掛念，另一方面，則應該力爭上游，在社會上有所成就，帶給父母榮耀，也是一種孝親的行為。

社會由許多家庭所組成，孝悌則是實踐家庭倫理的基礎，也是安定社會秩序的主要力量，只有在每一個家庭中實行孝悌，使每一個家庭都充滿了祥和，社會才能夠同樣地充滿祥和，因此，時代儘管改變，孝悌在家庭和社會中的意義，卻仍然有其不變的價值。

（五三）

子曰：「弟子❶入則孝，出則弟❷，謹而信❸，汎愛眾❹，而親仁❺。行有餘力❻，則以學文❼。」（〈學而第一〉．六）

【注釋】❶弟子　此處泛指為人弟、為人子者，如今稱青年、子弟。❷弟　同「悌」。❸謹而信　行為謹慎，言語誠信。❹泛愛眾　廣泛地愛護世人。❺親仁　親近有仁德之人。❻行有餘力　實行上述孝悌等多種行為之後，如果還有多餘的力量。❼文　指《詩》、《書》六藝等典籍。

【語譯】孔子說：「弟子在家，要孝順父母，出外，要尊敬長上，言行謹慎信實，廣泛地愛護民眾，親近有德行的仁者。如果再有餘力，則學習詩書文章。」

【解義】孔子教導弟子，提出七項重點：孝順父母，友愛兄弟，是德行的根本；謹慎處事，信守承諾，是交友的原則；泛愛人群，親近仁者，是服務社會的要件；學習文藝，是使自己擁有更多的才華。都是敦品勵學的重要事項。

（五四）

子游❶問孝，子曰：「今之孝者，是謂能養❷，至於犬馬，皆能有養；不敬，何以別乎❸？」（〈為政第二〉．七）

【注釋】❶子游　姓言，名偃，字子游，孔子弟子。❷能養　養，以飲食供養之義。❸不敬何以別乎　孝養父母，貴在尊敬，缺少尊敬，雖有供養，仍然不能稱之為孝，所以，孔子認為孝與養，有所不同。

【語譯】子游向孔子詢問孝道，孔子說：「現在所謂孝順的人，只是在飲食方面能供養父母而已，但是，家中飼養狗和馬，也是養活它們；對父母如果沒有孝心，那與飼養狗馬又有什麼差別呢？」

【解義】一般世人，以為奉養父母，能使父母不虞物質的匱乏，便是孝養父母的表現。但是，孔子以為，子女奉養父母，要能夠具有愛敬之心，使父母感受到溫暖的敬意，誠懇的關懷，才是孝心的表達。今人喜言愛而少言敬，但是，人們畜養寵物，也是有養有愛的行為，但卻不必有敬意。因此，孔子談到孝道，才特別注意一個敬字，作為人們行孝的指標。

（五五）

子夏問孝，子曰：「色難❶。有事，弟子❷服其勞，有酒食，先生饌❸，曾❹是以為孝乎？」（〈為政第二〉．八）

【注　釋】❶色難　侍奉雙親，以能和顏悅色表裡如一，最為難得。❷弟子　指人子之年幼者。❸先生饌　先生，指父母。饌，飲食之義。❹曾　乃也。

【語　譯】子夏詢問孝道，孔子說：「子女侍奉父母，以和顏悅色最為難得。假如僅能作到家中有事，由年輕人出面操勞，有酒肉時，由父母先吃先喝，難道這就算是盡了孝道嗎？」

【解　義】孔子以為，孝在心中，誠於中，方能形之於外。內有誠懇愛敬之心，外表自然有恭敬和婉之容，顯現在形貌之上，再配合其他行孝的舉動，那才是真正難得的孝道表現。否則，雖代服勤勞，而表示出怨懟之色；雖進美食，而口出嗟來之聲，又豈能稱之為孝敬的行為？

（五六）

子曰：「事父母幾諫❶，見志不從❷，又敬不違❸，勞而不怨❹。」

〈里仁第四〉．十八

【注　釋】❶幾諫　委婉進言，不著痕跡地規勸。幾，微也。諫，勸阻。❷見志不從　父母雖未明言拒絕，但子女察知父母內心，並無接受諫勸之意。❸不違　不敢違逆父母的心志。❹勞而不怨　子女心中，雖然憂慮，卻不敢怨怪父母。

【語　譯】孔子說：「子女侍奉父母，父母如有過錯，當婉轉諫勸，即使父母有不聽從之處，子女仍然應該恭敬，不可違背父母心意，雖然勤勞服侍，但也不應心懷怨恨。」

【解　義】人非聖賢，孰能無過，父母如果偶有過錯，為人子女者，當此之際，理應深思，父母致此，或另有隱衷，或別有困難。身為子女，應當柔聲怡色，微婉諫勸，盼望父母改變；如果父母不聽諫勸，子女仍應敬慎順從，不可在言語或容貌上，有所頂撞，或心懷怨尤，以免傷害天倫的親情，妨礙家庭的和諧。並等待機會，俟父母心氣悅懌時，再作適當的諫勸。

（五七）

孟武伯❶問孝，子曰：「父母唯其疾之憂❷。」〈為政第二〉・六

【注　釋】❶孟武伯　魯國大夫，姓仲孫，名彘，武是謚號，伯是長，武伯於兄弟行次居長，故稱武伯。❷父母唯其疾之憂　讓父母只為子女的疾病而擔憂。唯，獨。其，指子女。馬融說：「言孝子不妄為非，唯疾病然後使父母憂耳。」

【語　譯】孟武伯向孔子詢問孝道，孔子說：「讓做父母的只是為了子女的疾病而擔憂。」

【解　義】父母愛護子女之心，無微不至，時時擔憂子女這事不適，那事不順。子女如果能夠深切體會父母對子女既愛且憂的心理，能夠謹身修己，德業進步，慎於行事，遠離邪佞，凡此種種，都能使父母放心而不擔憂；所擔憂者，只有疾病之來，難以預測，唯獨此事，不免使父母憂心，

其他則無可憂心者。能夠如此，才是子女應有的行為。

（五八）

子曰：「父母在，不遠遊❶，遊必有方❷。」（〈里仁第四〉．十九）

【注釋】❶遠遊　出行在外，遠離父母。❷方　方所；一定的地方。意指將自己的去處，稟告父母知曉。

【語譯】孔子說：「父母在世，不出遠門，如不得已要出遠門，也必須先稟告一定的去處。」

【解義】子女出行在外，父母心中常忐忑難安，多所思念，既擔憂子女人地生疏，又擔憂子女身體是否健康。因此，父母關愛子女，無微不至，每多一分思念，心中便多一分牽掛。加以古代交通不便，睽隔懸遠，故孔子以為，父母在堂，最好能不遠行，如果必須遠行，像讀書遊宦，也應該詳告所往之處，時時稟報平安，以免父母懸念，才是孝親的表現。

（五九）

子曰：「父母之年❶，不可不知也，一則以喜❷，一則以懼❸。」（〈里仁第四〉．二十一）

【注釋】❶年　年齡。❷喜　喜父母身體健康。❸憂　懼父母年老力衰。

【語譯】孔子說：「父母的年齡，不可以不記得，一方面欣喜父母高壽，一方面也憂懼父母日漸衰老。」

【解義】父母的年齡，為人子女者，不可不留心知悉，既知父母已臻壽考，年高德劭，故心中因之而喜，又念及父母年齡既高，則來日苦短，故心中也因之而懼。此章寫子女的心情，皆出於孝親的天性。

（六〇）

子曰：「孝哉閔子騫❶，人不閒❷於其父母昆弟❸之言。」〈先進第十一・四〉

【注釋】❶閔子騫　姓閔，名損，字子騫，孔子弟子。❷閒　非議；批評。❸昆弟　兄弟。

【語譯】孔子說：「閔子騫真是孝順啊！人們對於他父母兄弟稱許他的話，從來都不曾懷疑。」

【解義】閔子騫之母早死，父親再娶，又生二子，天氣寒冷，後母以單衣給子騫穿，以棉衣給二子穿，為其父察覺，將逐後母，子騫說：「母在一子單，母去三子寒。」其父因留後母，後母也感動改悔。故孔子稱讚閔子騫的孝行，使全家和睦，連帶也使外人對於其父母兄弟，無所非議。

閔子騫處人倫之變，而能以孝行聞名於世，更加難得。

（六一）

孟懿子❶問孝，子曰：「無違❷。」樊遲御❸，子告之曰：「孟孫❹問孝於我，我對曰：『無違。』」樊遲曰：「何謂也？」子曰：「生，事之以禮❺；死，葬之以禮❻，祭之以禮❼。」（〈為政第二〉．五）

【注　釋】❶孟懿子　魯國大夫，姓仲孫，名何忌，懿是謚號。❷無違　不違背禮節。❸樊遲御　樊遲，姓樊，名須，字子遲，孔子弟子。御，駕車。弟子為老師駕車，是古代的禮節。❹孟孫　指仲孫何忌。❺生事之以禮　如冬溫夏凊、昏定晨省之類。❻死葬之以禮　為之棺槨衣衾、卜宅安厝之類。❼祭之以禮　指春秋祭祀之類。

【語　譯】孟懿子向孔子詢問孝道，孔子說：「不要違背禮節。」樊遲為孔子駕車，孔子告訴他說：「孟孫向我詢問孝道，我對他說：『不要違背禮節。』」樊遲說：「這是什麼意思呢？」孔子說：「父母在世，要依禮節侍奉他們；父母死後，要依禮節安葬他們，祭祀他們。」

【解　義】魯國大夫孟懿子向孔子請問孝道的意義，孔子只告以「無違」二字。其實，這無違二字，孔子真正的意涵，仍然是要作子女的，孝敬父母，要「無違於禮」。等到孔子弟子樊遲為孔子駕車，孔子才將進一步的意義告訴樊遲，說明為人子女者，孝敬父母，應在父母生時，事之以禮，例如冬溫夏凊、昏定晨省之類。在父母不幸去世時，葬之以禮，如為之棺槨衣衾、卜其宅兆之類。同時，要祭之以禮，如春秋以時祭祀哀思之類。要之，孝雖發於人們內心的真情，也當以禮作為依據。

（六二）

曾子有疾❶，召門弟子❷曰：「啟❸予足！啟予手！《詩》❹云：『戰戰兢兢❺，如臨深淵，如履薄冰。』而今而後，吾知免夫❻！小子❼！」

（〈泰伯第八〉‧三）

【注釋】❶疾　病也。❷召門弟子　召喚門人學生。召，呼喚。門弟子，指曾子的學生。❸啟　開也。打開衾被視察。❹詩　指《詩經‧小雅‧小旻》篇中的語句。❺戰戰兢兢　戰戰，恐懼之貌。兢兢，警戒之貌。❻免夫　免於毀傷身體的罪過。夫，語尾助詞。❼小子　指門人弟子。

【語譯】曾子病重，召集門下弟子到床前來，說：「揭開被子看看我的腳！看看我的手！《詩經》上說：『小心謹慎呀！好像面臨深淵，好像走在薄冰上面。』從今以後，我知道，自己的身體可以被免於毀傷的罪過了！弟子們！」

【解義】《孝經》上曾說：「身體髮膚，受之父母，不敢毀傷，孝之始也。」曾子以孝聞名，當他生病的時候，用啟手啟足的行動，檢討自己的行為，表示父母所給予自己的身體，無所損傷，以勸勉世人，對於自己的身體，要善加保護，避免受到傷害，也是對父母孝敬的一種行為。

（六三）

子曰：「父在觀其志❶，父沒觀其行❷。三年無改於父之道❸，可謂孝矣。」（〈學而第一〉．十一）

【注釋】❶觀其志　志，心志。父母在世，子女行事，多請示父母，所以，對於子女，應觀察他的善行，是否出自內心深意。❷觀其行　父母去世，子女行事，不能再請示父母，所以，只需觀察他的行為，是否善惡，就可直接判斷他的為人。❸三年無改於父之道　經過三年，並未改變父母的善行。三年，指時間較長。父之道，父母所教誨的善行。

【語譯】孔子說：「當父母在世時，作子女的，應承順父母的心願而行，當父母去世之後，作子女的，應該依據父母平日的行為，作為自己行事的準則。在替父母守孝的喪期三年之內，如果能不改變父母的善行，就可說是孝子了。」

【解義】孔子論孝道，認為父母在世之時，作子女的，應該秉承父母的心意，實行父母的志願，不幸父母去世，子女也應該繼續父母的遺願，將父母的善德善行，發揚光大，希望父母能獲得優良的名聲，受到世人的尊敬。

（六四）

宰我❶問：「三年之喪❷，期❸已久矣！君子三年不為禮，禮必壞❹；三年不為樂，樂必崩❺。舊穀既沒，新穀既升❻；鑽燧改火❼，期可已矣❽！」子曰：「食夫稻，衣夫錦❾，於女安乎？」曰：「安。」「女安，則為之！夫君子之居喪，食旨不甘❿，聞樂不樂⓫，居處不安，故不為也。今女安，則為之！」宰我出。子曰：「予⓬之不仁也！子生三年，然後免於父母之懷⓭。夫三年之喪，天下之通喪⓮也。予也，有三年之愛於其父母乎？」（〈陽貨第十七〉．二十一）

【注釋】❶宰我　姓宰，名予，字子我，孔子弟子。❷三年之喪　指父母去世，子女服喪三年。❸期　時間。❹壞　敗壞。❺崩　損毀。❻升　登場。經過一年，舊穀已食盡，新穀已成熟。❼鑽燧改火　古代鑽木取火，所鑽之木，隨四時而改變，春天用榆柳，夏天用杏棗，秋天用柞楢，冬天用槐檀，取用四季生長的不同樹木，所以稱作「改火」。❽期可已矣　期，一周年。已，停止。❾食夫稻二句　吃美食，穿錦衣。夫，語氣詞。北方主食為麵，稻米較貴，居喪者不食。錦為彩衣，居喪者服素，不宜衣錦。⑩食旨不甘　旨，美食。甘，甜美。⑪聞樂不樂　上樂字，指音樂。下樂字，指快樂。⑫予　宰我之名。⑬免於父母之懷　離開父母的懷抱。免，離也。懷，懷抱。⑭通喪　通行的喪禮。

【語　譯】宰我問道：「父母過世，守孝三年，為期也太久了。君子三年不習禮，儀節必會遺忘；三年不習樂，音律必然生疏。一年之中，往年收成的穀子已經吃完，當年收成的穀子已經登場；四季鑽取火種的木頭也經過了一個週期。守喪滿一周年，似乎也可以了。」孔子說：「父母去世不到三年，就吃米飯，穿錦衣，你心安嗎？」宰我回答說：「我心安。」孔子說：「你既然心安，那就去做好了！君子守孝的時候，因為心裡哀傷，吃美味的食物，也不覺得甜美；聽悅耳的音樂，也不覺得快樂；住華美的房屋，也不覺得舒適；所以不忍心只守一年喪。現在你既然說心安，那你就去做好了。」宰我離開以後，孔子就對門人說：「宰予真是不仁啊！兒女出生三年之後，才能完全脫離父母的懷抱。古人制定三年的喪期，不過是為了略報初生三年懷抱撫育之恩而已。所以為父母服喪三年，是天下通行的喪禮；宰予難道就沒有受到父母三年懷抱的照顧嗎？」

【解　義】宰我以為父母去世，三年之喪，為時過久，所持的理由是，在禮樂農耕方面，天運一周，時物皆變，故服喪一年，較為恰當。孔子所著重者，則在父母子女之間的仁心愛意，居父母之喪，心中悲痛，本出自然，不待勉強。故令宰我反求己心，問安或不安，進而告以居父母之喪，食不甘，居不安，聞樂不歡，影響於風俗敦厚，人情諧和者極大。實則，三年之喪，也未能報得三年之愛，孔子不過特就人情的真切處，提醒宰我而已。

四、禮樂

小引

禮樂是孔子所注重的社會功能，禮用以規範人們外在的舉動，樂用以調和人們內心的感情，禮的精神在於肅穆恭敬，樂的精神在於雍容和諧，禮樂的根本作用，都在於移風易俗，導正人們的行為和觀念。因此，世俗中推行禮樂，如果只注重物質的舖設，儀式的繁多，只加強鐘鼓的節奏，琴瑟的音聲，則並不是古聖先賢創設禮樂的真正用意。

禮樂的起源很早，到了春秋時代，由於孔子的倡導，禮樂已經推行了許多不同的禮節儀式，配合著音樂演奏，在婚喪祭祀等各種場合中，加以實施，也發揮了不少促使民德歸厚的作用。這些禮樂，傳到後世，多年以來，儘管在儀節上有了不少的增損，在形式上有了不少的改變，但是，在精神上，卻仍然是注重肅穆與和諧的特色，這種特色，也使得我中華民族獲得了禮義之邦的美譽。

（六五）

子曰：「禮云禮云，玉帛❶云乎哉？樂云樂云，鐘鼓❷云乎哉？」

（〈陽貨第十七〉・十一）

【注釋】❶玉帛　玉，圭璋之類。帛，束帛之類。❷鐘鼓　金屬之鐘，蒙皮之鼓，都是音樂器材。

【語譯】孔子說：「一般人都說禮啊禮啊，所謂禮，難道只是說玉帛禮品的舖張嗎？一般人都說樂啊樂啊，所謂樂，難道只是說鐘鼓樂器的演奏嗎？」

【解義】禮的根本在敬，作用在安上治民；珪玉錦帛，只是禮的虛文。樂的根本在和，作用在移風易俗；鐘磬鼓吹，只是樂的工具。虛文和工具，並不是禮樂的真正精神，所以，從事禮樂的應用，須要注重它們的根本，才能表現出禮樂的真精神。

（六六）

有子❶曰：「禮❷之用，和❸為貴，先王❹之道，斯❺為美，小大由

之。有所不行❻，知和而和，不以禮節之，亦不可行也❼。」（〈學而第一〉‧十二）

【注釋】❶有子　姓有，名若，孔子弟子。❷禮　人們行為的規範。❸和　調和；協和。❹先王　古代的聖王。❺斯　此也。指禮而言。❻不行　不能通行。❼知和而和三句　人們雖知和諧可貴，但如一味追求協和，而不用禮去加以節制，則也不可通行。

【語譯】有子說：「禮的作用，以和諧為可貴，古代先王傳留下來的道理，以此最為美好，無論大小事情，都應依照這一原則去實踐。但也有行不通之處，因為，如果只知道一意用和，專求和諧，而不用禮來節制，也是不可行的。」

【解義】禮以調和人們內心的和順，推動人與人之間的和諧關係，為主要的功能。古代的帝王們，所以能推行大小不同的優秀政績，主要也是由於善用「和諧」精神的緣故。只是，和諧雖然是極為可貴的因素，但是，政治上如果一味追求和諧，也可能因而模糊了是非的界線。因此，和諧雖然是人們追求的理想，也需要用「禮」去規範它、節制它，才不致流於是非不分的鄉愿情況。

（六七）

林放❶問禮之本❷，子曰：「大哉問！禮，與其奢❸也，寧儉❹。喪，

與其易❺也，寧戚❻。」（〈八佾第三〉．四）

【注釋】❶林放　魯國人。❷本　根本。❸奢　奢侈。❹儉　儉樸。❺易　治理完備。❻戚　哀傷。

【語譯】林放向孔子問禮的本質，孔子說：「你問得極好！一般的禮，與其過於奢侈，寧可儉樸一點。喪禮，與其注重外表的虛文，寧可內心哀戚一些。」

【解義】孔子的弟子林放向孔子請問禮的本質是什麼？孔子對林放的詢問十分欣賞，立刻給予「大哉問」的稱許，是因為林放問到了禮的根本問題。孔子回答林放之問，從一般的禮（如冠禮、昏禮之類），以及喪禮，分兩類作為說明。一般的禮儀，與其具備奢華的鋪設，還不如注重儉樸的意蘊。在喪禮方面，與其具備許多繁縟的儀節，還不如在人們心中存有哀戚的感情，更能符合禮儀重內在而不重外表的真精神。

（六八）

子曰：「奢則不孫❶，儉則固❷；與其不孫也，寧固。」（〈述而第七〉．三十五）

【注釋】❶孫　同「遜」。謙讓。❷固　固陋；簡陋。

【語　譯】孔子說：「奢侈就不夠謙遜，太節儉就顯得固陋；與其不謙遜，寧可固陋。」

【解　義】生活行事，以合禮為度。過奢，則嫌於浮誇，陵駕人群，破壞秩序。過儉，則嫌於固陋，踰越情理，有礙和諧。但兩者相較，與其過於浮誇，寧可過於固陋。

（六九）

子入太廟❶，每事問❷。或曰：「孰謂鄹❸人之子知禮乎？入太廟，每事問。」子聞之曰：「是禮也❹！」（〈八佾第三〉．十五）

【注　釋】❶太廟　諸侯始封的國君為太祖，周公是魯國始封的國君，所以祭祀周公的廟，稱為太廟。孔子初仕於魯，擔任助祭，得入太廟。❷每事問　指祭祀時所用的祭品及儀式等事，孔子都向別人詢問。❸鄹　魯國邑名，在今山東曲阜。❹是禮也　祭祀儀式，必然恭敬謹慎，每事多問，也是守禮的行為。

【語　譯】孔子進入魯國的太廟，每件事情都詢問他人。有人因此便說：「誰說這個鄹邑來的年輕人懂得禮呢？進入太廟，每件事情都要問人。」孔子聽到此言，便說：「凡事不懂則問，這正是禮的精神啊！」

【解　義】周公是魯國始封之君，太廟是魯國祭祀周公的祖廟。孔子自幼習禮，也以知禮著稱，他的父親叔梁紇，曾任鄹縣邑宰。孔子年幼之時，初入太廟助祭，見到太廟祭祀周公時的儀節禮器，每件事情，都去請教別人，人們不免懷疑孔子空具知禮之名，是否真屬知禮？孔子回答說，自己以昔日所習，與眼前所見，相互印證，有疑即問，謹慎求知，正是知禮的表現！

（七〇）

子貢欲去告朔之餼羊❶，子曰：「賜❷也！爾愛其羊，我愛其禮。」

（〈八佾第三〉·十七）

【注釋】❶告朔之餼羊　朔，舊曆每月初一。餼，牲畜。周代天子，每年冬天，將次年的曆書頒給各國諸侯，說明每月初一為那一天，稱為「頒告朔」。諸侯每逢初一，便殺羊以祭於祖廟。❷賜　子貢之名。

【語譯】子貢想要將每月初一以羊告祭祖廟的餼羊免除，孔子說：「賜啊！你是愛惜那隻羊，我卻是愛惜那種禮制。」

【解義】每月初一為朔，「告朔」是周代的一種禮制，每年冬季，天子將次年的曆書頒交各國諸候，稱之為「頒告朔」，象徵天下一統。諸候接受曆書，藏於祖廟，來年每月初一，殺羊而祭於祖廟，稱為「告朔」。

東周晚期，天子力量式微，不再頒交曆書予諸侯。魯國因是周公之後，魯君雖不視朔於祖廟，有司仍維持每月殺羊的形式。子貢見此情形，以為按月殺羊，不免浪費，因而主張將「告朔」之羊廢而不用。孔子則以為，餼羊象徵「告朔」之禮，目前禮雖不行，象徵之羊若在，禮制尚有重現的機會，如果連象徵之羊也加以棄去，則禮的實質更不容易恢復。因此，子貢與孔子，才有了愛羊和愛禮的差別見解。

（七一）

子曰：「先進❶於禮樂，野人❷也。後進❸於禮樂，君子❹也。如用之，則吾從先進❺。」（〈先進第〉十一・一）

【注　釋】❶先進　猶言前輩。❷野人　行為質樸，如同郊野的民眾。❸後進　猶言後輩。❹君子　行為文雅，如同都市的民眾。❺吾從先進　禮樂以質樸為本，如果應用禮樂、教化，孔子寧願選擇質樸的精神。

【語　譯】孔子說：「前輩們製作的禮樂，重質樸，有如鄉野間的農人一般。後輩們製作的禮樂，重文飾，有如城市中的人民一般。如果要用禮樂來治理國家，我主張依照前輩們的精神。」

【解　義】禮可以規範人的行為，樂可以調和人的情感，都具有教化的功能。但是，禮樂的演進，常常是由簡單到複雜，由質樸到繁華，孔子生逢衰亂之世，希望風俗淳厚，所以，當他推動教化時，寧願採取前輩們初創禮樂的質樸精神，而不願採取後輩們發展禮樂的虛浮態度。

（七二）

子曰：「恭而無禮則勞，慎而無禮則葸❶，勇而無禮則亂，直而無禮則絞❷。君子❸篤於親，則民興於仁。故舊❹不遺，則民不偷❺。」（〈泰伯第八〉‧二）

【注　釋】❶葸　畏懼。❷絞　急切。❸君子　指居上位的人。❹故舊　故交舊友。❺偷　淡薄無情。

【語　譯】孔子說：「恭敬而不合禮，便會勞苦不安；謹慎而不合禮，便會畏怯懦弱；好勇而不合禮，便會犯上作亂；直率而不合禮，便會性情急切。在上位的人，能篤厚對待親人，人民也會興起仁愛之心；能不遺棄故交舊友，人民也會敦厚而不偷薄。」

【解　義】恭敬、謹慎、勇敢、正直，都是優良的品德，但如缺少行為規範的禮作為節制，則容易流於矯情、退縮、悖亂、急迫等弊病，故治國不可無禮制。而禮制的根源在於仁愛。故在上位者宜以身作則，為民表率。如能篤厚於親族，則人民受到影響，也將心生仁德；如能不忘故舊，則人民受到感化，自然風俗醇厚，不致澆薄無情。

（七三）

陳司敗❶問：「昭公❷知禮乎？」孔子曰：「知禮。」孔子退，揖巫馬期❸而進之，曰：「吾聞君子不黨❹，君子亦黨乎？君取於吳，為同姓❺，謂之吳孟子❻。君而知禮，孰不知禮？」巫馬期以告，子曰：「丘也幸❼，苟有過❽，人必知之。」（〈述而第七〉．三十）

【注　釋】❶陳司敗　陳，國名。司敗，官名，即司寇。❷昭公　魯昭公。❸巫馬期　姓巫馬，名施，字子期，孔子弟子。❹黨　偏袒。❺君取於吳二句　國君娶吳國同姓的女子為妻。君，指魯昭公。取，同「娶」。吳，吳國。魯國是周公之後，吳國是太伯之後，都姓姬。❻吳孟子　周代的禮制，同姓不婚。魯昭公娶吳國國君長女，當稱吳姬，為了諱娶同姓，改稱吳孟子，孟，居長之義。❼丘也幸　孔子自稱很幸運。丘，孔子自稱其名。❽過　過失。指自己所說魯昭公「知禮」這件過失。

【語　譯】陳國的司寇問孔子：「魯昭公知道禮節嗎？」孔子說：「知道禮節。」孔子出去後，陳司寇請孔子弟子巫馬期進來，說道：「我聽說君子為人不偏袒，難道君子也會偏袒嗎？魯君娶吳國女子為夫人，吳國和魯國是同姓的國家，於是稱之為吳孟子。魯君如果知道禮節，那誰不知道禮節呢？」巫馬期把陳司寇的話轉告孔子，孔子說：「我很幸運，如果犯了過錯，人家一定知道，並指出來。」

【解　義】魯昭公素以知禮聞名，陳國的司寇問孔子，昭公是否知禮，孔子答以知禮。但是，吳為周泰伯之後，魯為周公之後，兩國皆為姬姓，古代主張「娶妻不娶同姓」（《禮記．曲禮》），以為「男女同姓，其生不蕃」（《左傳》僖公二十三年），魯昭公既娶吳國女子，不稱吳姬，而改稱吳孟子，不免是掩耳盜鈴的作法，明顯違反了禮的精神。實則，孔子非不知昭公的行徑為不合禮，但在他國大臣之前，無法直接批評自己的國君，乃寧可為國君諱避，而自己承擔過錯。則孔子的作法，也是另一種知禮的行為。

（七四）

子貢曰：「貧而無諂❶，富而無驕❷，何如？」子曰：「可也，未若貧而樂❸，富而好禮者也。」子貢曰：「《詩》云：『如切如磋，如琢如磨❹。』其斯之謂與？」子曰：「賜也❺！始可與言《詩》已矣，告諸往而知來者❻。」（〈學而第一〉．十五）

【注　釋】❶諂　諂媚；奉承他人。❷驕　驕傲。❸貧而樂　安貧樂道。❹如切如磋二句　見於《詩經．衛風．淇澳》。治骨器為切，治象牙為磋，治玉器為琢，治石器為磨，古代各有專稱，合而言之，代表精益求精之義。

❺賜　子貢之名。❻告諸往而知來者　告訴他過去的事，他就能推知未來的事。諸，之也。往，指已言者。來，指未言者。

【語　譯】子貢說：「貧窮而不諂媚，富貴而不驕傲，這種人怎樣？」孔子說：「雖然可以，但不如貧而樂道，富而好禮之人。」子貢說：「《詩經》上說：『像治切牛骨象牙以及玉石一般。』精益求精，就是此意嗎？」孔子說：「賜啊！像這樣領悟，才可以和你談論詩了，因為，告訴你一點，你就可以悟出更多的道理。」

【解　義】愛好富貴，厭惡貧窮，是人之常情，人們能夠「貧而無諂，富而無驕」，已經極不容易。但是，如果能夠作到「貧而樂，富而好禮」，那自然是更高一層的理想境界。至於子貢讀詩，能從具體的事實中領悟到抽象的原則，也是可貴的情形，所以，孔子稱讚子貢，可以與他討論讀詩的道理了。

（七五）

有子曰：「信❶近於義❷，言可復❸也。恭❹近於禮，遠恥辱也。因❺不失其親，亦可宗❻也。」〈學而第一〉．十三

【注　釋】❶信　信約。❷義　正義；合理。❸復　實踐。❹恭　恭敬。❺因　依據。❻宗　宗主；尊敬。

【語　譯】有子說：「與人相約，必須合於道義，所承諾的言語才可實行。對人恭敬，必先近於禮節，才不致遭受羞辱。與人接近，都是值得親近的人，這種行為就沒有錯誤了。」

【解　義】與人交往，遵守信諾，是良好的行為，但其行事，必須以道義為前提，其承諾才可以實踐。因此，義的境界，比信為高。對人恭敬，自然也是良好的行為，但其行事，必須在禮的規範之下，不可逾越，才可以避免過分謙遜而陷於諂諛的羞恥。因此，禮的層次，也比恭敬為高。至於人們選擇學習的對象，應該了解對方確實具有可以尊敬的道德品格，才是值得自己接近的對象。

（七六）

子曰：「夏禮，吾能言之，杞❶不足徵❷也；殷禮，吾能言之，宋❸不足徵也。文獻❹不足故也。足，則吾能徵之矣。」（〈八佾第三〉．九）

【注　釋】❶杞　國名，周武王為天子，封夏朝的後裔為杞國，其故城在今河南杞縣附近。❷徵　證據；證驗。❸宋　國名，周武王為天子，封殷朝的後裔為宋國，其故城在今河南商丘附近。❹文獻　文，指歷史典籍。獻，指故老賢人。

【語　譯】孔子說：「夏代的禮制，我能說出大概，可惜夏朝後代的杞國，所保存的史料，不足證明；商代的禮制，我能說出大概，可惜商朝後代的宋國，所保存的史料，不足證明。杞宋兩國的典籍和賢人的口述，都有所不足。如果充足，便能夠證實我所說的情況了。」

【解　義】孔子研究夏朝與商朝的典禮制度，搜集資料，小心求證，但夏朝後代的杞國，與商朝後代的宋國，所保存留下的文章典籍，賢人才士，都已不多，故孔子也無法詳察夏商兩朝的歷史與制度。因此，了解歷史文化，必須依據材料，證據充足，才能彰明事實，而不可放言高論，失去真相。

（七七）

子張問：「十世❶可知也❷？」子曰：「殷因❸於夏禮，所損益❹可知也；周因於殷禮，所損益可知也；其或繼周者❺，雖百世可知也。」

（〈為政第二〉・二十三）

【注　釋】❶世　世代。❷也　同「耶」。❸因　因襲；沿承。❹損益　猶言增減。❺其或繼周者　如有繼續周代的政府。或，有也。繼，繼承。

【語　譯】子張問孔子：「十代以後的事情，可以預先知道嗎？」孔子說：「殷朝沿用夏朝的禮制，有所增減的部分，現在可以知道；周朝沿用殷朝的禮制，有所增減的部分，現在也可以知道；那麼，將來如有繼承周代而興起的，即使是百代以後的事，也可以知道，何況是十代以後呢！」

【解　義】歷史的發展，有其延續性的軌跡，後代的典章制度，禮義倫常，社會風俗，常常沿承著前代的規模，繼續著前代的精神。因此，人們了解現代，可以推知前代；同樣地，了解現代，也可以推知後代。

子張問十代以後之典制，是否可以預先知曉。孔子回答，以為殷朝沿承了夏朝的典禮制度，周朝沿承了殷朝的典禮制度，因此，由古可以推今，鑑往可以知來。子張欲求了解未來，而孔子則告以想要了解未來，也必須由現在的情形中去推知。

五、君子

小引

《論語》中討論到「君子」的章節，頗為繁多。在孔子的思想中，理想的人格，以「聖人」的境界，最為崇高，其次，則為「君子」。聖人是天縱之才，是天生而成的，君子的層次，則是人人可以經由自己的努力，鍛練而成。

孔子以為，人們想要成為一個君子，在內心中，要具備智仁勇的品德，行事之時，才能不惑不憂不懼，要具備判別義利的能力，要具備修己以治人的理想。在外表上，要舉止端莊，容貌溫潤，要泰然不驕，知過能改。能夠具備這些條件，內蘊充實，外表文雅，才能稱之為文質彬彬的君子。

在孔子的思想中，與「君子」截然不同，行事相異的，則是「小人」，所以，在《論語》中，孔子也常以「小人」與「君子」對舉，用以反襯出君子行為的可貴，進而警惕弟子，切勿陷入小人的泥潦之中。孔子的這些意見，也成為後世人們判分人品的標準，而相互勉勵，成為受人尊敬的君子。

（七八）

子謂❶子夏曰：「女為君子儒，無為小人儒❷。」〈雍也第六〉‧十一

【注釋】❶謂　告訴。❷女為君子儒二句　女，同「汝」。儒，儒者，有道術者之稱。儒者而有「君子」與「小人」之分，主要在於道德品質的區別，以及對於社會人群事務貢獻大小的區別。

【語譯】孔子對子夏說：「你應該做個君子型的讀書人，不要做個小人型的知識分子。」

【解義】君子儒志向廣大，規模宏遠，關懷國計民生，政治良窳，社會風氣。小人儒用意細微，視野侷促，專務誦習典冊，雕琢詞章，在意聲名得失。儒有不同，故孔子告誡子夏，應該有所取捨，從內心去端正方向。

（七九）

子曰：「君子不器❶。」〈為政第二〉‧十二

【注釋】❶器　器皿。一般器皿，大多只有一種用途，或只有局限性的用途。

【語譯】孔子說：「君子不應該像器皿一樣，只有一種用途。」

【解　義】器皿為人所用，但每種器皿都有其一定限制的用途，超越該項用途，即無所用之處。孔子盼望弟子，各專一藝，能有一器之用，也更盼望弟子，能超越一器一物之用，而能成為綜覽全局，高瞻遠矚，領袖群倫，統合各種小用而成為大用的通才。就今日的學術而言，「成器」是專門人才，各自擅長專精的技術；「不器」是通儒之才。社會越進步，分工越細密，專家固然可貴，通儒則更不易得。

（八〇）

子曰：「君子不重❶則不威❷，學則不固❸，主忠信❹，無❺友不如己者，過則勿憚❻改。」（〈學而第一〉·八）

【注　釋】❶重　莊重。❷威　威嚴。❸固　簡陋；固蔽。❹主忠信　以忠信為主；親近忠信之人。❺無　通「毋」。禁止之詞。❻憚　畏懼。

【語　譯】孔子說：「君子不莊重，便沒有威嚴，努力學習，見解便不會固陋，親近忠信的賢人，不與不如自己的人交往，有了過錯，不要害怕改正。」

【解　義】在此章中，孔子提到君子為人處世的五項要點，第一是內心要莊重，在外表上才會產生令人尊敬的威儀。第二是要努力學習知識，自己的見解才不會固蔽拘泥。第三是誠實在心，忠於所事，信於朋友，不可虛假作偽。第四是擇交朋友，應該儘量結識學問品德勝過自己者為佳，如此才能引導自己，見賢思齊，知所上進。第五是知過能改，才能日新又新，品德進步。

（八一）

子貢問君子，子曰：「先行❶其言，而後從❷之。」（〈為政第二〉．十三）

【注釋】❶行　實行；實踐。❷從　隨後。指先行後言。

【語譯】子貢向孔子詢問怎樣才是君子，孔子說：「先實踐自己想說的話，然後才說出口來，這樣便可稱為君子。」

【解義】子貢詢問，如何可以成為君子？孔子回答，君子之人，自己如果有言論辦法提出，必先要求自己能經過實驗，獲得可信的成效，然後才令人追隨相從，擴大適用的範圍，以便獲得更多優良的成果。否則，未經實驗，輕率判斷，就決然而行，可能導致廣大群眾誤入歧途，造成難以避免的傷害。

（八二）

子曰：「君子欲訥❶於言，而敏❷於行。」（〈里仁第四〉・二十四）

【注釋】❶訥　言語遲緩穩重。❷敏　敏捷；迅速。

【語譯】孔子說：「君子希望說話要慎重，行動要敏捷。」

【解義】君子之人，言語應緩。緩則少招是非，不陷於禍害，而減少事業的阻礙。同時，君子之人，行動應快。快則能掌握先機，操控在己，而增加工作的效率。

（八三）

子曰：「君子恥❶其言而過❷其行。」（〈憲問第十四〉・二十九）

【注釋】❶恥　羞恥。作動詞用。❷過　超過。

【語譯】孔子說：「君子所說的話，如果超過他的行為，則必然以此為恥。」

【解義】言過其行，是徒有虛美之言，而無踐履之實。為人如此，不免輕率浮誇，故君子深以為恥。

（八四）

子曰：「君子博學於文❶，約之以禮❷，亦可以弗畔❸矣夫❹！」〈雍也第六〉．二十五）

【注釋】❶文　指詩書禮樂，典章制度。❷約之以禮　以禮約束自己的行為。❸弗畔　不違背正道。❹矣夫　句末助詞。表感嘆之義。

【語譯】孔子說：「君子廣泛地學習各種知識，再用禮來約束自己的行為，就可以不背離正道了！」

【解義】君子當博習文獻典籍，詩書六藝，以充實自己的知識見聞，以備致用於世，造福社會。為避免氾濫無歸，又當約守於禮，用以檢束身心，實踐力行。如此由博返約，由外至內，不離正道，才能展現君子的風範。

（八五）

子曰：「君子之於天下❶也，無適❷也，無莫❸也，義❹之與比。」

（〈里仁第四〉・十）

【注釋】❶天下　指世上的人和事。❷適　專主執著之義。❸莫　堅決反對。❹義之與比　義，道義。比，依從之義。

【語譯】孔子說：「君子對於天下的事情，沒有一定要如此做，也沒有一定不如此做，完全是看怎樣合理，便怎樣去做。」

【解義】君子對於天下的事物，並不堅持採取贊同的態度，也並不堅持採取否定的態度，在從與違之間，必須要取決於道義在於何方。道義是適當、是合理，君子的選擇，即依據事物的適當性與合理性，而加以取捨實行。

（八六）

子曰：「君子喻❶於義，小人喻於利。」（〈里仁第四〉・十六）

【注釋】❶喻　了解；通曉。

【語譯】孔子說：「君子的行為，以義為準則，小人的行為，以利為目標。」

【解義】君子心中所思所慮，以道義為本，凡事當前，心中必然先行反省，自己所為，是否合於道義？有此一念自省，天良呈現，自然見義勇為，見不義則避之惟恐不及。小人心中所思所慮，以財利為主，凡事當前，心中必然先作計較，自己所為，是否於己有利？有此一念反思，天良蒙蔽，自然見利思取，見無利則棄之唯恐不速。

孔子以義利分別君子小人，又以君子小人求義逐利的行為，作為警惕世人的標準。他的用心，令人敬佩。

（八七）

子曰：「君子坦蕩蕩❶，小人長戚戚❷。」〈述而第七〉‧三十六

【注釋】❶坦蕩蕩　坦，坦率。蕩蕩，寬廣貌。❷戚戚　憂愁貌。

【語譯】孔子說：「君子心境舒坦寬廣，小人心情常憂戚不安。」

【解義】君子淡薄名利權位，凡事盡心而為，成功在天，不憂不懼，故能胸懷安泰。小人爭奪爵祿名聲，遇事寬以待己，嚴以責人，患得患失，故常憂慮纏心。

（八八）

子曰：「君子泰❶而不驕❷，小人驕而不泰。」（〈子路第十三〉．二十六）

【注釋】❶泰 安舒。❷驕 驕傲。

【語譯】孔子說：「君子安詳舒泰而不驕傲，小人驕傲凌人而不安詳舒泰。」

【解義】君子內心坦蕩，謙虛自持，故能態度安舒，不憂不懼，不驕不矜。小人心無忌憚，意態陵人，故而時存嫉刻，患得患失，憂戚難安。

（八九）

子曰：「君子周❶而不比❷，小人比而不周。」（〈為政第二〉．十四）

【注釋】❶周 普遍。❷比 偏私。

【語譯】孔子說：「君子待人，普遍親厚，而不結黨營私。小人結黨營私，卻不能待人普遍親厚。」

【解義】孔子時常以君子與小人對舉，君子是孔子心目中理想的人格代表，小人則是孔子心目中厭惡的對象。在此章中，孔子指出，君子與朋友同僚相交，出於為公，心存寬厚，所以一視同仁，普遍關懷，卻不有意袒護。反之，小人與朋友同僚相交，出於為私，對於有利於己者，則往往結黨營私，心存偏狹，不能關懷大眾。因此，君子與小人的差異，主要在於公私義利的不同。

（九〇）

子曰：「君子懷德❶，小人懷土❷。君子懷刑❸，小人懷惠❹。」〈里仁第四〉・十一

【注釋】❶德　道德。❷土　田產土地。❸刑　法度。❹惠　恩惠；利益。

【語譯】孔子說：「君子念念不忘的，是道德的增進，小人念念不忘的，是居處的安樂。君子常思念的，是遵守法度，小人常思念的，是獲得私利。」

【解義】君子小人，心中所思所念，常有不同，君子經常措意於自己品德的增進，希望正己正人；小人經常繫念於田宅恆產的擁有，安享富裕。君子時常措意於禮法的存在，因而自警，以免誤觸法網；小人時常繫念於利祿的追求，因而鑽營，以期獲得實惠。君子小人，心中所存，趨向不同，要之，只在為義為利的差異而已。

（九一）

子曰：「君子上達❶，小人下達❷。」〈憲問第十四〉・二十四

【注　釋】❶上達　指道德高明。達，通達。❷下達　指品德汙下。

【語　譯】孔子說：「君子修養德性，日求上進；小人追求私欲，日趨汙下。」

【解　義】君子依循天理，日進於高明，小人追逐私欲，日趨於汙下，有此差別，也在於起初一念之間的歧異，為義為利，而後益分益遠。所以，人生在世，不可不立志學為君子。

（九二）

子曰：「君子和❶而不同❷，小人同而不和。」〈子路第十三〉・二十三

【注　釋】❶和　和諧。❷同　附和相同。

【語　譯】孔子說：「君子與人意見諧和，但不願盲目贊同；小人意見與人表面相同，私下卻極不和諧。」

【解　義】君子與君子相處，以義為主，感情和諧，但彼此之間，不肯盲目相從，意見可能有所不同。小人與小人相處，以利為主，表面上意見協同一致，實際裡彼此勾心鬥角，並不真正和諧。

（九三）

子曰：「君子求諸己❶，小人求諸人。」（〈衛靈公第十五〉・二十）

【注　釋】❶君子求諸己　君子要求自己。求，要求。諸，之於。

【語　譯】孔子說：「君子要求自己，小人要求別人。」

【解　義】君子處事，無不先行反省自己，要求自己，責己甚嚴。凡有所事，善盡其力，為自己力量所能為者。如果行事不成，也多歸咎自己，而不切責他人，諉過他人。小人處事，多向外要求，求助他人，寬以待己。是以非分妄求，違道干譽，無所不為。如果行事不成，也多歸咎他人，而不反省自問，有何差錯。

（九四）

子曰：「君子成人之美❶，不成人之惡❷，小人反是❸。」（〈顏淵第十二〉・十六）

【注　釋】❶成人之美　成就別人的善事。成，成全；成就。美，美好之事。❷惡　邪惡之事。❸反是　與此相反。是，此也。

【語　譯】孔子說：「君子成全別人的好事，不成全別人的壞事，小人卻正好相反。」

【解　義】君子存心寬厚，樂於助人，見他人有善行，必加鼓勵，見他人有不善，也會忠告勸導，使能改過。故君子隱惡揚善，樂於成人之美。小人存心嫉刻，幸災樂禍，見他人有成就，多極力破壞，見他人有缺失，也常會落井下石，網羅入罪。故小人妬賢害能，常會成人之惡。

（九五）

子曰：「君子不可小知❶，而可大受❷也。小人不可大受，而可小知也。」〈衛靈公第十五〉．三十三

【注　釋】❶小知　指小才小藝。知，見知於人。❷大受　指才學品德優秀。受，受知於人，承擔重任。

【語　譯】孔子說：「君子不見得在小事上受人賞識，卻可以擔當重大責任。小人不能擔當重大責任，卻能在小事上有所表現。」

【解　義】君子不必以小事見長，但其才能可以擔當大任；小人不足以負責大任，但在處理小事上，常見其具有專長。人的才智，各有不同，有人堪當大任，有人可任細務，當以各盡其才，各適其性為準。如能發揮所長，則都是人才。

（九六）

子曰：「君子易事❶而難說❷也；說之不以道❸，不說也；及其使人❹也，器之❺。小人難事而易說也；說之雖不以道，說也；及其使人也，求備❻焉。」（〈子路第十三〉・二十五）

【注釋】❶事　侍奉。❷說　同「悅」。❸道　正當的道理。❹使人　任用人才。❺器之　就其才學而任用之。器，才器；才幹。之，他。❻備　完備。

【語譯】孔子說：「君子容易侍奉，而不容易討好；用不正當的方式去討好他，他是不會喜歡的；當他任用人才的時候，卻能衡量人們的才德，任以適當的職務。小人難以侍奉，而容易討好；用不正當的方式去討好他，他也會喜歡；當他任用人才的時候，卻苛刻求全。」

【解義】君子在位，能寬大容眾，用人能發揮長才，而不勉強人之所短，故在其手下任事甚易。且君子恬淡寡欲，旁人不易投其所好，故難加以取悅。小人在位，常作福作威，刁難部下，求全責備，故在其手下任事甚難。但小人心喜奉承，阿諛諂媚，都能使其心花怒放，故容易取悅。

（九七）

曾子曰：「君子以文❶會友，以友輔仁❷。」（〈顏淵第十二〉．二十四）

【注釋】❶文　文章學問。❷以友輔仁　以友人來輔助自己，共進於仁德。輔，協助。仁，仁德。

【語譯】曾子說：「君子以道德學問來結交朋友，以朋友來輔助自己，增進仁德。」

【解義】君子交往，以詩書禮樂等學問，相互切磋討論，而感情益加深厚，不但得到良友，更能彼此砥礪品行，增進仁德。小人則往往以利害相結合，流為結黨營私，製造社會分裂。

（九八）

子曰：「君子貞❶而不諒❷。」（〈衛靈公第十五〉．三十六）

【注釋】❶貞　正也。❷諒　信也。指拘守小節小信。

【語譯】孔子說：「君子堅守正道，不拘泥於小節小信。」

【解義】君子行事，當堅守正道，以正義為優先，而不必一一拘守小節，求取他人的諒解。

（九九）

司馬牛❶問君子，子曰：「君子不憂不懼。」曰：「不憂不懼，斯謂之君子已乎？」子曰：「內省不疚❷，夫何憂何懼？」〈顏淵第十二〉．四

【注釋】❶司馬牛　姓司馬，名耕，字子牛，孔子弟子。❷內省不疚　省，反省。疚，慚愧之義。

【語譯】司馬牛問怎樣才是君子，孔子說：「君子不憂愁，不恐懼。」司馬牛又問：「不憂愁，不恐懼，就可以是君子嗎？」孔子說：「自己反省，覺得毫無愧疚，那還憂愁什麼？恐懼什麼呢？」

【解義】司馬牛之兄桓魋在宋國作亂，為宋景公所逐，司馬牛因此心中常懷憂懼。當他向孔子請問如何才是君子時，孔子乘趁機開導他，「不憂不懼」，才是君子的心境。因為人生在世，有些情況，並非自己能夠掌握，如果在心中反省，自己仰不愧天，俯不怍地，凡事盡力而為，自己便可以堂堂正正地面對未來，自然心境舒坦，無所憂懼。

（一〇〇）

子曰：「君子病無能焉❶，不病人之不己知也。」〈衛靈公第十五〉．十八

【注釋】❶君子病無能焉　君子擔心自己的能力不足。病，憂慮。能，能力。

【語譯】孔子說：「君子只愁自己沒有才能，不愁別人不知道自己。」

【解義】君子立身，當充實自己，達德成才，藏器於身，等待時機一到，即可大展鴻圖，因此，君子應該擔心自己的能力不夠，不足負擔重任，而不必憂心他人不理解自己。

（一〇一）

子曰：「君子不以言舉❶人，不以人廢❷言。」〈衛靈公第十五〉‧二十二

【注釋】❶舉　舉用。❷廢　廢棄。

【語譯】孔子說：「君子不因為一個人的話說得好就舉薦他，也不因為一個人的行為不善而輕忽了他的言論。」

【解義】君子推舉賢才，不能僅觀察他的言論是否動聽，因為有言者不必有德；但是，如果目的在於廣開言路，採納雅言，則當以言論之是否得當，作為準繩，不必多計較其人的品格。

（一〇二）

子曰：「君子疾❶沒世❷而名不稱❸焉。」（〈衛靈公第十五〉・十九）

【注釋】❶疾　恨也。❷沒世　去世。❸稱　稱讚；稱揚。

【語譯】孔子說：「君子深怕身死之後，名聲仍然不能被人們所稱道。」

【解　義】君子不求虛名，但實至名歸，也當樂於接受。且人生百年，佳名傳於後世，為世人所稱譽所尊仰，也是難得的榮耀。故君子平素力求充實自我，期能名實相符；如果沒世之後，其名聲仍然不為人們所稱頌，則是自己為善之實，尚有不足，故君子引以為恥。

（一〇三）

子曰：「君子矜❶而不爭，群❷而不黨❸。」（〈衛靈公第十五〉・二十一）

【注釋】❶矜　莊重。❷群　和睦合群。❸黨　結黨偏袒。

【語譯】孔子說：「君子莊重自持，不與人爭，與人和諧相處，但不結黨營私。」

【解　義】君子莊敬自持，不爭奪非分的利益，不企求非法的權力。與人和諧相處，追求群眾的幸福，而不結黨營私，尋求個人的利祿。

(一〇四)

子曰：「君子無所爭，必也射❶乎！揖讓而升❷，下而飲❸，其爭也君子。」〈八佾第三〉．七

【注　釋】❶射　射是古代六藝之一，此處指比賽射箭。❷揖讓而升　行禮而登堂。揖，作揖行禮。讓，謙讓。升，升堂。❸下而飲　下，下堂。飲，飲酒。

【語　譯】孔子說：「君子沒有什麼與人相爭之事，如果有的話，那必然是在舉行射禮的時候吧！參加比賽的人，相互作揖謙讓，而後升堂，射完之後，又相互作揖，行禮而下，相互飲酒，這種相爭，才是君子之爭啊！」

【解　義】君子謙虛遜讓，淡泊名位，不與人相爭，唯在射禮進行之時，較量射技，觀察品德，敦厚友情，方始有相爭的行為。射為六藝之一，射禮進行，也必須嚴守規律，遵守禮儀，雙方互揖互讓，升階升堂，等到射儀完成，勝者不驕，負者不怨，無論勝負，皆相揖相讓，逐階而下，相互飲酒，心氣平和，風度優雅，完成射禮。所以，孔子以為，射禮之爭，屬於君子的行為，必須依禮而行。

（一〇五）

子曰：「君子道❶者三，我無能焉；仁者不憂，知❷者不惑，勇者不懼。」子貢曰：「夫子自道❸也！」（〈憲問第十四〉・三十）

【注釋】❶君子道　為「君子之道」的省文。❷知　同「智」。❸夫子自道　夫子，指孔子。自道，自述；敘述自己。

【語譯】孔子說：「君子有三種美德，我都不能做到；有仁德的人經常樂觀，有智慧的人不會疑惑，有勇氣的人無所畏懼。」子貢說：「這正是夫子的自述啊！」

【解義】仁者關切人群，熱心世務，故不憂。智者明辨是非，深識利弊，故不惑。勇者不屈不撓，不計毀譽，故不懼。仁智勇三者，都是君子的行為，人們如能具備這三種品德，則心境日益廣大，氣度日漸恢宏，足以向希聖希賢的道路前進。孔子謙稱自己尚未能夠做到這三者的標準，只是希望自己日進不已，但在弟子眼中，孔子已是仁者智者勇者的代表，故子貢稱仁智勇三者，即是「夫子自道」。

（一〇六）

子謂子產❶，「有君子之道四焉：其行己也恭❶，其事上也敬❷，其養民也惠❸，其使民也義❹。」〈公冶長篇第五〉．十六

【注釋】❶子產　姓公孫，名僑，春秋時鄭國大夫。❷恭　謙遜。❸敬　恭敬。❹惠　仁愛。❺義　合理。

【語譯】孔子評論子產，說：「他有四種行為合於君子的道理：他對人的態度很謙遜，他侍奉君長很恭敬，他教養人民有恩惠，他使用民力很合理。」

【解義】子產是春秋時代鄭國的名相公孫僑，事功顯赫，孔子對他極為欽佩，稱許他為仁者。在此章中，孔子強調子產有成為君子的四項條件，第一，他的行為謙恭有禮，第二，他對君長十分尊敬，第三，他對民眾嘉惠極大，第四，他對百姓的使令，能恪守法度與道義。所以，當子產去世時，孔子聞知，也潸然流淚說：「古之遺愛也。」

（一〇七）

孔子曰：「君子有三戒❶：少之時，血氣❷未定，戒之在色❸；及其

壯也，血氣方剛❹，戒之在鬥❺；及其老也，血氣既衰，戒之在得❻。」

（〈季氏第十六〉．七）

【注　釋】❶戒　警惕；防備。❷血氣　精神意志體力。❸色　美色；女色。❹剛　強健。❺鬥　爭奪；鬥毆。❻得　貪求無厭。

【語　譯】孔子說：「君子有三件應該自我警惕的事情：年輕的時候，體質還沒有固定，應當警惕對美色的欲望；壯年的時候，體質正當剛強，應當警惕意氣用事的爭鬥；年老的時候，體質已經衰退，應當警惕貪得無厭。」

【解　義】人生在世，隨著年齡的不同，情緒也有差異，應該自知其特徵，而加以防範，減少過咎。少年時期，易起色欲衝動，當避免情欲的刺激。壯年時期，容易爭強好勝，喜居人上，當多事謙退，避免與人鬥爭，意氣用事，以致兩敗俱傷。老年時期，血氣既衰，經營為難，易貪利祿，當清心寡欲，知足常樂。人生在世，有此三戒，能戒則為君子，不戒則為小人。

（一〇八）

子夏曰：「君子有三變❶：望之儼然❷，即之也溫❸，聽其言也厲❹。」

（〈子張第十九〉・九）

【注　釋】❶變　態度變化。❷儼然　容貌端莊。❸溫　和藹可親。❹厲　嚴正。

【語　譯】子夏說：「君子的容貌儀態，有三種變化：遠遠望去，端莊嚴肅；接近之後，感到和藹可親；聽他說話，嚴正不苟。」

【解　義】君子誠敬於中，形之於外，人們與他接觸，有望之、即之、聽之的不同情形，因而也有儼然莊重、溫良諧和、嚴正不苟三種不同的感受。但在君子自身，誠敬之情，始終如一，並未嘗有所變更。

（一〇九）

孔子曰：「君子有三畏❶：畏天命❷，畏大人❸，畏聖人之言❹。小人不知天命而不畏也，狎❺大人，侮❻聖人之言。」（〈季氏第十六〉・八）

【注　釋】❶畏　敬畏。❷天命　天地之間的正理。❸大人　在高位者。❹聖人之言　聖人所言，多為常道。❺狎　輕慢。❻侮　戲謔。

【語　譯】孔子說：「君子有三件敬畏的事情：敬畏天所賦予的正理，敬畏居在高位之人，敬畏聖人的言論。小人不知天賦的正理，因而無所畏懼，輕視居高位者，侮慢聖人的言論。」

【解　義】君子居世，有應當敬畏之事三項：一是敬畏上天所賦予之正理，以其為必然的形勢，無可違背；二是敬畏居在高位之人，以其動見瞻觀，足為世範；三是敬畏聖人的遺言，以其所言，意義深遠。而小人則不然，悍然而為，不畏天命，狂妄驕縱，不畏大人，犯上作亂，不畏聖人之言，甚至加以戲謔取笑。

（一一〇）

孔子曰：「君子有九思❶：視思明，聽思聰❷，色思溫，貌思恭，言思忠，事思敬❸，疑思問，忿思難❹，見得思義。」（〈季氏第十六〉．十）

【注　釋】❶思　思索；考慮。❷聰　聽得清楚。❸敬　謹慎。❹難　災患。

【語　譯】孔子說：「君子有九件應該思考的事情：看要思考是否看得明白；聽要思考是否聽得清楚；臉色要想是否溫和；容貌要想是否謙恭；說話要考慮是否忠實；處事要考慮是否認真；疑惑要思考如何向人請教；忿怒要思量可能的後患；看見財利要衡量是否合於義理。」

【解　義】君子處世，須要深思而力行者，有九件事情：一是觀察應該明確，二是聽話應該清晰，三是臉色應該溫和，四是容貌應該莊重，五是言語應該信實，六是處事應該謹慎，七是疑惑應該詢問，八是忿怒應該制止，九是金錢應該慎取。人們對這九件事情，如能多加思考反省，必然對己有益，使品德日進，而受到他人的歡迎。

（一一一）

子夏曰：「雖小道❶，必有可觀❷者焉，致遠恐泥❸，是以君子不為也。」（〈子張第十九〉．四）

【注釋】❶小道　小技藝。❷可觀　可取。❸泥　泥滯。

【語譯】子夏說：「雖然是小技藝，也一定有可取的地方，但是，想到對遠大目標的追求，恐怕有所妨礙，所以君子不去做這些事。」

【解義】任何學術技藝，都有其獨具的道理，與可觀的內容，但是，君子以彰明大道為理想，以宏揚仁德為己任，深恐一入其他學術技藝之門，受到吸引，樂而忘返，故君子對於眾多的學術技藝，都小心觀察，慎加選擇，避免涉入過深，而遺忘了原本抱持的遠大目標。

（一一二）

子貢曰：「君子之過也，如日月之食❶焉：過也，人皆見之；更❷也，人皆仰❸之。」（〈子張第十九〉．二十一）

【注釋】❶食　同「蝕」。❷更　改也。❸仰　仰望。

【語譯】子貢說：「君子的過失，如同日蝕月蝕一樣：有了過失，人人都看得見；他改過了，人人也都仰望可見。」

【解義】人不能無過，君子犯過，往往出於無心，加以知過能改，坦然無所隱蔽，並不畏人知道，故如同日蝕月蝕一般，人人仰望可見，並且以此作為自己進德反省的階梯。

（一一三）

子夏曰：「小人之過❶也必文❷。」（〈子張第十九〉．八）

【注釋】❶過　過錯。❷文　掩飾。

【語譯】子夏說：「小人犯了過錯，必定加以掩飾。」

【解義】人不能不犯過錯，犯過知錯，坦然承認，不懼人知，才有改過自新的機會。小人則不同，遇有過錯，常多方掩飾，深恐人知，因此，也自己失去了改過的機會。

（一一四）

子貢曰：「君子亦有惡❶乎？」子曰：「有惡。惡稱人之惡者❷，惡居下流❸而訕❹上者，惡勇而無禮者，惡果敢而窒者❺。」曰：「賜❻也亦有惡乎？」「惡徼❼以為知者❹，惡不孫❽以為勇者，惡訐❾以為直者。」（〈陽貨第十七〉·二十四）

【注釋】❶惡　厭憎。❷稱人之惡者　指背後說他人壞話的人。稱，講述；稱述。惡，指過錯。❸下流　下位。❹訕　毀謗。❺窒者　不通情理的人。❻賜　子貢之名。❼徼　抄襲之義。❽孫　同「遜」。謙讓之義。❾訐　揭發他人隱私。

【語譯】子貢說：「君子也有厭惡的人嗎？」孔子說：「有厭惡的人。厭惡背後說人壞話的人，厭惡居下位而毀謗上位的人，厭惡憑藉勇力而不顧禮法的人，厭惡果敢而不通事理的人。」孔子反問子貢說：「賜啊！你也有厭惡的人嗎？」子貢回答說：「我厭惡抄襲別人成果而自以為聰明的人，厭惡毫不謙虛而自以為勇敢的人，厭惡揭發別人隱私而自以為是正直的人。」

【解義】孔子所厭惡的有四種人，子貢所厭惡的有三種人，孔子處心仁厚，子貢是孔門的高足弟子，如有所惡，對方必然是心術不正之人。人們進德修業，當以孔子及子貢所說的七件事情，逐一反省，深察自己，是否為人所惡，也可作為觀察世人情偽的依據。

（一一五）

子曰：「質❶勝文❷則野❸，文勝質則史❹。文質彬彬❺，然後君子。」

（〈雍也第六〉．十六）

【注釋】❶質　質樸。❷文　文采。❸野　粗陋如野人。❹史　史書、史官。引申有浮誇之義。❺彬彬　文質並重，調配適當。

【語譯】孔子說：「一個人，本質超過文采，就會失於粗鄙，文采超過本質，就會失於虛浮。文采和本質，相互配合，然後才能稱為君子。」

【解義】質是本質，是真實，是內容。文是文采，是容貌，是外表。如果本質超過文采，雖儀容稍近粗鄙，但真意仍然存在。反之，如果文采超過本質，則僅有形式，近於虛浮。故君子之人，應求取文質配合，兩相兼具，均勻調和，才會擁有優雅充實的美感。

（一一六）

棘子成❶曰：「君子質而已矣，何以文為？」子貢曰：「惜乎，夫子❷之說君子也！駟不及舌❸。文猶質也，質猶文也，虎豹之鞟❹，猶犬羊之鞟。」（〈顏淵第十二〉．八）

【注釋】❶棘子成　衛國大夫。❷夫子　此處指棘子成，古代大夫也可尊稱為夫子。❸駟不及舌　是說一言既出，駟馬難追。駟，四匹馬，古代以四匹馬拉一輛車，故以駟為一輛車的代稱。及，追趕。❹鞟　指已去毛的獸皮。

【語　譯】棘子成說：「君子只要保持本質就夠了，那裡用得著文采呢？」子貢說：「可惜啊！先生竟這樣地談論君子！所謂一言既出，駟馬難追。其實，本質和文采，是同等重要的，譬如虎豹的皮和犬羊的皮，相差很多，如果把獸皮上的毛除去，那麼虎豹的皮革和犬羊的皮革就沒有區別了。」

【解　義】衛大夫棘子成強調君子當以質樸為本，不必多加文飾，子貢則不表同意，因為，文采和本質，對君子而言，同樣重要，否則，就如同剪去毛紋的虎豹，與剪去毛紋的犬羊，如何加以分別？孔子曾經說道，「文質彬彬，然後君子」（見前則），所以，子貢就以譬喻的方式，巧妙地將本質和文采不可偏廢的道理，加以說明。

（一一七）

子曰：「君子義以為質❶，禮以行之，孫❷以出之，信❸以成之，君子哉❹！」（〈衛靈公第十五〉．十七）

【注釋】❶質　本質。❷孫　同「遜」。謙遜。❸信　誠信。❹哉　句末感嘆詞。

【語譯】孔子說：「君子為人處事，以合理為原則，用禮節去實行，用謙遜去表達，用信實去完成，那才是個君子啊！」

【解義】君子的行為，以道義為本質，不貪圖私利，以禮儀作規範，而加以實踐，以謙遜為態度，與人相處，以誠信作力量，去貫徹目標，能作到義禮孫信四者，才不愧是君子的本色。

（一一八）

子路曰：「君子尚❶勇乎？」子曰：「君子義以為上。君子有勇而

無義為亂❷，小人有勇而無義為盜❸。」〈陽貨第十七〉·二十三）

【注　釋】❶尚　同「上」。尊崇之義。❷亂　作亂。❸盜　盜賊。

【語　譯】子路問道：「君子崇尚勇敢嗎？」孔子說：「君子認為義是最重要的。君子如果只有勇氣而沒有道義，就會犯上作亂，小人如果只有勇氣而沒有道義，就會淪為土匪強盜。」

【解　義】子路好勇，故以君子尚勇為問。孔子回答，勇的價值，在力行正義，實踐公理，其勇方才具有正面的意義，否則，君子濫施其勇，不以正義為依歸，則將陷入災禍悖亂的行為；小人濫施其勇，不以正義為依歸，則將陷入類似盜賊的行徑。

（一一九）

子夏曰：「百工居肆❶以成其事，君子學以致其道❷。」〈子張第十九〉·七）

【注　釋】❶肆　官府中製作器用的場所。引申為百工的工廠。❷致其道　追求他們的理想。致，極盡；窮盡。

【語　譯】子夏說：「各種工匠居住在製造器物的場所，去完成他們的工作，君子則靠學習，以追求他們理想的學識。」

【解　義】各行各業，都有他們固定的場所，以進行他們自己的工作。君子從事學習，以追求大道為目標，則並無一定的場所，其工作的進行，也無處不在，無時不在，任何時間地點，都不可以鬆懈自己的目標和工作。

（一二〇）

孔子曰：「侍於君子有三愆❶：言未及之而言，謂之躁❷；言及之而不言，謂之隱❸；未見顏色而言，謂之瞽❹。」（〈季氏第十六〉・六）

【注　釋】❶愆　過失。❷躁　急躁；浮躁。❸隱　隱瞞；隱藏。❹瞽　眼盲。

【語　譯】孔子說：「陪侍君子，容易犯三種過失：不應該說話的時候，卻搶著說話，叫做急躁；應該說話的時候，卻不說話，叫做隱瞞；不先察顏觀色，就輕率發言，叫做盲目。」

【解　義】侍於君子之側，正是學習上進的良好機會，但言語之際，當考量各種情勢，發言適當，才能獲得他人的尊敬。孔子指出，人們在君子之側，發言經常有三種易犯的過錯，一是發言太早，其錯是浮躁妄動；二是發言太遲，其錯是隱沒不顯；三是發言內容欠當，其錯是誤判情勢。因為有此三種差錯，當眾發言之時，更不可不深思熟慮，謹慎應對。

（二一）

子路問君子，子曰：「脩己以敬❶。」曰：「如斯而已❷乎？」曰：「脩己以安人❸。」曰：「如斯而已乎？」曰：「脩己以安百姓。脩己以安百姓，堯舜其猶病諸❹！」（〈憲問第十四〉．四十五）

【注釋】❶敬　專心不懈。❷已　止也。❸人　指親人。❹病諸　病，困難；不足。諸，之也。

【語譯】子路問怎樣才是君子，孔子說：「修養己身，要以敬重的態度。」子路說：「這樣就夠了嗎？」孔子說：「修養己身，進而使親族朋友安樂。」子路說：「這樣就夠了嗎？」孔子說：「修養己身，進而使天下的百姓安樂。能夠修養己身，而使天下百姓安居樂業，即使是古代堯、舜那樣的聖君，恐怕還做不到哩！」

【解義】敬是心有所主，意不外騖。君子能修己以敬，以此作為基礎，進一步，才可以從事政治，安定人民。等到績有成效，再進一步，才可以安定天下更多的百姓。要之，想使天下百姓，安居樂業，雖在堯舜，也不能稱之為十全十美，但君子卻不能不擁有這種救世濟民的理想和抱負。

（一二二）

曾子曰：「可以託六尺之孤❶，可以寄百里之命❷，臨大節❸而不可奪❹也。君子人與❺？君子人也！」（〈泰伯第八〉．六）

【注釋】❶六尺之孤　六尺，古代尺寸較短，六尺，以身高表年齡，約十五歲。孤，孤兒，引申為幼君。❷百里　指大國。命，政令。❸臨大節　臨，面對。大節，指國家安危，個人生死。❹奪　改變心志。❺與　同「歟」。

【語譯】曾子說：「可以把年幼的國君託付給他，可以把國家的政事交給他處理，遇到國家危急存亡的關頭，也不會改變操守。這樣的人，可以算是君子嗎？真正是一位君子了！」

【解義】能受命託孤，則其人必然忠信可靠，不致欺人孤兒寡婦。能承命攝政，則其人必然才華卓著，不致誤國誤民。而當面臨危亡艱困之際，其人意志堅定不移，能不屈於脅迫。除非是有德有才的君子，則不能承擔如此的重責大任。

（一二三）

子夏曰：「君子信❶而後勞❷其民；未信，則以為厲❸己也。信而後

諫❹；未信，則以為謗❺己也。」（〈子張第十九〉．十）

【注　釋】❶信　為人民所信任。❷勞　勞動役使。❸厲　虐待。❹諫　諫勸國君。❺謗　毀謗。

【語　譯】子夏說：「在位的君子，要先獲得人民的信任，然後再去勞動他們；否則，人民會認為你是在虐待他們。在朝的大臣，要先獲得國君的信任，然後再去勸諫他；否則，國君會認為你是在毀謗他。」

【解　義】君子以誠立身，以敬處事，固然是出仕的基本要件，但平時應該先行建立自己的信用，遇事時才能勞動人民，諫勸君王。如果自己的信用不足，未孚人望，勞民則易於引發民怨，諫君則易於引起君疑。因此，信於上下，也是為政的必要條件，否則，徒具善心善意，也不必就能安上治民。

（一二四）

子曰：「聖人❶，吾不得而見之矣！得見君子❷者，斯可矣。」子曰：「善人❸，吾不得而見之矣！得見有恆者❹，斯可矣。亡❺而為有，虛而為盈❻，約而為泰❼，難乎有恆矣。」（〈述而第七〉．二十五）

【注　釋】❶聖人　道德最高尚的人。❷君子　才德優秀的人。❸善人　心地善良的人。❹有恆者　有恆心的人。❺亡　同「無」。❻虛而為盈　虛，空虛。盈，充實。❼泰　奢華。

【語　譯】孔子說：「聖人，我不能見到，能夠見到君子，也就滿意了。」孔子又說：「善人，我不能見到，能夠見到有恆心的人，也就滿意了。一般人，本來一無所有，卻裝作有，本來空虛，卻裝作充實，本來窮困，卻裝作奢華，這種人是很難有恆心的。」

【解　義】聖人全智全能，君子才德兼備，聖人的境界，高於君子；善人心存濟世，有恆者執善固執，善人的層次，高於有恆者；孔子自言，不能得見聖人及善人，得見君子及有恆者，退而求其次，也足以激勵世人，心向善良。但孔子之時，世情澆薄，人尚浮誇，競相以無作有，以虛作盈，以困作安，專飾其外，不務其中。世風如此，求一有恆之人，也不易得，孔子失望之情，可以想見。

（一二五）

子曰：「色厲❶而內荏❷，譬❸諸小人❹，其猶穿窬之盜也與❺！」

（〈陽貨第十七〉·十二）

【注　釋】❶色厲　外表嚴厲。❷內荏　內心柔弱。❸譬　比喻。❹小人　壞人。❺穿窬　穿，鑿也。窬，洞穴。

【語　譯】孔子說：「外表嚴厲，內心怯弱，這種人，若用壞人作比喻，恐怕就像挖洞跳牆的小偷吧！」

【解　義】有人外表嚴厲，內心怯弱，外強中乾，實際是由於才德不足，心虛無物，只能在外表上裝腔作勢，傲慢自大，貌為威嚴，以此恐嚇他人。對於這種人，孔子將他比喻為小人中的「穿窬之盜」，只能算是挖牆打洞、偷竊財物的小毛賊而已，比之強盜，尚且等而下之。

六、士人

小引

《論語》中所提到的「士人」，與「君子」的意義，較為接近，但是，兩者之間，意義仍然有所不同。君子所著重的，是道德品行的修養，是成德成己的優良人格；而士人則已經是具備了專業的才藝，身居官位，負有安民治民責任的知識分子。

由於士人是一種接受過禮樂的薰陶，具有充分的知識，已經擔任專業職務的人員，因此，他們的責任重大，也必須意志堅強，所謂「士不可以不弘毅，任重而道遠」（《論語・泰伯》），才能見危授命，甚至出使四方，而完成國家所交付的使命。

由於士人是身居官位，在政府中擔任職務的人員，因此，他也格外需要具備見得思義、不求苟取的意志，才能拒絕外來的各種誘惑，而堅毅自守，才能成為國家安定的基石，才能成為人民信任的對象。

（一二六）

曾子曰：「士❶不可以不弘毅❷，任重而道遠。仁以為己任，不亦重乎？死而後已❸，不亦遠乎？」（〈泰伯第八〉．七）

【注釋】❶士　讀書人；知識分子。❷弘毅　弘，剛強。毅，堅定。❸已　休止。

【語譯】曾子說：「讀書人的志氣，不可不弘大而剛毅，因為他要擔當的責任重大，行走的道路遙遠。以弘揚仁道當作是自己的責任，這責任豈不是很重大嗎？到死之後，責任才停止，這路程豈不是很遙遠嗎？」

【解義】有志之士，期盼以仁德造福民眾，所以他的責任重大，並且將終身實踐履行，所以他的道路遙遠。因此，必須具備恢宏的氣度，剛毅的意志，才能承擔任務，不畏艱困，而達成目標。

（一二七）

子張曰：「士見危致命❶，見得思義，祭❷思敬，喪❸思哀，其可已

矣。」（〈子張第十九〉．一）

【注釋】❶致命　付出生命。❷祭　祭祀之時。❸喪　守喪之時。

【語譯】子張說：「讀書人遇到國家危難，能夠勇於犧牲，看見利益當前，應思考是否合於道義，在祭祀的時候，要想到是否恭敬，居喪的時候，應想到是否悲哀，能這樣便可以了。」

【解義】國家遭逢危險，能不惜生命，解救災難，遇到有利可得，必然深思所得是否合於道義，在祭祀神祇時，心懷恭敬，當親人亡故時，心懷哀痛，能行此四者，則可稱之為士，故士為古代知識分子的尊稱。

（一二八）

子曰：「士而懷居❶，不足以為士矣！」（〈憲問第十四〉．三）

【注釋】❶懷居　貪圖安樂的生活。懷，懷戀。居，安居的生活。

【語譯】孔子說：「一個讀書人，如果只知道貪圖生活享受，便不配稱為讀書人了。」

【解義】士人當以國家社會為念，以嘉惠民眾為志，如果心中念念不忘的，只是個人生活起居的安樂享受，則志氣逐漸卑弱，目光逐漸淺短，那裡還有一點士人應有的豪情壯志呢！

（一二九）

子貢問曰：「何如斯可謂之士矣？」子曰：「行己有恥❶，使於四方，不辱君命❷，可謂士矣。」曰：「敢問其次？」曰：「宗族❸稱孝焉，鄉黨❹稱弟焉。」曰：「敢問其次？」曰：「言必信，行必果❺，硜硜然❻小人哉，抑可以為次矣。」曰：「今之從政者何如？」子曰：「噫！斗筲之人❼，何足算也！」（〈子路第十三〉．二十）

【注釋】❶行己有恥　心知有恥，則有所不為。❷不辱君命　能達成國君所交付的使命。❸宗族　同姓的親屬。❹鄉黨　鄉里。❺行必果　言出必行，果決完成。❻硜硜然　堅決自守的樣子。硜，石堅貌。❼斗筲之人　斗，量器名，能容十升。筲，竹器名，能容二升。比喻才學淺薄之人。

【語譯】子貢問：「怎樣才可以稱為士呢？」孔子說：「能夠用羞惡之心來約束自己的行為，奉命出使外國，擔任外交工作，能夠完成任務，這樣就可以稱為士了。」子貢又說：「請問次一等的士又是怎樣呢？」孔子說：「宗族的人都稱讚他孝順父母，鄉里的人都稱讚他敬愛兄長。」子貢又說：「請問再次一等的士又是怎樣呢？」孔子說：「言語一定信實，行為一定果決，堅確自信，是個識量淺短的人，也可以說是再次一等的士了。」子貢說：「現在一般從事政治工作的人怎樣呢？」孔子說：「唉！那些器局狹小的人，又算得上什麼呢！」

【解義】孔子回答子貢之問，以為士有三等，第一等，具備道德與才華，能出使外國，達成使命。第二等，具備孝弟的品行，為宗族鄉里所稱許。第三等，言出必信，行事果決，堅定自守，識量較為狹隘。至於當前從政之人，孔子認為他們才短量淺，不足掛齒。孔子對「士」的評論，對世人也應有反思自省的作用。

（一三〇）

子張問：「士何如斯可謂之達❶矣？」子曰：「何哉，爾❷所謂達者？」子張對曰：「在邦必聞，在家必聞❸。」子曰：「是聞也，非達也。夫達也者，質直❹而好義，察言而觀色，慮以下人❺；在邦必達，在家必達。夫聞也者，色取仁而行違❻，居之不疑❼；在邦必聞，在家必聞。」〈顏淵第十二〉．二十

【注釋】❶達 通達。❷爾 你也。❸聞 名聲。❹質直 質，本質；本性。直，正直。❺慮以下人 慮，

思慮；謀畫。下人，謙退而願居人下。❻色取仁而行違　外表仁厚，行為卻與外表不一。❼居之不疑　自居為仁者，而不心疑。

【語　譯】子張問：「士人怎樣才叫做通達？」孔子說：「你所謂的通達是什麼意思呢？」子張說：「做官的時候必然會有名望，居家的時候也必然會有名望。」孔子說：「這樣只是聞名而已，不是通達。所謂通達，必須質樸而正直，做事講求道義；與人相處，能夠審察他的言語，觀察他的顏色，心中常存謙虛，對人退讓；這種人，做官的時候固然通達，居家的時候也事事行得通。至於聞名，表面上似乎愛好仁德，實際上卻與仁德相違背，自己竟然以仁人自居而不疑惑；這種人，做官的時候一定會騙取名望，居家的時候也必然會騙取虛名。」

【解　義】孔子因子張之問，而分析「達」和「聞」兩者，雖相似而實不相同。達者是內主忠信，外通情理，心存謙遜，無所矯飾，更能體諒他人，也為人們所尊敬。聞者是善其顏色，貌似仁義，而行事多違，喜歡追求虛譽，而名實不符。總之，「達」與「聞」的分別，主要在於誠與偽的不同而已。

（一三一）

子路問曰：「何如斯可謂之士矣？」子曰：「切切偲偲❶，怡怡如❷

也，可謂士矣。朋友切切偲偲，兄弟怡怡。」（〈子路第十三〉・二十八）

【注釋】❶切切偲偲　誠懇商討，相互勉勵之義。❷怡怡如　和悅之貌。

【語譯】子路請問：「怎樣才可以稱為士呢？」孔子說：「與人交往，能夠互相勉勵，態度和悅，就可以稱為士了。朋友之間，最需要互相勉勵；兄弟之間，最需要態度和悅。」

【解義】士當以造福人群，為其志向，故必須多得朋友，完成心願。

朋友相交，主於道義，道義相合，可以勸善規過，可以切磋學問，使有進境，但不合則可以絕交而去。兄弟之間，主於恩情，恩情重在親切溫馨，和順敦睦，不宜切責嚴峻，有害天性。朋友與兄弟不同，相處之道，也有差異。

（一三二）

子路問成人❶，子曰：「若臧武仲❷之知，公綽❸之不欲❹，卞莊子❺之勇，冉求❻之藝，文❼之以禮樂，亦可以為成人矣。」曰：「今之成人者何必然？見利思義，見危授命❽，久要不忘平生之言❾，亦可以為成人矣。」（〈憲問第十四〉・十三）

【注釋】❶成人　道德完備的人。❷臧武仲　魯國大夫臧孫紇。❸公綽　魯國大夫孟公綽。❹不欲　清心寡欲。❺卞莊子　齊國卞邑的大夫，名莊子，故稱為卞莊子。❻冉求　字子有，孔子弟子。❼文　文飾；修飾。❽授命　獻出生命。❾久要不忘平生之言　舊時的承諾，時間雖久，也不忘記。

【語譯】子路問怎樣才是人格完美的人？孔子說：「像臧武仲那樣聰明，孟公綽那樣廉潔，卞莊子那樣勇敢，冉求那樣多才多藝，再加上禮樂的薰陶，也就可以稱為人格完美的人了。」孔子又說：「現在所謂人格完美的人，何必一定要完全具備以上的條件呢？只要能夠見到利益的時候，顧到義理，遇到危險的時候，勇於犧牲，經過長久的日子，都不忘記平日的諾言，這樣也可以說是人格完美的人了。」

【解義】對於子路所問的「成人」，孔子分兩次回答，前次的回答，以為集臧武仲、孟公綽、卞莊子、冉求四人的長處於一身，再加以禮樂文化的薰陶，則可以稱之為成人，形象較為明確，層次自然較高。孔子稍後的補充意見，層次雖然較低，但是，提出了道義、勇敢、信實的原則，可說是大節不虧，仍然是難能可貴的行為標準。

七、仁義

小引

在孔子的思想中，「仁」是統攝眾德的總名稱，也是許多道德節目產生的總泉源，所以，孔子要說：「剛、毅、木、納，近仁。」（《論語・子路》）要說：「孝弟也者，其為仁之本與。」要說：「仁者必有勇，勇者不必有仁。」（《論語・八佾》）子張問仁，孔子回答，能行「恭、寬、信、敏、惠」五者，就可以為仁了；仲弓問仁，孔子回答，「出門如見大賓，使民如承大祭，己所不欲，勿施於人」（《論語・顏淵》），則是強調了敬與恕。這些，都是仁德的內涵。

另外，「仁」是道德發展的最高境界，所以，孔子也不輕易以仁許人，當有人問到某些弟子是否具備仁德時，孔子往往只稱許弟子們的才能，卻都回答說：「不知其仁。」當有人問到一些當時的士大夫是否具備仁德時，孔子往往也都回答說：「焉得仁。」弟子之中，只有對於顏回，孔子才稱許他是「其心三月不違仁」（《論語・雍也》），對於歷史上的名人，也只有對於管仲，因為他推動尊王攘夷的措施，有大功於華夏民族，孔子才稱許他是「如其仁」（《論語・憲問》）。

孔子教導弟子，最重要的，是鼓勵他們去實踐仁德，所以，他常說：「苟志於仁，無惡也。」

（《論語・里仁》）常說：「當仁，不讓於師。」（《論語・衛靈公》）鼓勵弟子，「有能一日用其力於仁矣乎？我未見力不足者」（《論語・里仁》），鼓勵弟子，「無終食之間違仁，造次必於是，顛沛必於是」（《論語・里仁》），因此，孔子看重仁德的實踐，而不願看見人們只在口耳之間去辯說。

在《論語》中，孔子也時常提到「義」字，例如「君子義以為質」（《論語・衛靈公》），「君子義以為上」（《論語・陽貨》），「見義不為，無勇也」（《論語・為政》），「見利思義」（《論語・憲問》），「不仕無義」（《論語・微子》）等等，「義」的重要性，孔子也已經加以強調。

（一三三）

子曰：「人而不仁❶，如禮何❷？人而不仁，如樂何❸？」〈八佾第三〉・

【注　釋】❶不仁　言不具備仁愛之心。❷如禮何　言有禮又能如何。❸如樂何　言有樂又能怎樣。

【語　譯】孔子說：「人如果缺少仁心，即使行禮，又有何用？人如果缺少仁心，即使作樂，又有何用？」

【解　義】禮可以節制人們外在的行動，使人遵守秩序；樂可以調和人們內在的感情，使人心情愉悅。但是，要使人們更能融入社會，和悅人群，則人們的內心深處，必須具備仁愛的根本條件，才能充分發揮禮樂的群體功能。如果不能具備仁愛之心，並推己及人，則禮樂只是虛文和儀節，對於群眾很難產生實際的感化作用。

（一三四）

子曰：「仁遠乎哉❶？我欲仁，斯❷仁至矣。」（〈述而第七〉．二十九）

【注釋】❶乎哉　反問語氣詞。❷斯　則也。

【語譯】孔子說：「仁德距離我們很遠嗎？我想求仁德，仁德它就來到了。」

【解義】仁道出於人心，故人們一念之間，反求諸己，就可使得仁心愛意，充滿心胸。向外發揮，可以濟人濟世，成己成德，都不是難事。孔子極言求仁之易，又常說仁的境域難於到達，其中差別，正在自己一念之間，求或不求，而與他人無關。

（一三五）

子曰：「苟❶志❷於仁矣，無惡❸也。」（〈里仁第四〉．四）

【注釋】❶苟　誠也。❷志　立志。動詞。❸惡　壞事。

【語譯】孔子說：「一個人如能立志向仁，他就不會做出壞事來了。」

【解義】仁為眾德之本，也是眾善的根源，人們能夠立志於仁，，必能時時以仁愛為念，其心光明磊落，自然不會有作奸惡犯科之事。即使行為偶有差錯，也必然知過能改。因此，以仁愛存心，也如同暗室一燈，可以指引光明。故孔子教人，也特別盼望人們立志於仁，而以實踐仁德為要。

（一三六）

子曰：「剛❶、毅❷、木❸、訥❹，近仁❺。」（〈子路第十三〉．二十七）

【注釋】❶剛　剛強。❷毅　堅定。❸木　質樸。❹訥　拙於言詞。❺近仁　接近仁德。

【語譯】孔子說：「意志剛強，行為果斷，性情質樸，言語拙鈍，這四種品格，都接近仁德。」

【解義】剛是正直無欲，毅是行動果敢，木是個性質樸，訥是言語遲鈍，能具備此四者，其人在品德上已接近仁的標準。孔子曾說：「巧言令色，鮮矣仁。」（〈學而第一〉．三）與此章所說，正可以兩相對照。因為，剛毅之人，必不為令色之行，木訥之人，也必不為花巧之言，兩章對照，可以互相發明。

（一三七）

子曰：「唯仁者，能好人❶，能惡人❷。」（〈里仁第四〉・三）

【注釋】❶好人　愛好善人。❷惡人　厭惡壞人。

【語譯】孔子說：「只有仁人，才能公正存心，喜愛那可愛的人，厭惡那可憎的人。」

【解義】人都有愛惡之心，因此，能好人，能惡人，並非難事，難在好惡能得其當，能好善而惡惡。心中所好，是真正值得喜好之人，心中所惡，是真正應加厭惡之人。要能作到如此，必須自己心中充滿仁德，意存公正，才能照察是非，彰明得失。否則，心中一念偏頗，私欲障蔽心智，不免多所顧慮，愛惡之情，極易失去準繩，對於所好之人，了解失於膚淺，對於所惡之人，責備也不公平。所以，孔子以為，唯有心中深具仁德之人，對於他人的好惡，才不會失去公允，才會勇於承擔，好其所當好，惡其所當惡。

（一三八）

有子❶曰：「其為人也孝弟❷，而好犯上者❸，鮮❹矣。不好犯上，

而好作亂❺者，未之有也。君子務本❻，本立而道生❼。孝弟也者，其為仁❽之本與❾！」（〈學而第一〉・二）

【注釋】❶有子　姓有，名若，孔子弟子。❷孝弟　善事父母為孝，善事兄長為弟，弟，同「悌」。❸而好犯上者　好，喜好。犯，冒犯。上，長上；君上。❹鮮　寡少。❺作亂　行為反常悖逆。❻務本　專心從事根本。❼本立而道生　根本既立，則仁道自此而生。道，指仁道。❽為仁　行仁。❾與　同「歟」。語末助詞。

【語譯】有子說：「做人能孝順父母，友愛兄弟，如此之人，而會冒犯長上的，必然極少。不喜冒犯長上，而好作亂的，就更不會有了。君子為人，專求事情的根本，根本建立，仁道自然產生。孝悌二者，就是行仁的根本吧！」

【解義】仁是孔子思想中的最高原理，而推動仁德的根本行為在孝悌。人們在家中能孝敬父母，友愛兄弟姐妹，養成善良的品德，以此基礎，出外待人處世，自然能夠推廣其愛敬之心，去及於他人，而不會有冒犯尊長、違法亂紀的行為。人人如此，社會自然安定祥和。孔子的弟子有若，闡發老師的思想，確實能夠掌握仁德的精神。

（一三九）

子曰：「巧言令色❶，鮮❷矣仁。」（〈學而第一〉・三）

【注　釋】❶巧言令色　巧言，動聽的言語。令色，討人喜歡的臉色。❷鮮　少也。

【語　譯】孔子說：「說話花言巧語，討人歡喜，這種人是很少會有仁心的。」

【解　義】口才便捷，思想敏銳，是人們的一項優點，但是，「巧言令色」卻與此不同。巧言令色，是其人心中並無誠懇之意，卻儘在口頭上說出一些言不由衷的話語，去迎合他人的心意，在容貌上裝作謙遜卑下的態度，去諂媚取悅於他人。這種情形，其人內無誠意，心術已偽，所以孔子認為這種人內心中的仁德不足。

《易經・繫辭傳》曾說：「言語，君子之樞機，樞機之發，榮辱主之。」其義也在警惕世人，出言要小心謹慎。因為，一言之出，可能為自己帶來榮耀，也可以為自己帶來羞辱。所以，人們修身立品，必須誠意在心，每出言語，如能反躬自省，則不致流於讒佞的行為。

（一四〇）

子曰：「有德者必有言❶，有言者不必有德❷。仁者必有勇❸，勇者不必有仁❹。」(〈憲問第十四〉・五)

【注　釋】❶有德者必有言　道德具備在內，誠於中，自然形之於外，發為有價值的言論。❷有言者不必有德　言語便捷的人，未必具有良好的品德。❸仁者必有勇　懷抱仁心的人，見義而為，故必然具有勇氣。❹勇者不

必有仁　徒有勇敢的人，也許只是血氣之勇，意氣用事，不一定必然具有仁德。

【語　譯】孔子說：「有道德的人，一定能說出有價值的話，能說出有價值的話的人，不一定有道德。有仁德的人，一定有勇氣，有勇氣的人，不一定有仁德。」

【解　義】道德是本，言語是末；仁心是本，勇敢是末。本可以包括末。所以，有道德的君子，和順集於心中，自然能夠說出有價值的言論。有仁心的君子，見義必為，自然能夠展現出英勇的行為。反之，末不能包括本。因此，徒有動聽的言詞，卻不必心中就擁有良好的道德。徒有匹夫之勇，卻不必心中就具有仁愛的意念。

（一四一）

子曰：「志士仁人❶，無求生以害仁，有殺身以成仁❷。」（〈衛靈公第十五〉・八）

【注　釋】❶志士仁人　有志之士，具備仁德之人。❷有殺生以成仁　有時會因為實踐仁義，寧願犧牲生命。

【語　譯】孔子說：「有志行仁之士，能成就仁德的人，絕不會為了苟且求生，而損害仁道，只會犧牲自己的生命，以成全仁德。」

【解　義】志士以天下為己任，仁人則心存濟世，凡有行動，唯義是從，即使面臨生死存亡的關頭，也能不計禍福，以求心之所安，而無貪生苟免的意圖。

（一四二）

子夏曰：「博學❶而篤志❷，切問❸而近思❹，仁在其中矣❺。」（〈子張第十九〉．六）

【注釋】❶博學　廣泛地學習。❷篤志　堅定地確守自己的志向。❸切問　切實地提出心中不明白的問題。❹近思　從淺近的事物中，去印證學問。

【語譯】子夏說：「廣博地學習，堅守自己的志向，有疑問要確實地請問別人，從切近的地方去思考，仁德就在這裡面了。」

【解義】博學與切問，是向外求取知識，篤志與近思，是向內反思體悟。人能內外兼修，立志實踐，嘉惠於民，仁德自然存在於心中。

（一四三）

子曰：「當仁❶，不讓於師❷。」（〈衛靈公第十五〉．三十五）

【注　釋】❶當仁　面對實踐仁德之時。❷不讓於師　不必向老師謙讓。

【語　譯】孔子說：「遇到行仁的事，雖然面對師長，也不必謙讓。」

【解　義】弟子尊敬老師，遇事皆當謙讓老師居前，唯有面對行仁之事，理應勇往直前，弟子可以搶先而為，以行仁為己任，雖老師在旁，也可以不必謙讓。

（一四四）

子曰：「里❶仁為美，擇❷不處❸仁，焉得知❹？」（〈里仁第四〉・一）

【注　釋】❶里　作「居住」解。動詞。❷擇　選擇。❸處　居住之處。❹知　同「智」。

【語　譯】孔子說：「居住的鄉里中，要有仁者居住才好，如果選擇住處，而不選在有仁厚風俗的地方，又怎能算是明智的作為呢？」

【解　義】人們居住之處，如果鄰近仁者，鄉里又有仁厚的民風，則最為可貴，因為環境薰陶，自己的待人接物，也可以習染仁風，漸漸蔚成美德。所以，孟母三遷，才使孟軻成就了亞聖的德行。以仁為里居，以仁者為近鄰，自然是不可忽略的事情。

（一四五）

樊遲❶問仁，子曰：「居處恭❷，執事敬❸，與人忠❹。雖之夷狄❺，不可棄也。」（〈子路第十三〉．十九）

【注釋】❶樊遲　姓樊，名須，字子遲，孔子弟子。❷居處恭　指日常生活謹慎。❸執事敬　行事恭敬。❹忠　忠心誠懇。❺夷狄　未開化的邊疆民族。

【語譯】樊遲請問為仁的道理，孔子說：「平時起居要恭謹，做事要敬慎，待人要忠誠。雖然是到蠻夷之地，這三點也是不能拋棄的。」

【解義】居處恭，是容貌不可放肆，執事敬，是處事不應怠忽，與人忠，是與人交往，應忠實無欺。為人能恭能敬能忠，已到達為仁的標準，是君子須臾不可離身的品德。不僅在中國需要如此，即使前往外邦他鄉，也應當如此。

（一四六）

子曰：「不仁者，不可以久處約❶，不可以長處樂❷。仁者安仁❸，

知者利仁❹。」（〈里仁第四〉·二）

【注釋】❶約　窮困。❷樂　安樂。❸安仁　以行仁為心安。❹利仁　以行仁為有利。

【語譯】孔子說：「不仁的人，無法長久處在窮困的環境中，也無法長久處在安樂的環境中。本性仁厚的人，才能安於仁道，明智的人，才能選擇仁道。」

【解義】仁者心有所主，不隨外境而轉移，雖久處儉約，可以不怨不諂，雖長處和樂，可以不驕不傲。反之，不仁之人，中心無主，容易隨外境而轉移，處儉約則易怨而為亂，處和樂則易驕而無禮。故唯有仁者，稟性仁愛，能自然安行於仁道之中。也唯有智者，賦性聰慧，知仁道可貴，才能因勢利導，踐行於仁德之中。

（一四七）

子曰：「我未見好❶仁者，惡❷不仁者。好仁者，無以尚之❸；惡不仁者，其為仁矣，不使不仁者加乎其身❹。有能一日用其力於仁矣乎❺？我未見力不足者。蓋❻有之矣，我未之見也！」（〈里仁第四〉·六）

【注釋】❶好　愛好之義。❷惡　厭惡。❸尚之　尚，超越。之，指仁德。❹不使不仁者加乎其身　不讓不仁的行為加在自己身上。❺矣乎　疑問語氣詞。❻蓋　大概。

【語　譯】孔子說：「我沒見過愛好仁道以及厭惡不仁之人。愛好仁道之人，他覺得世上再沒有比仁道更高的事物了；厭惡不仁的人，他的行仁方法，是不使不仁的事情加在自己身上。真有人肯花一天工夫用力於仁之上嗎？我沒見有力量不夠的人。或許真有如此之人，但我還沒有見到過啊！」

【解　義】孔子將實踐仁道之人，分為三種，第一種是「好仁者」，這種人真知仁道可貴，知道仁道價值之高，未有其他事物可與相比，所以這種人實踐仁道是「安而行之」，出於惻隱之心為多。第二種是「惡不仁者」，這種人了解不仁之人最為可惡，拒絕與其往來，這種人實踐仁道，是「利而行之」，出於羞惡之心為多。第三種是雖不能常行仁道，但能夠「一日用其力於仁」，這種人的行仁，是「勉強而行之」，出於是非之心為多。

孔子以為，仁道源出於人心，仁道其實易行，只在人們是否立志願行而已。

（一四八）

子曰：「富與貴，是人之所欲❶也，不以其道❷得之，不處❸也。貧與賤，是人之所惡❹也，不以其道得之，不去❺也。君子去仁，惡乎成

名❻？君子無終食之間❼違仁❽，造次❾必於是，顛沛❿必於是。」（〈里仁第四〉．五）

【注　釋】❶欲　喜歡。❷道　正道；正當的方法。❸不處　不加安處、接受。❹惡　厭惡。❺不去　不加違棄、逃避。❻惡乎成名　如何成就君子的名聲。惡乎，何以也。成名，成就君子之名。❼終食之間　吃一餐飯的時間。❽違仁　離開仁德。❾造次　匆忙倉促。❿顛沛　流離困頓。

【語　譯】孔子說：「富與貴，是人人所喜愛的，但如果不用正當的方式得到它，君子是不會去接受的。貧與賤，是人人所厭惡的，但如果不用正當的方式去避免它，君子是不會去逃避的。君子如果離開了仁道，又怎能稱得上是君子呢？君子對於仁道，沒有一頓飯的時間會離開它，即使在倉促匆忙或困頓流離之間，也不會離開它。」

【解　義】人人都期望獲得富貴，人人都厭惡貧賤，但是，孔子以為，在面臨富貴與貧賤時，卻必須要以道義作為衡量的標準。道具有正當性與合理性，因此，期望富貴，人們應該用正當的方法，努力耕耘去獲取，厭惡貧賤，人們也應該以合理的方式，付出辛勞去迴避。孔子以為，仁是道的核心價值，君子對於仁德，不可片刻離棄，不論是在倉促匆忙之時，或是流離傾覆之際，仁德都應該常在己心，不止是面對富貴或貧賤的當下而已。

（一四九）

子曰：「人之過❶也，各於其黨❷。觀過❸，斯知仁矣。」〈里仁第四〉

【注釋】❶過　錯誤；過錯。。❷黨　類別。❸觀過　觀察過錯。

【語譯】孔子說：「人的過錯，有各種不同的類別。只要觀察他所犯的過錯，便可以知道他的內心是仁或是不仁了。」

【解義】人非聖賢，孰能無過，但是，觀察人們所犯的過錯，也可以推測對方性格上的偏差。君子的過錯，常失之於太過寬厚，小人的過錯，常失之於太過涼薄。因此，孔子以為，從人們所犯的過錯中去作觀察，則其人是仁或是不仁，往往清晰可知。

（一五〇）

子曰：「回❶也，其心三月不違仁❷，其餘，則日月至焉而已矣❸。」

（〈雍也第六〉·五）

【注　釋】❶回　姓顏，名回，字子淵，孔子弟子。❷違仁　離開仁德。❸其餘二句　其餘，指顏回以外的其他弟子。日月至焉，指或一日，或一月，可以偶然達到一次仁德的境地。

【語　譯】孔子說：「顏回啊，他的內心能夠有三個月的時間不離開仁德，其他的弟子，只能一天或是一月，偶然達到仁德罷了。」

【解　義】仁為眾德之總稱，孔子以為，弟子之中，唯有顏回，能持續三個月，心中仁德充滿，不離不衰，自是可貴。至於其他弟子，則或有一日之中，其心偶爾具備仁德者，或有一月之內，其心偶而不離仁德者，也已不易。至於超過三個月的時間，隨心所欲，都能仁德純備，則唯有聖人能夠如此。

（一五一）

或❶曰：「雍❷也，仁而不佞❸。」子曰：「焉❹用佞？禦人以口給❺，屢憎❻於人。不知其仁，焉用佞？」（〈公冶長第五〉·五）

【注　釋】❶或　有人。❷雍　姓冉，名雍，字仲弓，孔子弟子。❸佞　口才。❹焉　何必。❺禦人以口給用口才去應付別人。口給，口才敏捷。❻憎　厭憎。

【語　譯】有人說：「冉雍是個仁人，可惜口才不好。」孔子說：「何必要有口才呢？用巧說利舌與人論辯，時常被人討厭。我不知道冉雍是否擁有仁德，但又何必要有口才呢？」

【解　義】孔門有言語一科，與德行、政事、文學，三者並稱。有人以為冉雍具有仁德，而口才則不甚佞捷為憾。孔子知道後才說，人能以仁存心，其德已自具足，若只是以口才便捷勝人，期望能夠杜人之口，則反足以取怨於人，為人所憎惡。仁心如果走失，則口才又有何用？

（一五二）

孟武伯❶問：「子路仁乎？」子曰：「不知也。」又問，子曰：「由也，千乘❷之國，可使治其賦❸也，不知其仁也。」「求❹也何如？」子曰：「求也，千室之邑❺，百乘之家，可使為之宰❻也，不知其仁也。」「赤❼也何如？」子曰：「赤也，束帶立於朝❽，可使與賓客❾言也，不知其仁也。」（〈公冶長第五〉．八）

【注　釋】❶孟武伯　姓仲孫，名彘，武為諡號，魯國大夫。❷千乘　有一千輛兵車。❸賦　兵賦。古代依田賦多少出兵繳稅，引申為軍事之義。❹求　冉求，孔子弟子。❺邑　都市。❻宰　邑長；總管。❼赤　公西赤，字子華，孔子弟子。❽束帶立於朝　古代官員上朝，必穿朝服，束以腰帶，稱為束帶。❾賓客　外國派來的使臣。

【語　譯】孟武伯問道：「子路是個仁人嗎？」孔子說：「不知道。」接著又再問，孔子說：「仲由這個人，如果有一千輛車兵的大國，可派他去管理軍事，至於他有沒有仁德，我卻不知道。」「冉求這個人怎樣？」孔子說：「冉求這個人，如果有一千戶的大縣，一百輛兵車的大夫之家，可派他去做總管，至於他有沒有仁德，我卻不知道。」「公西赤這個人怎樣？」孔子說：「公西赤這個人，穿上禮服，束上腰帶，站在朝廷之上，可派他擔任外交官，和賓客會談，至於他有沒有仁德，我就不知道了。」

【解　義】孔子之學，以仁為最高的道德，魯國的執政大夫孟武伯，向孔子詢問三位孔門弟子，是否具備了仁德的條件。孔子分別回答，子路長於軍事，故千乘的大國，子路可以擔任軍事的首長。冉求長於行政，故千室的大邑，冉求可以擔任邑長。公西華言語便捷，擅於外交，可以擔任外交官員。但對子路、冉求、公西華三人是否已經到達仁德的修養境界，孔子則不願肯定回答，而只說「不知其仁」。一方面，可見孔子對於仁德的要求，極為嚴格，不輕許人；另一方面，也可見孔子對於門弟子的才華，了解深刻，遇有機會，即將弟子推薦給朝廷，盼望他們能有一展長才的機會。

（一五三）

子張問曰：「令尹子文❶，三仕❷為令尹，無喜色，三已之❸，無慍色❹。舊令尹之政，必以告新令尹。何如？」子曰：「忠矣。」曰：「仁矣乎？」曰：「未知，焉得仁？」「崔子弒齊君❺，陳文子❻有馬十乘❼，棄而違之❽，至於他邦❾，則曰：『猶吾大夫崔子也❿！』違之。之一邦，則又曰：『猶吾大夫崔子也！』違之。何如？」子曰：「清矣⓫。」曰：「仁矣乎？」曰：「未知，焉得仁？」（〈公冶長第五〉．十九）

【注　釋】❶令尹子文　楚國的宰相，稱為令尹。子文，姓鬥，名穀於菟（音構烏徒），子文，是他的字。❷仕　出仕；擔任。❸已之　停職；罷官。❹慍色　怨怒之色。❺崔子弒齊君　崔子，姓崔，名杼，齊國大夫。弒，殺死國君稱為弒。齊君，齊莊公。❻陳文子　名須無，齊國大夫，文，諡號。❼十乘　古代四馬駕一車，稱為乘。十乘，四十匹馬。❽違之　離去。❾邦　國家。❿猶吾大夫崔子也　言其他國家的亂象，也如同崔杼在齊國一樣。⓫清　高潔。

【語　譯】子張問道：「楚國令尹子文，三次任為令尹，他沒有喜悅的顏色，三次被革職，他也沒有怨恨的顏色。他擔任令尹的施政情形，一定告知新來的令尹。這個人怎樣？」孔子說：「可以是效忠於國家了。」子張說：「算不算是仁呢？」孔子說：「我不知道，這怎能算是仁呢？」子張又問：「崔杼弒齊莊公，當時齊國的大夫陳文子有馬車十輛，卻拋棄而離開齊國，到了另外一個國家，卻說：『此地的大臣，跟我國的崔杼差不多！』便離開了該國。到達另一個國家，又說：『此地的大臣，跟我國的崔杼差不多！』便又離開了該國。這個人怎樣呢？」孔子說：「算是清高的了。」子張說：「算不算是仁呢？」孔子說：「我不知道，這怎能算是仁呢？」

【解義】楚國令尹子文，三次仕為令尹，面無喜色，三次卸職，面無慍色，不為得失而有所更變，仍將令尹任內重要的政務，一一轉告新令尹，以民生為念。子張問於孔子，孔子以「忠」於職守，加以評定。齊國陳文子當崔杼弒君，無力討賊，放棄財產車馬，不圖私利，悄然去國，至於他國，見其主政者，與崔杼相同，乃三度去之他國。子張問於孔子，孔子以「清」於其身，加以評定。至於孔子不許二人為「仁」，也足見子文與陳文子仍有缺失，不足當於仁德。

（一五四）

宰我問曰：「仁者，雖告之曰：『井有仁焉❶。』其從之❷也？」

子曰：「何為其然❸也？君子可逝❹也，不可陷❺也；可欺❻也，不可罔❼

也。」(〈雍也第六〉．二十四)

【注　釋】❶井有仁焉　仁，當作「人」字，同音的錯字。❷其從之也　其，將也。從，跟從。也，同「耶」。❸然　如此。❹逝　往也。言前往拯救。❺陷　害也。指仁者也被害陷入井中。❻欺　受騙。❼罔　迷惘；蒙蔽。

【語　譯】宰我問道：「有仁德的人，有人告訴他說：『井裡有人掉下去了。』他是不是也會跟著跳進井裡去營救呢？」孔子說：「為什麼要這樣做呢？君子可能受騙到井邊去準備救人，但不可能使自己也被陷入井中；他可能一時受騙，卻不可能以不合理的事情蒙蔽他。」

【解　義】孔子以為，仁愛之人，當他人告以井中有人待救時，他也不應立即入井救人，他可以先往井邊觀察，井中是否有人，如真有人，再考慮自己入井，能否救人並且自救。仁愛之人，至少也有先行觀察，明確判斷，再作取捨的權利，而不必一聞井中有人，未辨真假，就貿貿然跳入井中，以逞其匹夫之勇，甚至輕易受人欺蒙。故救人是仁，判斷是智，仁者也需配合智的條件，才能掌握事理。

(一五五)

子張問仁於孔子，孔子曰：「能行五者於天下，為仁矣。」「請問之？」曰：「恭、寬、信、敏、惠。恭則不侮❶，寬❷則得眾，信則人任❸焉，敏❹則有功，惠❺則足以使人❻。」（〈陽貨第十七〉．六）

【注釋】❶不侮　不致受到侮辱。❷寬　寬厚。❸任　信任；任用。❹敏　敏捷。❺惠　敬惠。❻使人　使喚他人，令人心悅佩服。

【語譯】子張請問如何實踐仁道？孔子說：「能夠實踐五種美德，就是仁了。」子張說：「請問是那五種美德？」孔子說：「就是和悅、寬厚、信實、勤敏、慈惠。態度和悅，就不會招來別人的侮辱；存心寬厚，就能獲得眾人的愛戴；言語信實，就獲得別人的信賴；做事勤敏，就容易成功；待人慈惠，就能使人為你效勞。」

【解義】孔子回答子張問仁，告以能行恭寬信敏惠五者於天下，就足以為仁。因為，五者皆出於仁德，恭則能得人敬，寬則可以容人，信則以誠待人，敏則事業易成，惠則利己利人，能行此五者，則仁心仁政，可以通行於天下。

（一五六）

子貢曰：「如有博施❶於民，而能濟眾❷，何如？可謂仁乎？」子曰：「何事於仁❸，必也聖乎！堯舜其猶病諸❹！夫仁者，己欲立而立人❺，己欲達而達人❻。能近取譬❼，可謂仁之方❽也已❾。」（〈雍也第六〉．二十八）

【注釋】❶博施　廣施恩惠。❷濟眾　救濟群眾。❸何事於仁　言何止於仁。❹病諸　難於做到。諸，「之乎」的合音。❺立人　使他人立於大道。❻達人　使他人也通達大道。❼譬　譬喻。❽方　方法；途徑。❾也已　語末助詞。

【語譯】子貢說：「假如有人能廣泛地施惠人民，又能救助大眾，這人怎樣？可稱得上是仁嗎？」孔子說：「何止是仁，那必定是聖人了！堯舜尚且還有些做不到呢！所謂仁，自己想立身，也想使別人能立身，自己想通達，也想使別人能通達。能就近以己身作例子，去為別人設想，就可以說是行仁的方法了。」

【解義】子貢問博施恩惠於民，而能救濟群眾於患難之中，是否可稱之為仁者。孔子以為，能行二者，豈止於仁，已進入於聖人的境界，連堯舜也不必全能實踐，何況其他？如果僅論仁道之施行，則己立且能立人，己達又能達人，自己所有，也盼他人都有，如此為人設想，這是仁人之用心，已足與聖人之用心相同。

（一五七）

子曰：「桓公殺公子糾，召忽死之，管仲不死❶。曰：未仁乎？」

子曰：「桓公九❷合諸侯，不以兵車❸，管仲之力也。如其仁❹！如其仁！」

（〈憲問第十四〉．十七）

【注　釋】❶桓公殺公子糾三句　齊襄公無道，管仲與召忽奉公子糾奔往魯國，鮑叔牙奉公子小白奔往莒國。及公子無知弒襄公，齊人殺無知，小白先入齊國，立以為君，是為桓公。使魯國殺公子糾，召忽自殺，管仲被囚，送返齊國，因鮑叔牙之薦，桓公用管仲為相。❷九　虛數，言其多也。❸不以兵車　不用兵車威脅諸侯。兵車，指武力。❹如其仁　這就是他的仁德。如，乃也；是也。

【語　譯】子路說：「齊桓公殺了公子糾，召忽自殺，管仲卻不為公子糾而死。管仲該不是有仁德的人吧？」孔子說：「齊桓公多次集合諸侯會盟，不用武力，而諸侯無不服從，都是靠管仲的力量。這就是他的仁德了！這就是他的仁德了！」

【解　義】春秋時代，齊襄公無道，齊國將亂。管仲與召忽奉公子糾出奔魯，鮑叔牙奉公子小白出奔莒。及襄公被弒，小白先入齊國，即位，是為齊桓公。桓公興兵伐魯，逼魯國殺公子糾，召忽自殺以殉，管仲被送返齊國，因鮑叔牙的推薦，桓公任命管仲為宰相，推行尊王攘夷的政策，稱霸天下。

在此章中，孔子並未論及召忽與管仲二人行為的是與非，只是因為管仲有大功於華夏民族，故而特別稱許他是仁者。

（一五八）

子貢曰：「管仲非仁者與？桓公殺公子糾，不能死，又相之❶。」子曰：「管仲相桓公，霸諸侯❷，一匡天下❸，民到于今受其賜。微❹管仲，吾其被髮左衽❺矣。豈若匹夫匹婦❻之為諒❼也，自經❽於溝瀆❾，而莫之知也❿！」〈憲問第十四〉・十八

【注釋】❶相之　相，此作動詞。輔相之義。之，指桓公。❷霸諸侯　稱霸於諸侯之間。❸一匡天下　匡正天下，使得諸侯都尊重周天子，攘拒夷狄。匡，正也。❹微　無也。❺被髮左衽　披散頭髮，穿衣襟左開的衣服，指淪於夷狄風俗。被，同「披」。散也。中國傳統，人皆束髮。左衽，衣襟向左開，古代中國衣襟向右開。❻匹夫匹婦　一般百姓。❼諒　求取小信。❽自經　自縊；自殺。❾溝瀆　田間水溝。❿莫之知　無人知道。

【語譯】子貢說：「管仲不是一個仁者吧？桓公殺公子糾，他不能為公子糾死節，反而輔佐齊桓公。」孔子說：「管仲輔佐齊桓公，稱霸諸侯，使天下安定，完全納入正軌，人民到今天還感受

到他的恩惠。如果沒有管仲，我們都會披頭散髮，衣襟向左邊開，變成蠻夷了。管仲的想法，那裡像一般小民一樣，只知道固守著小節小信，在山野田溝中自殺，還沒有人知道他是誰呢！」

【解　義】管仲有大功於華夏民族，若無管仲，孔子當時，恐怕已與萬民百姓，同樣披髮左衽，淪於夷狄的統治之下。子貢所疑，僅是小節。孔子指出，管仲所為，事關華夏文化的傳承，影響於後世萬代極鉅，故以仁者稱許他。

（一五九）

司馬牛❶問仁，子曰：「仁者，其言也訒❷。」曰：「其言也訒，斯謂之仁已乎？」子曰：「為之難，言之得❸無訒乎？」（〈顏淵第十二〉・三）

【注　釋】❶司馬牛　姓司馬，名耕，字子牛，孔子弟子。❷訒　言說話緩慢，不急躁。❸得　能也。

【語　譯】司馬牛問如何實踐仁道，孔子說：「有仁德的人，說話謹慎，不輕易出口。」司馬牛又問：「說話謹慎，不輕易出口，就是仁嗎？」孔子說：「實踐是很不容易的，說話的時候又怎能不謹慎呢？」

【解　義】司馬牛是孔子的弟子，《史記・仲尼弟子列傳》說他「多言而躁」，當他請問如何實踐仁德時，孔子即針對他的缺點，教他言語謹慎，不宜浮躁。因為，凡事言談容易，實行困難，而仁者存心，必求言行相符，以免自欺欺人。謹言慎行，雖然不就是仁者，但也是成為仁者必備的條件之一，所以，孔子才如此回答司馬牛的問仁。

（一六〇）

「克、伐、怨、欲❶，不行焉，可以為仁矣？」子曰：「可以為難❷矣，仁則吾不知也。」（〈憲問第十四〉．二）

【注釋】❶克伐怨欲　克，好勝。伐，誇張。怨，怨恨。欲，貪欲。❷難　難能可貴。

【語譯】（原憲）又問：「好勝、自誇、怨恨、貪心，這四種缺點都能制止而不使它發生，就可以算是仁人嗎？」孔子說：「這只能說是難能可貴而已，至於算不算仁人，那我就不知道了。」

【解義】克是好勝好鬥，伐是誇大自己，怨是心懷憎恨，欲是貪得無厭。這四者，都是人們內心的惡念，如有其一，已足以對自己造成傷害。如能完全根除，使不得行，更非有長期的修養工夫不可，所以孔子也稱許那是難能可貴的行為。但這種修養工夫，只能克制自己，尚未能惠及他人，所以還不能視為是仁德的實踐。

（一六一）

樊遲問仁，子曰：「愛人。」問知❶，子曰：「知人。」樊遲未達❷。子曰：「舉直錯諸枉❸，能使枉者直。」樊遲退，見子夏曰：「鄉❹也吾見於夫子而問知，子曰：『舉直錯諸枉，能使枉者直。』何謂也？」子夏曰：「富哉言乎！舜有天下，選於眾，舉皋陶❺，不仁者遠矣。湯有天下，選於眾，舉伊尹❻，不仁者遠矣。」（〈顏淵第十二〉・二十二）

【注釋】❶知　同「智」。❷達　通曉；了解。❸舉直錯諸枉　舉用正直的人，安置在邪枉者之上。錯，同「措」。安置之義。枉，邪枉；不正直。❹鄉　同「嚮」。從前之義。❺皋陶　舜時賢臣，主管刑罰之事。❻伊尹　商湯時賢相。

【語　譯】樊遲問怎樣才是仁，孔子說：「能愛人就是仁。」又問怎樣才是智，孔子說：「能知人就是智。」樊遲不明白其中的道理，孔子解釋說：「舉用正直的人，使他們的職位高於邪枉的人，就能使邪枉的人變得正直。」樊遲離開孔子，見到子夏，問他說：「剛才我去見老師，向他請教怎樣才是智，老師說：『舉直錯諸枉，能使枉者直。』這是什麼意思呢？」子貢說：「這兩句話的含意太豐富了！從前虞舜治理天下，從眾人之中舉用了皋陶，於是不仁的人，就遠離了。商湯治理天下，也在眾人之中舉用了伊尹，於是不仁的人，也就遠離了。」

【解　義】愛人是仁，知人是智，但如果要發揮知人的更大力量，則須要舉用賢良正直的人，使他能夠擔當重任，居於上位，造福民眾，進而也能感化不賢之人，使他們回歸正直。因此，選用少數賢人，而能使大多數人改正向善。知人之功，像大舜舉用皋陶，商湯舉用伊尹一般，使得社會向化，人民回歸仁愛之德，便是最好的例子。

（一六二）

仲弓❶問仁，子曰：「出門如見大賓❷，使民如承大祭❸。己所不欲，勿施於人❹。在邦❺無怨，在家❻無怨。」仲弓曰：「雍雖不敏，請事斯語矣！」（〈顏淵第十二〉・二）

【注　釋】❶仲弓　冉雍，字仲弓，孔子弟子。❷大賓　貴賓。❸大祭　重要的祭典。❹己所不欲二句　推己及人之義，即是恕道。❺在邦　出仕於諸侯。邦，國家。❻在家　出仕於卿大夫之家。

【語　譯】仲弓問如何實踐仁德，孔子說：「與人交往，如同接待貴賓一樣，在位使民，好像承辦重大祭典一樣。自己所不喜歡的事，不要加在別人身上。無論是在諸侯之國，或在卿大夫的家中，都不怨天尤人。」仲弓說：「我冉雍雖然不聰明，但願意遵照這些話去做。」

【解　義】仲弓問仁，孔子回答，首先強調敬，凡見大賓，承大祭，都需要以敬存心，不可輕浮草率。其次強調恕，能夠推己及人，便是以恕存心。人能主敬持己，行恕及人，內外無私，則仁德自在其中。故無論仕於諸侯之國，或仕於卿大夫之家，都可以不招怨尤於人。

（一六三）

顏淵問仁，子曰：「克己復禮為仁❶。一日克己復禮，天下歸仁❷焉。為仁由己，而由人乎哉？」顏淵曰：「請問其目❸？」子曰：「非禮勿視，非禮勿聽，非禮勿言，非禮勿動。」顏淵曰：「回雖不敏，請事❹斯語矣！」〈顏淵第十二〉．一

【注　釋】❶克己復禮為仁　克制欲望，實行禮節，便可算是仁。克己，克制自己。復禮，實踐禮讓。復，踐行之義。❷歸仁　稱許他是仁者。❸目　條目；細節。❹事　從事；實行。

【語　譯】顏淵問如何培養仁德，孔子說：「要克制自己的欲望，實踐合於禮節的生活，就是培養仁德的方法。一旦能夠如此，天下之人，都會稱許你是一位仁者。培養仁德，要靠自己，豈能依

靠別人？」顏淵說：「請問實踐的細目？」孔子說：「不合禮的事不要看，不合禮的事不要聽，不合禮的事不要說，不合禮的事不要做。」顏淵說：「我顏回雖然不聰明，願依照這些話去做。」

【解　義】「仁」是孔子思想的中心，但是，仁德的實踐，不只是「愛人」而已，更應該具有「克己」與「復禮」的工夫，才是培養仁德的方法，才不致產生流弊。因為，能克己，才能自我約束，能復禮，才能遵守社會的規範，否則，廣推愛人之意，可能會強人從己，不知遵守人我的分際；濫施愛心，也可能縱容惡行，危害善良。不過，克己復禮的工夫，在視聽言動之時，全由自己力行，而不在於他人的推動。

（一六四）

子貢問為仁，子曰：「工欲善其事，必先利其器❶。居是邦也，事❷其大夫之賢者，友❸其士之仁者。」（〈衛靈公第十五〉．九）

【注　釋】❶工欲善其事二句　此二句是比喻，比喻人要積累善行，才能成為仁者。❷事　侍奉。❸友　交往。

【語　譯】子貢請問怎樣培養仁德，孔子說：「工匠想要做好他的工作，一定先要磨礪他的工具。住在一個國家之中，必須侍奉賢德的大夫，結交仁德的士人。」

【解　義】推行仁德，當多得同志，有朋友相輔相助，正如施工而有利器，可以事半功倍。故在其國，當選擇賢人共事，以仁者為友，彼此切磋互勵，以求多得助益，才能共進於仁道的坦途。

（一六五）

廄焚❶，子退朝❷，曰：「傷人乎？」不問馬。〈鄉黨第十〉．十二

【注釋】❶廄焚　馬房被焚燒。廄，馬棚。❷朝　朝廷。

【語譯】馬房失火，孔子退朝回來，問道：「有沒有傷到人？」不問到馬。

【解義】馬是古代重要的家畜，可以駕車，可以騎乘，可以作戰，馬的重要可知，故馬廄焚燒，是重大事件。但孔子的思想，以仁為本，知道廄焚，而先問人員有無傷亡，主要是在倉猝之間，以人為急，以人為念，未能同時而問及於馬。孔子仁民愛物，先人後馬，並不是貴人賤畜，輕視動物的生命。

（一六六）

子曰：「民之於仁也，甚於水火。水火，吾見蹈❶而死者矣，未見蹈仁而死者也。」〈衛靈公第十五〉．三十四

【注　釋】❶蹈　踐履。引申為陷入其中。

【語　譯】孔子說：「人們需要仁道，比對水火的需要更迫切。水火，我還見過陷身其中而死的，但從沒見過因實踐仁道而死的。」

【解　義】人民需要水火，以飲食維生，不可一日缺少。但水火為外在之物，有時也能傷人之身，而仁心在內，為行善之本，可以助人，不致傷人，又何樂而不為？

八、剛直

小引

剛是剛健，直是正直，兩者有著極為密切的關係，《論語》中曾舉出幾件事例，說明了剛直的性質和重要。

「其父攘羊，而子證之」（《論語・子路》），世人以為是正直的表現，孔子卻說：「父為子隱，子為父隱，直在其中矣。」偷竊他人的羊隻，是違反法律之事，儘可由他人去指證，但如果由兒子出面指證父親攘羊，卻傷害了人倫的關係，因此，孔子以為，父子相隱，才是合於天理人情的本分，也是超乎法律之上的一種「正直」的行為。

友人向微生高借醋，微生高家中正巧無醋，他於是向鄰居商借一些，轉交友人，孔子卻以為微生高的行為，有曲意徇物、掠美市恩的嫌疑，因為，對於一件事情，是就說是，非就說非，對於友人借醋，有就說有，無就說無，才是正直的行為。所以，人在社會，面對錯綜複雜的情況，仍應堅守原則，「直道」有時雖小，卻不可以不檢點分明。

至於剛健的行為，同樣為孔子所看重，人們常視孔子的弟子申棖為剛者，孔子卻批評申棖心有嗜欲，所以，不能視他為堅強不屈的代表，因為，人在內心之中，只有一無所求，才能守正不阿，剛直而行，否則，心中一有私欲私念為己之意，便不易事事秉持直道堅定而行。剛直堅毅，確是孔子注重的一種善行美德。

（一六七）

子曰：「人之生也直❶，罔之生也幸而免❷。」（〈雍也第六〉・十七）

【注　釋】❶人之生也直　人生活在世上，必須正直而行。❷罔之生也幸而免　不正直的人，生在世上，只是僥倖免於禍害而已。

【語　譯】孔子說：「人的生存，由於正直，不正直的人，也可以生存，那只是他僥倖免於禍害吧了。」

【解　義】社會複雜，變化莫測，但人們生活在社會之中，仍應堅守正道，循理而行，面對艱難困苦，一一設法克服，然後逐漸步入坦途，迎向光明。雖然，在社會中，人們所見，不乏有人專走捷徑，投機取巧，甚至由此而青雲直上，非法圖利，顧盼得意，但是，那種人即使一時免於罪咎，也只是徼倖而已，絕非人生的常軌，更不值得去加以羨慕。

（一六八）

葉公❶語孔子曰：「吾黨❷有直躬❸者，其父攘❹羊而子證之❺。」孔子曰：「吾黨之直者異於是，父為子隱❻，子為父隱，直在其中矣。」

（〈子路第十三〉・十八）

【注　釋】❶葉公　姓沈，名諸梁，楚國大夫，葉，楚國地名。❷黨　鄉里。❸直躬者　能直道而行的人。❹攘　偷取。❺證之　指證；檢舉。❻隱　隱瞞。

【語　譯】葉公告訴孔子說：「我們家鄉有個能行直道的人，他的父親順手牽走別人的羊據為己有，他出來告發。」孔子說：「我們家鄉能行直道的人，和你們不同，父親替兒子隱瞞，兒子替父親隱瞞，正直的道理就在其中了。」

【解　義】順乎天理為直，順乎人情為直，順乎法律為直。攘羊之事，自屬錯誤的行為，但指證犯罪，卻不應該由罪犯的父親或子女出面。因為父子之情，本屬天性，父子相互指證，違悖倫常。父為子隱，子為父隱，合於天理人情，故雖不言直，而直已在其中。

（一六九）

子曰：「孰謂微生高❶直？或乞醯❷焉，乞諸其鄰而與之❸。」（〈公治長第五〉．二十四）

【注　釋】❶微生高　姓微生，名高，魯國人。❷醯　醋也。❸與之　給予。

【語　譯】孔子說：「誰說微生高很正直？有人向他要些醋用，他家中正好沒有，他沒有直說，卻向他的鄰居要了一些，再交給來人。」

【解　義】魯國人微生高，素有正直之名，一次，有人向微生高商借些醋，微生高家中適巧無醋，乃向鄰人商借，轉交來人。

孔子以為，所謂正直，當是據實直陳，有則為有，無則為無，進而是則為是，非則為非，才是正直之道。但微生高轉向鄰人借醋而交與來人，不免心中有市恩市惠、曲意掠美之念，故不讚許他合於直道。若微生高平日無正直之名，或向來人說明醋乃乞諸其鄰人而來者，則助人自不為害。

（一七〇）

子曰：「吾之於人也，誰毀誰譽❶？如有所譽者，其有所試❷矣。斯民也❸，三代❹之所以直道❺而行也。」（〈衛靈公第十五〉·二十四）

【注釋】❶誰毀誰譽　毀謗何人，稱譽何人？❷試　考驗。❸斯民也　指當時的人民。❹三代　指夏、商、周三個朝代。❺直道　正直之道。

【語譯】孔子說：「我對於天下的人，曾經毀謗過誰？稱讚過誰呢？如果有被我稱讚過的人，那一定是經過考驗證實的。因為現代的人，都是經過夏、商、周三代的君王用正直之道教化而來的啊！」

【解義】孔子對於他人，並無輕率毀謗之言，也無輕易稱譽之辭，如果真對某人有所稱譽，也必然是經過考察驗證，而後才出之於口。孔子認為，當前的民眾，皆已經歷過夏、商、周三代文化的薰陶，正直文明的培育，已經具有是非的觀念，如對禹湯文武的稱譽，對桀紂幽厲的批判，都已形成人間的共識。因此，人們如果要對他人加以批評，也自然應該格外慎重才是。

（一七一）

子曰：「直哉史魚❶！邦有道，如矢❷；邦無道，如矢。君子哉蘧伯玉❸！邦有道，則仕；邦無道，則可卷而懷之❹。」（〈衛靈公第十五〉．六）

【注釋】❶史魚　衛國的大夫魚鰌，字子魚，曾勸衛靈公進用蘧伯玉而斥退彌子瑕，靈公未能接受，史魚死時，囑咐其子，不要「治喪正堂」，古人稱之為「尸諫」。❷如矢　如箭一般正直。❸蘧伯玉　姓蘧，名瑗，字伯玉，衛國大夫。❹卷而懷之　言收藏不用。卷，同「捲」。懷，藏也。

【語譯】孔子說：「史魚真是個正直的人啊！國家政治清明時，他的言行，像箭一般的正直；國家政治昏暗時，他的言行，也像箭一般的正直。蘧伯玉真是個君子啊！國家政治清明時，就出來做官；國家政治昏暗時，就隱居不仕，斂藏自己的才能。」

【解義】衛靈公的大夫史魚，曾經向國君推薦賢人蘧伯玉，而請國君斥退佞臣彌子瑕，卻不被接受，所以，孔子稱讚他是正直之人，不論國家有道無道，都能如箭一般正直而行。孔子又稱讚蘧伯玉為君子，因為他在國家上軌道時，則出仕為官，當政治混亂時，便藏隱才華，不再出仕。

史魚與蘧伯玉，行事風格不同，卻同樣被孔子所稱讚，但在孔子心中，二人並無高低的分別。

（一七二）

或曰：「以德報怨❶，何如？」子曰：「何以報德？以直報怨❷，以德報德。」（〈憲問第十四〉．三十六）

【注釋】❶以德報怨　用恩德去回報怨恨。❷以直報怨　用公平正直的作法去回報別人對自己的怨仇。

【語譯】有人對孔子說：「用恩惠去報答仇怨，怎麼樣呢？」孔子說：「那麼拿什麼去報答恩德呢？應該是以公正回報仇怨，以恩德回報恩德。」

【解義】有人主張「以德報怨」（《老子》書中有此言），問於孔子，孔子回答「何以報德」，主要以為，「以德報怨」與「以德報德」，兩者之間，如何取得公平合理的問題。有人待我以德，我以恩德回報，有人待我以怨，我也以恩德回報，視怨我德我者，相同相等，心中一無分別，則對於以德待我之人，極不公平。孔子主張，「以直報怨，以德報德」，直是正直、是逕直，是相對兩端之間的正直對待，也是公正的態度。也就是說，彼以德來，我以德報，彼以怨來，我以公正回報，才是維護公理正義的作法。孔子是教育家，以道德教人，故主張「以直報怨」。至於政治家有特殊理由的考慮，宗教家有泛愛世人的情懷，那又另當別論。

（一七三）

子曰：「吾未見剛者❶！」或對曰：「申棖❷。」子曰：「棖也慾❸，焉得剛？」（〈公冶長第五〉．十）

【注　釋】❶剛者　剛正不屈的人。❷申棖　姓申，名棖，字周，孔子弟子。❸慾　嗜慾。

【語　譯】孔子說：「我從沒見過堅強不屈的人！」有人回答說：「申棖是這樣的人。」孔子說：「申棖啊，他的慾望太多，怎能算得上是堅強不屈的人呢？」

【解　義】剛健強毅，是人們難得的美德，故孔子也常感嘆剛者不易獲見。有人以孔子弟子申棖相對，認為申棖可以擔當剛健之名。孔子則以為，強毅剛健之人，首先要能直道而行，不為利祿、富貴、威武、貧賤等事件所影響，而改變其心志，方才算得上是剛毅的志節，所謂無慾則剛。而申棖心中多慾，遇事不免委屈求全，有所遷就，故不能承擔剛者之名。

九、狂狷

小引

孔子認為，人們的性格，有三種類型，一是狂者型，二是狷者型，三是中行型。

狂者型的人格特質，是勇於進取，奮發有為，力爭上游；狷者型的人格特質，是堅守原則，有所不為，屹立不搖；中行型的人格特質，是具有剛直的個性，果決的毅力，行事能符合中道，又能綜合狂者狷者的長處，有狂者的意志，而不至過分激烈，有狷者的節操，而行為更加精密。

孔子認為，人們進德勵志，應當從狂狷處起步，保留兩者的長處，減少其缺失，逐漸進步，才能到達中行的境域，如果想要立刻登上中行的目標，反而容易進退失據，甚至陷入鄉愿的地步。

鄉愿是孔子鄙視的人物，因為，鄉愿的行為，往往希求面面討好，不惜同流合汙，偽善媚世，似德而非德，有時也能得到一般世俗之人的稱讚，卻違背了特立獨行、不迎合世俗的大原則，所以，孔子才以「鄉原，德之賊也」(《論語・陽貨》)的警語，去加以批評。

（一七四）

子曰：「不得中行❶而與之❷，必也狂狷❸乎！狂者進取，狷者有所不為也。」〈子路第十三〉．二十一

【注釋】❶中行　行為合於中庸之道。❷與之　與他相處。❸狂狷　狂，勇於向前。狷，廉潔自守。

【語譯】孔子說：「得不到行為合於中道的人，和他在一起，那一定選擇狂放或狷介的人了！狂放的人，富於進取心，狷介的人，謹慎保守，不肯做不合理的事情。」

【解義】人的秉賦，各有不同，有人勇於進取，奮發有為，是屬於狂者的性格。有人有所不為，屹立不搖，是屬於狷者的性格。狂者狷者，都不是最理想的中道性格。但是，狂者超過中道，如能稍減其狂，則可望進於中道的境界。狷者不及中道，如能稍去其隘，則可望轉入中道的境界。因此，人們由狂者、狷者起步，多事修省，善加補過，則可望逐漸進入中道的境界，但如果好高騖遠，蔑棄狷狂，而想直接登上中道的行徑，則恐怕會顧此失彼，全無所得。

（一七五）

子曰：「鄉原❶，德之賊也❷！」（〈陽貨第十七〉‧十三）

【注釋】❶鄉原　鄉里中貌似謹厚之人。原，同「愿」。❷德之賊也　足以傷害道德。

【語譯】孔子說：「外表忠厚，內心巧詐，是足以敗壞道德的小人。」

【解義】有德之士，內具仁心，外表親切，足以為民表率，惠及眾人。鄉愿則貌似忠厚，表面無可非議，實則虛心假意，逢迎諂媚，取悅流俗，全無誠意。如此行為，正與有德者相反，故孔子稱之為德之賊，以其容易以假亂真，戕害道德，欺惑世人。

（一七六）

子在陳❶曰：「歸與！歸與！吾黨之小子❷狂簡❸，斐然成章❹，不知所以裁之❺。」（〈公冶長第五〉‧二十二）

【注釋】❶陳　國名。❷小子　指門人弟子。❸狂簡　志氣宏大而閱歷不足。❹斐然成章　言道德學問各有成就。斐然，文采美盛之貌。❺裁之　自我裁度矯正。

【語譯】孔子在陳國時，嘆息說：「回去吧！回去吧！我家鄉中的一批青年人，志向遠大，而行事疏略，文采雖然可觀，卻不曉得如何裁度自己，使合於中道。」

【解　義】孔子周遊四方，時在陳國，因見己道不行，志不得伸，而年齡漸老，想到魯國鄉里故閭之中，門人弟子，尚多雄心壯志進取有為之輩，需要加以規劃啟迪，裁制陶鑄，使他們成為有用的人才，故乃有思歸之嘆息，並希望培育後進，以繼續自己未完成的心志。

（一七七）

子曰：「中庸❶之為德也，其至❷矣乎！民鮮❸久矣。」（〈雍也第六〉・二十七）

【注　釋】❶中庸　不偏不倚，合乎中正，可以常用之道。❷至　極也。❸鮮　缺乏。

【語　譯】孔子說：「中庸這種美德，真是最理想了！人們缺少這種美德已經很久了。」

【解　義】社會混亂，人情偏狹之時，易於走向極端，造成對立，以致互相傷害。而中庸之道，不偏不倚，能採取多數人們的意見，調和均勻，適於應用，使人情各得其平，進而化解紛歧，趨向和諧。故孔子特別稱讚中庸之道，最為理想，也嘆息民眾對於這種中道精神，已經很少能夠體會接受了。

十、進德

小引

孔子教導弟子，以培養他們具備優良的品德，最為重要，所以，孔門四科，德行、言語、政事、文學之中，也以「德行」一科，居於最先的地位。

孔子培養弟子們的品德，在積極方面，教人必先立志，孔子說：「三軍可奪帥也，匹夫不可奪志也。」（《論語・子罕》），教人必先立有學為聖賢的志願，然後才能激勵自己去作「吾日三省吾身」（《論語・學而》）的工夫，而努力不懈，必須作到「言忠信，行篤敬」（《論語・衛靈公》），作到「見賢思齊，見不賢而內自省」（《論語・里仁》），作到「躬自厚而薄責於人」（《論語・衛靈公》），才能養成智仁勇兼備的條件，逐漸提升自己品德的層次。

在消極方面，孔子則教導弟子，要戒驕戒傲，要「毋意、毋必、毋固、毋我」（《論語・子罕》），更不可「巧言、令色、足恭」（《論語・公冶長》），不可「群居終日，言不及義，好行小慧」（《論語・衛靈公》），以減少自己犯錯的機會。

總之，孔子教學，以使人增進德行，為第一要義，世人想要學習孔學，自然也不能夠離開這一目標。

（一七八）

曾子曰：「吾日三省❶吾身：為人謀，而不忠乎？與朋友交，而不信乎？傳❷，不習乎？」（〈學而第一〉．四）

【注　釋】❶省　反省。❷傳　指老師所傳授的學業。

【語　譯】曾子說：「我每天用三件事情反省自己：為他人作事，是否有不盡心之處？與朋友相交往，是否有不守信實之處？老師傳授的學業，是否還不曾溫習呢？」

【解　義】懂得反省的人，才能不斷地向前進步。在此章中，曾子提出他每天都用來反省的三件事情，第一是忠於職責，不稍懈怠。第二是信於朋友，心存誠信。第三是充實學識，溫故知新。三件事情，分別對事、對人、對己，如果能夠深切反省，必能成為不斷進步的動力。

（一七九）

子曰：「德不孤❶，必有鄰❷。」（〈里仁第四〉．二十五）

【注釋】❶孤　孤單；孤獨。❷鄰　親近之人。

【語譯】孔子說：「有道德的人，不會孤獨，必定會有志同道合的人前來與他作伴。」

【解義】品德優良的人，在社會上，不會孤單，在人群中，不會孤立，遠處之人，必然也會聞聲推崇，讚譽有加。

（一八〇）

子曰：「見賢❶思齊❷焉，見不賢而內自省❸也。」（〈里仁第四〉．十七）

【注釋】❶賢　有賢德之人。❷齊　齊同；齊等。❸內自省　內心反省自己是否也有相同的缺點。

【語譯】孔子說：「見到賢德的人，就應該向他看齊，看見不賢的人，就應該自我反省。」

【解義】見賢思齊，是學習別人的長處，見不賢而內自省，是避免別人的缺點。人能在平時多觀察周遭的人們，多作比較，自然可以減少過錯，而日進於賢良。

另外，人們在閱讀歷史時，也可以取古代的賢人，作為自己的榜樣，取不賢的人，作為自己的警惕，同樣也是修己進德的好辦法。

（一八一）

子曰：「三人行，必有我師❶焉。擇其善者而從之，其不善者而改之❷。」（〈述而第七〉‧二十一）

【注釋】❶師　老師；效法。❷改之　改正過失。

【語譯】孔子說：「三個人同行，其中必然有可做我老師的。選擇他們的長處而加以學習，將他們的短處作為自我改正的參考。」

【解義】與朋友數人相處，如能見賢思齊，擇其所善而加以學習，見其不善而內心自省，知道自己也有不善，就從而改正，則朋友相聚往來，他們的行為，可以作為自己效法的榜樣，或是照見自己過失的明鏡。

（一八二）

子曰：「吾未見好德❶如好色❷者也。」（〈子罕第九〉‧十七）

【注釋】❶好德　愛好賢德。❷色　美色。

【語譯】孔子說：「我沒見過喜愛道德如同喜愛美色一樣的人。」

【解義】美色可愛，美德可貴，但好色者多，好德者少。孔子因此希望愛好美德之人，能與愛好美色之人，數量相同，愛好之情，深淺相等，他便能夠心滿意足了。但是，他所得到的，卻常是失望。

（一八三）

子曰：「不患❶人之不己知❷，患不知人也❸。」（〈學而第一〉．十六）

【注釋】❶患　擔心；憂慮。❷不己知　是「不知己」的倒裝句。指別人不了解自己的學問道德。❸患不知人也　應該擔心自己不能了解別人的是非對錯。

【語譯】孔子說：「不必憂心別人不了解自己，應該憂心的卻是自己不能了解別人。」

【解義】個人如果擁有卓越的才華，過人的學識，自然希望別人能夠了解自己，欣賞自己。但是，孔子以為，自己擁有才華，雖不為人所知，才華卻仍在己身，對自己並無太多的損失，所以孔子說「不患人之不己知」。至於了解別人，相對地卻十分重要。因為，知道某人有何長才，則可以推賢進能，知道某人有何短處，則可以遠離避禍。因此，孔子才說「患不知人也」。只是，知人不易，人也不易知，必須具備才學、見識、經驗、眼光，才能對他人的誠偽優劣，真實面貌，作出深刻的了解。

（一八四）

子曰：「不患人之不己知，患其不能也❶。」（〈憲問第十四〉．三十二）

【注釋】❶患其不能也　應該擔心自己沒有真才實學。其，指自己。

【語譯】孔子說：「不要憂愁別人不知道自己，卻要憂愁自己沒有真才實學。」

【解義】道德學問，知識才華，具備在自己身上，別人知與不知，操之在人，故學為君子，當力求進益，唯恐自己尚有不足之處，而不必擔心他人是否了解自己的優點。

（一八五）

子曰：「不患無位❶，患所以立❷。不患莫己知，求為可知也❸。」

（〈里仁第四〉．十四）

【注　釋】❶無位　指自己沒有職位。❷患所以立　應憂慮自己沒有自立的才能。❸求為可知也　應要求自己具備被人所知的才能。

【語　譯】孔子說：「不要憂心得不到職位，該憂心的是自己是否已具備了才能去擔任這項職務。不愁別人不知道自己，該追求的是自己有什麼才德讓對方了解。」

【解　義】孔子以為，君子無位之時，當先充實自己的才華能力，等待機會來臨，才能擔當大任。君子平時，也不需要擔心他人是否了解自己，而應該自己先努力鍛練，培養優良的才學，先具備足以讓他人看重的條件，一旦外有需求，自然會受到重用，出人頭地，而大展鴻圖。

（一八六）

子曰：「躬自厚❶，而薄責於人❷，則遠怨矣！」〈衛靈公第十五〉．十四

【注　釋】❶躬自厚　嚴於律己。厚字下，省去「責」字。❷薄責於人　寬以責備他人。

【語　譯】孔子說：「嚴格要求自己，對別人的過錯則輕微地指責，就不會招致別人的怨恨了。」

【解　義】君子當厚以責己，薄以責人。責己厚，則必能深自檢討，進德迅速；責人薄，則必能持心平恕，而別人也容易心悅誠服，怨尤自然遠去，祥和立刻到來。反之，責己薄，責人厚，則人情必然乖違，爭端必然增多。

（一八七）

子曰：「已矣乎❶！吾未見能見其過，而內自訟❷者也。」（〈公冶長篇第五〉・二十七）

【注釋】❶已矣乎　感嘆的口氣，猶今言「算了吧」。❷內自訟　內心責備自己。訟，責備。

【語譯】孔子說：「算了吧！我還沒見到過能夠發現自己的過錯，而內心自我反省責備的人。」

【解義】人非聖賢，孰能無過，然而世人雖不能無過，卻往往不能自知其過。如果人能自己知道他所犯的過錯，而又能深自檢討，痛加懺悔，則必能改過遷善。孔子在此章首句，就說「已矣乎」，是擔心能夠自責改過的人，不易得見，故加以嘆息。

（一八八）

子曰：「巧言、令色、足恭❶，左丘明恥之❷，丘亦恥之❸。匿怨而友其人❹，左丘明恥之，丘亦恥之。」（〈公冶長第五〉・二十五）

【注釋】❶足恭　過分恭順。❷左丘明恥之　左丘明深以為恥。左丘明，姓左丘，名明，魯國太史，相傳是《左傳》的作者。❸丘亦恥之　孔子也同樣深以為恥。丘，孔子自稱其名。❹匿怨而友其人　內心隱藏怨恨，表面卻與對方友好相處。匿，隱藏。

【語譯】孔子說：「花言巧語，假裝討人喜歡的臉色，對人過分恭敬，左丘明認為那是可恥的行為，我也認為那是可恥的行為。心中隱藏怨恨，外表卻裝出友善的態度，左丘明認為那是可恥的行為，我也認為那是可恥的行為。」

【解義】孔子主張正直待人，表裡如一，因此，對於那些言語過分花巧，容貌過分謙卑，行為過分諂媚的人，孔子與左丘明一樣，都深以為恥。至於與人相處，雖然心怨其人，而外表卻偽裝親切，猶如摯友，對於這種表裡不一之人，孔子也與左丘明一樣，都深以為恥。

(一八九)

子曰：「放於利而行❶，多怨❷。」（〈里仁第四〉．十二）

【注釋】❶放於利而行　行事以求利為目標。放，依據。❷多怨　往往招致他人的怨恨。

【語譯】孔子說：「做事情一意以私利為依歸，必然會召來許多怨恨。」

【解義】人們為了追求自己的利益，不免妨礙他人的利益，故也容易引起他人的尤怨，《易經．

文言傳》說：「利者義之和也。」人們如果不專求一己的私利，而求取多數人利益的調和，才能合於道義，也才能使他人無所怨尤。

（一九〇）

子曰：「如有周公之才之美❶，使驕且吝❷，其餘不足觀也已。」

（〈泰伯第八〉．十一）

【注釋】❶周公之才之美　像周公一樣多才多藝。周公，周武王之弟，曾制禮作樂。❷驕且吝　既驕傲，又吝嗇。

【語譯】孔子說：「如果一個人具有周公一樣美好的才華，但是，只要他驕傲而吝嗇，其他的長處也都不值得一看了。」

【解義】古今能成就大事業者，其人必然具有多方面的領導長才。但人都不能全無缺點，缺點之中，尤以驕傲與吝嗇，最足敗事。驕傲則容易輕侮他人，吝嗇則名利不願分給他人。有此兩者，部下難與合作，賢良也勢多求去，其事業必將陷入危機之中。

（一九一）

子貢方人❶，子曰：「賜也，賢乎哉？夫我則不暇❷！」（〈憲問第十四〉・三十一）

【注釋】❶方人 比較人物，批評長短。方，比方；比較。❷暇 空閒。

【語譯】子貢喜歡批評別人，孔子說：「賜啊，你自己很賢能了嗎？至於我，就沒有這種閒暇去批評別人了！」

【解義】子貢喜歡在言談之間，批評別人的過錯，孔子則是希望子貢多作自我反省，如果覺得自己還未到達賢者的地步，則自修自治，尚且不暇，哪有閒工夫去批評他人呢。

（一九二）

子曰：「古者言之不出❶，恥躬之不逮也❷。」（〈里仁第四〉・二十二）

【注釋】❶言之不出 言語不輕易出口。❷恥躬之不逮也 自己以不能實際做到為恥。逮，及也。

【語譯】孔子說：「古人不肯輕易說話，是害怕自己不能親身實行，而深覺羞恥。」

【解義】古人慎言，故其言語，訥訥而不輕易出口。主要以為，言語既出，如果行為舉動，不能及時相從，不免使人懷疑自己，徒託空言，或心存欺騙，則是一件令人深感羞恥的事情。

（一九三）

子曰：「以約失之者，鮮矣❶！」（〈里仁第四〉．二十三）

【注釋】❶以約失之者二句　對自己約束節制，則過失必少。

【語譯】孔子說：「因為對自己節制約束，而致犯有過錯的，這種情形是很少的。」

【解義】凡事以儉約為主，故謹言則少招禍咎，慎行則少招怨尤，儉樸則衣食有餘，節省則不虞匱乏。這些都以能自我克制為根本，人能恪守本分，不尚奢華，自然極少產生過失。

（一九四）

季文子三思而後行❶。子聞之，曰：「再，斯可矣❷！」（〈公冶長第五〉．

十九〉

【注　釋】❶季文子三思而後行　季文子凡事都考慮再三，然後才實行。季文子，姓季孫，名行父，諡號為文，魯國大夫。❷再二句　只需多考慮一次，就可以了。再，多一次。

【語　譯】魯國大夫季孫行父做每件事情都要經過再三考慮，然後才去做。孔子聽到後，便說：「只要思考兩次，就可以了。」

【解　義】人們面臨事情，需要抉擇，自然應該多方考慮，計劃周詳，然後加以實行，才能心安理得。但是，有時顧慮太多，也會失去先機，徘徊瞻望，反而誤事。所以，孔子對於魯大夫季孫行父遇事思之再三，然後作出決定的行為，乃判斷說，兩度思考，便可以決定了。所謂兩度思考，一是主觀，從當事人立場，思考當行與否，二是客觀，從旁觀者立場，考察事件影響，經過兩度思考，便可以作成決定。

（一九五）

子曰：「不逆詐❶，不億不信❷，抑亦先覺者❸，是賢乎！」（〈憲問第十四〉·三十三）

【注釋】❶不逆詐　不預料別人會有欺詐的行為。逆，預先。詐，疑人欺己。❷不億不信　不猜測別人會有失信的作為。億，通「臆」。預料；預測。❸抑亦先覺者　但也能事先覺察他人行為的真假。抑，但是。

【語譯】孔子說：「不事先預料別人會欺詐，不揣測別人會失信，卻能及早發現別人的欺詐與失信，這樣的人應該是一位賢者吧！」

【解義】與人交往，不事先預料別人的欺詐，也不揣測別人會有不守信用的行為，這是仁者的態度，是誠實立身的根本。但是，別人如真有欺騙或失信的行為，自己也能事先覺察，加以防範，這是智者的態度。能具備仁智兩者，才當得起賢人之名。

（一九六）

子絕四❶：毋意❷，毋必❸，毋固❹，毋我❺。〈子罕第九〉・四

【注釋】❶絕四　戒絕四種私見。❷毋意　不憑空猜測。毋，同「無」。意，臆測。❸必　期望必然的結果。❹固　固執。❺我　自私。

【語譯】孔子所戒絕的四種毛病：不憑空揣測，不偏激肯定，不固執拘泥，不自私自利。

【解義】毋意，是不臆測未來事態的發展。毋必，是不強求預定目標的達成。毋固，是不固執處理任務的辦法。毋我，是不拘泥私心偏愛的見解。因為，「意、必、固、我」四者，是行為中常犯

的過錯，所以，孔子勉勵人們，儘量以客觀虛心為主，而減少武斷偏激的害處。

（一九七）

子曰：「知者樂水❶，仁者樂山❷。知者動，仁者靜。知者樂，仁者壽。」〈雍也第六〉．二十一

【注釋】❶知者樂水　智者通達事理，與水相似，故以近水為樂。知，同「智」。樂，喜好。❷仁者樂山　仁者安於道義，厚重不遷，與山相似，故以親山為樂。

【語譯】孔子說：「智者喜愛水，仁者喜愛山。智者好動，仁者好靜。智者常樂，仁者長壽。」

【解義】智者通達事理，周流無滯，與水相似，故以近水為樂。仁者安於義理，厚重穩固，與山相似，故以近山為樂。智者活潑好動，仁者寧謐好靜。智者周慮變遷而不惑，故能常樂。仁者惠及他人而不憂，故能長壽。

（一九八）

子曰：「人而無信，不知其可也。大車無輗❶，小車無軏❷，其何

以行之哉？」（〈為政第二〉・二十二）

【注釋】❶大車無輗 大車，牛車，用以載重物。輗，車轅前面橫木兩端用以縛軛的關鍵稱輗。❷小車無軏 小車，駕四馬之輕車，用以載人。軏，作用同「輗」。大車為輗，小車為軏。

【語譯】孔子說：「一個人如果不守信用，我不知道他如何去立足在社會上。就如同大車沒有輗，小車沒有軏，又怎能使車輛行動自如呢？」

【解義】言而有信，是作人的基本條件。在社會上，人與人的交往，如果彼此的語言不守信用，相互缺乏信任，則雙方的來往，必然會招致失敗的結果。這種情形，就如同載物的大車和載人的小車，雖然具有行駛的性能，卻因缺少控制車上轅木橫木中間的靈活接榫，則車輛的功能，也將大受影響，而無法安然行駛。

（一九九）

子張曰：「執德不弘❶，信道不篤❷，焉能為有？焉能為亡❸？」（〈子張第十九〉・二）

【注釋】❶執德不弘 持守道德，不夠堅定。執，據守。弘，強也。❷篤 深厚。❸亡 同「無」。

【語　譯】子張說：「據守道德，不能弘大，信守真理，不能篤實，這樣的人，有他不算多，無他不算少。」

【解　義】成就大事的人，必須具備兩種性格，一是氣度恢弘，才能容人，二是行為篤實，才能成物。否則，雖能執守仁德，而不夠弘大，容易陷入小恩小惠。雖能信守道義，而履行不夠篤實，容易改變立場。如此之人，對於社會國家，貢獻不大，影響不深。

（二〇〇）

子夏曰：「大德不踰閑，小德出入可也❶。」〈子張第十九〉．十一

【注　釋】❶大德不踰閑二句　大德、小德，猶言大節、小節。閑，闌也；界也。

【語　譯】子夏說：「觀察一個人，當注意他在重大節操處不超越規範，至於小節方面，不妨稍微放鬆。」

【解　義】觀察他人，與要求自己，有所不同。觀察他人，當評論他的大節操守，是否不逾規範，小處則不必求全責備。至於要求自己，則應責己以嚴，以免小處不慎，反累大德。

（二〇一）

子曰：「三軍可奪帥也❶，匹夫不可奪志也❷。」（〈子罕第九〉．二十五）

【注釋】❶三軍可奪帥也　三軍人員雖多，如果各自為政，心意不一，則其將帥，不難獲取。春秋時代，大國可以擁有三軍，此以三軍作為軍隊的通稱。❷匹夫不可奪志也　匹夫雖微，如堅守其志，他人不易逼其改變。匹夫，平民。

【語譯】孔子說：「三軍雖眾，可以將他們的主帥俘虜過來，但是，一個普通的百姓，卻難於迫使他改變志向。」

【解義】春秋時代，以一萬二千五百人為一軍，諸侯可擁有三軍。不過，三軍雖眾，但人心不一，則力量分散，也可用更大的力量，俘虜其主帥。匹夫雖微，力量在己，如能堅守道義，其心不變，則外力反而難於去改變他的意志。

（二〇二）

子曰：「巧言亂德❶；小不忍❷則亂大謀❸。」（〈衛靈公第十五〉．二十六）

【注　釋】❶巧言亂德　花言巧語，往往敗壞道德。❷忍　忍耐。❸大謀　指大事。

【語　譯】孔子說：「花言巧語，足以擾亂人們心中的德性；小事不能忍耐，就會敗壞重大的事情。」

【解　義】巧言悅耳動聽，常易顛倒是非，混淆真相，使公理不彰。而小忿不忍，則易破壞大計。故君子持身，對小事小處，都不宜掉以輕心，必當多聽多聞，審慎以對，多具耐心，多所規劃。

（二〇三）

子曰：「人無遠慮❶，必有近憂❷。」〈衛靈公第十五〉・十一

【注　釋】❶遠慮　長遠的計劃。❷近憂　近日的擔憂。

【語　譯】孔子說：「一個人如果沒有長遠的考慮，一定會有眼前來臨的憂患。」

【解　義】凡事如不慎謀遠慮，對於未來情況，先作準備，則近日將有傾敗之憂。故君子當常思憂患，加以預防，以免事至眼前，而倉皇失措。

（二〇四）

子曰：「貧而無怨難❶；富而無驕易❷。」（〈憲問第十四〉‧十一）

【注釋】❶貧而無怨難　安貧樂道，非人人可能，故貧者易怨。❷富而無驕易　謙虛好禮，易於做到，故富者不驕，較為容易。

【語譯】孔子說：「貧窮而不怨天尤人，很難做到；富貴而不驕傲，比較容易做到。」

【解義】人窮志短，飢寒易起盜心，身處貧賤的人，要使他能克制煩惱，心無怨言，自屬難行之事。至於身居富貴的人，想使他摒除奢華，稍作謙退，使心無驕矜，或許較為易行。

（二〇五）

子曰：「富而可求也❶，雖執鞭之士❷，吾亦為之；如不可求，從吾所好。」（〈述而第七〉‧十二）

【注釋】❶富而可求也　用正當方法去獲取財富。❷執鞭之士　指持鞭駕車之賤職。士，同「事」。

【語譯】孔子說：「財富如果可以求取的話，就算是手執皮鞭的苦役工作，我也願意去做；如果不可以強求，還是依照著自己喜歡的事去做吧！」

【解義】坐擁富貴，安享榮華，是人們心中所期盼的事情，但心中的期盼，不必就能實現於眼前。

孔子也說過：「不義而富且貴，於我如浮雲。」「富與貴是人之所欲也；不以其道得之，不處也。」富與貴絕不可強求而致。孔子以為，與其空懷妄想，不如把握當下的時機，對自己所喜歡從事的專業，努力發展，用心付出，一分耕耘，一分收穫，必然有成功到來的一天。

（二〇六）

子曰：「視其所以❶，觀其所由❷，察其所安❸，人焉廋哉❹！人焉廋哉！」（〈為政第二〉．十）

【注釋】❶所以　所作所為。❷所由　緣由；動機。❸所安　心中安然。❹人焉廋哉　他人怎能隱藏真相呢。廋，隱藏。哉，語末助詞。

【語譯】孔子說：「先觀察他的行為，再探求他的動機，再審度他行事後的心情，用這些方法去了解一個人的品格邪正，他怎能掩藏得住呢！怎能掩藏得住呢！」

【解義】知人不易，人不易知，孔子也有他的觀人之術。首先，他從對方的行事探視其人動機的善惡，進而觀察其人心術的誠偽，再進而細查其人事後心情的反應是否安然無愧。這三項觀察，由淺入深，由外至內，能夠經此觀察，則被觀察的人，勢將真相畢露，而無可藏匿。

（二〇七）

子曰：「其言之不怍❶，則為之也難！」（〈憲問第十四〉．二十一）

【注釋】❶怍　慚愧。

【語譯】孔子說：「一個人說大話而心中毫不感到慚愧，那麼，要他去實行就難了。」

【解義】一個人的言辭，如果過分誇張渲染，大言不慚，由於他在說話之際，心中已無踐行的誠意，因此，當他在實行承諾時，自然也就倍感困難，而無法加以兌現。

（二〇八）

子曰：「論篤是與❶，君子者乎？色莊者乎❷？」（〈先進第十一〉．二十）

【注釋】❶論篤是與　對於言論篤實者，應給予稱讚。與，稱許。❷色莊者乎　他只是外貌嚴肅嗎。色，容顏。莊，莊重。

【語譯】孔子說：「有人言論篤實，受人稱讚，但是，也要考察他是真正的君子呢？還只是外表莊重呢？」

【解　義】有人公開發言，內容充實，見解脫俗，令人不禁稱許佩服，讚賞不已；但是，言語可以修飾，態度可以偽裝。所以，孔子要人暫且擱置，不要輕下判斷，而應多加思考，觀察其人到底是真心誠意、言行相符的君子？抑或是貌為嚴正、言不由衷的偽善者？因此，以言以貌取人，既不適當，誠偽之分，更應小心。

（二〇九）

子曰：「群居終日❶，言不及義，好行小慧❷，難矣哉！」（〈衛靈公第十五〉．十六）

【注　釋】❶群居終日　許多人整天聚集在一起。❷小慧　私智。

【語　譯】孔子說：「一群人整天聚集在一起，沒說一句正經話，只喜歡賣弄一點小聰明，這種人要希望他能進德修業，那就很難了。」

【解　義】眾人群居相處，應當以道義相勉勵，以學問相切磋，多得良師益友，共策進步，而不當以小智小慧，賣弄聰明，冀圖僥倖，悖於大義，而阻礙高遠理想的追求。有志之士，對此宜加深戒。

（二一〇）

子曰：「伯夷、叔齊❶，不念舊惡❷，怨是用希❸。」〈公冶長第五〉・二十三）

【注釋】❶伯夷叔齊　殷商時，孤竹國國君之二子，孤竹君死，二人互相讓位，周武王起兵伐商紂王，二人在馬前勸阻，武王滅紂之後，二人恥食周粟，隱居於首陽山，卒餓死。❷舊惡　舊時的怨惡。❸希　稀少。

【語譯】孔子說：「伯夷叔齊，不把別人舊有的過錯記在心頭，怨恨他們的人也就少了。」

【解義】伯夷叔齊，是商代末年孤竹國國君之二子，父歿，二人讓國於中子，因周武王伐商紂王，商朝滅亡，伯夷叔齊不食周粟，隱居於首陽山，采薇而食，卒因餓而死。

此章言伯夷叔齊，雖曾厭惡惡人，但其人如能改過，則不再念其舊惡，不似他人，因一事可惡，遂常惡其人而不忘。伯夷叔齊能不念他人的舊惡，而與人為善，故他人也極少有尤怨二人者。

（二一一）

齊景公有馬千駟❶，死之日，民無德而稱焉。伯夷、叔齊，餓於首

陽之下，民到于今稱之。其斯之謂與？（〈季氏第十六〉．十二）

【注　釋】❶齊景公有馬千駟　齊景公擁有四千匹馬。齊景公，春秋時代，齊國國君。駟，四匹馬。千駟，四千匹馬。

【語　譯】齊景公有馬四千匹，死的時候，人民都不知道他有什麼美德值得稱述。伯夷、叔齊，餓死在首陽山下，人們到現在還稱頌他們。人們所稱頌的，大概就是那種讓賢的美德吧！

【解　義】齊景公有馬車千輛，富甲一時，而身死之日，卻無人對他加以稱許。伯夷叔齊，是孤竹君之二子，孤竹君卒，二人互讓君位而不居，周滅商後，二人以為，武王以臣伐君，不足為訓，隱居於首陽山，採薇而食，雖然餓死，但堅持理念，特立獨行，後世稱讚二人的義行，史不絕書。由此可見，個人的價值，不可以貧富而加以論定，因公道自在人心。

（二一二）

子曰：「歲寒，然後知松柏之後彫❶也。」（〈子罕第九〉．二十七）

【注　釋】❶彫　同「凋」。凋零。

【語　譯】孔子說：「天氣嚴寒時，人們才知道松柏是最後凋謝落葉的。」

【解　義】天寒歲凍，植物普遍凋謝，只有松樹柏樹，挺立翠綠。孔子因此用以譬喻，凡人在平時，與君子無異，一旦面臨利害關頭，遭遇事變之時，然後才能見到君子的可貴。所謂士窮乃見節義，國亂方顯忠貞，都是同樣的道理。

（二一三）

子曰：「甯武子❶，邦有道則知❷；邦無道則愚❸。其知可及也，其愚不可及也。」〈公冶長第五〉．二十一

【注　釋】❶甯武子　姓甯，名俞，諡曰武，衛國大夫。❷知　同「智」。❸愚　愚笨。

【語　譯】孔子說：「甯武子，在國家安定時，就表現聰明才智；在國家動亂時，就表現似若愚笨。他所表現的聰明，別人還可以趕得上，但表現的愚笨，別人就不易趕上了。」

【解　義】甯武子仕於衛成公，起初國家安定，甯武子乃出其智謀，貢獻國家。到了成公晚年，政治混亂，智巧之士，率多隱避，甯武子仍然不加引退，盡心竭力，有似愚者，終能協助國君，保衛國家。故孔子稱讚甯武子，當治世的智者，人們或許可以與他相比，至於當亂世的愚者，則人們實難與他相提並稱。

（二一四）

子曰：「孟之反❶不伐❷，奔而殿❸，將入門，策❹其馬，曰：『非敢後也，馬不進也！』」（〈雍也第六〉．十三）

【注釋】❶孟之反　姓孟，名側，魯國大夫。❷不伐　不誇耀自己的功勞。❸奔而殿　戰敗奔逃，自己殿後。奔，戰敗奔逃。殿，殿後。❹策　鞭也。

【語譯】孔子說：「魯國大夫孟之反，不誇耀自己的功勞，在抵禦齊國的戰役中，魯軍失敗，他殿後掩護撤退，快進城門時，他用鞭策馬，卻說：『並不是我敢留在最後拒敵，是馬跑不快啊！』」

【解義】魯哀公十一年，齊國侵略魯國，魯軍戰敗，撤退，孟之反殿後掩護，抵拒追兵，魯軍得以免除重大的傷亡，終使齊軍知難退兵。當孟之反殿居最後，將入國門之時，乃用馬鞭策馬，自言非敢獨自居後，乃是由於馬不前進，以自謙抑。孔子因其有功不居，十分難得，故對他特別加以稱許。

（二一五）

子曰：「眾惡之❶，必察焉；眾好之❷，必察焉。」（〈衛靈公第十五〉・二十七）

【注　釋】❶惡之　厭惡他。❷好之　喜愛他。

【語　譯】孔子說：「大家都厭惡的人，仍然要仔細考察；大家都喜歡的人，仍然要仔細考察。」

【解　義】群眾所厭惡的人，未必不肖，也許是他特立獨行，不諧於俗，不為眾人所喜。群眾所喜好的人，未必果賢，也許是他譁眾取寵，阿諛取容，乃為眾人所喜。要之，無論其人為群眾所惡所喜，都應當深察其故，以免縱容惡人，冤枉好人，而使得真相不明。

（二一六）

子貢曰：「紂❶之不善，不如是之甚也。是以君子惡居下流❷，天下之惡皆歸焉。」（〈子張第十九〉・二十）

【注　釋】❶紂　商紂王。❷下流　地形低下之處，眾水都流往歸之。

【語　譯】子貢說：「商紂王的罪惡，並不像傳說的那麼嚴重。所以君子厭惡居在下流的地方，一旦居於下流，天下所有的惡名，都會集中到他身上去了。」

【解　義】商紂王固然不善，但被周武王討伐，國滅身亡之後，世人往往以更多的惡行惡名，增加到紂王一身之上，變本加厲。所以子貢希望人們以此自警，避免置身不善之地，為眾惡所聚集。

（二一七）

子曰：「南人❶有言曰：『人而無恆，不可以作巫醫❷。』善夫❸！『不恆其德，或承之羞❹。』」子曰：「不占而已矣❺。」（〈子路第十三〉・二十二）

【注　釋】❶南人　南方人。❷巫醫　巫，為人們祈求鬼神者。醫，為人們治病者。古代，這兩種人，往往合而為一。❸善夫　稱讚南人所言，極為適當。❹不恆其德二句　此二語是《易經・恆卦》九三的爻辭。言人若無常德恆心，將會受到羞辱。❺不占而已矣　言缺乏恆心之人，不必替他占卜吉凶。

【語　譯】孔子說：「南方人有句話說：『人如果沒有恆心，連巫醫都做不了。』這話說得很對啊！《周易・恆卦》爻辭說：『人如果沒有恆心，很可能招致羞辱。』」孔子說：「這兩句話的意思是說：缺乏恆心的人，不必去占卦了，因為他缺乏恆心，占卜也難於定準。」

【解　義】古代巫師溝通人神之際，醫師則治病救人，都是重要的工作，但如果由欠缺恆心的人來擔任，輕忽怠惰，皆足以使工作失敗，無法成功，所以，有恆為成功之本。《易經・恆卦》也說，一個缺乏恆心毅力的人，有始無終，無法取信於人，常會為自己招致羞辱的結果。故孔子說，無恆之人，心情屢變，占卜吉凶，也難於得到準確的結果。

（二一八）

子曰：「賢者辟世❶，其次辟地❷，其次辟色❸，其次辟言❹。」〈憲問第十四〉．三十九）

【注釋】❶辟世　隱居。辟，同「避」。❷辟地　逃避混亂的地區。❸辟色　逃避世人不友善的臉色。❹辟言　逃避對自己的惡言。

【語譯】孔子說：「賢人看到天下無道，避開汙濁的社會而隱居；其次，是避開混亂的地區而遷居他地；再其次，是避開別人不友善的臉色；又其次，是避開別人不好的言詞。」

【解義】天下無道之時，賢人多隱居山林，避開塵囂汙濁的社會。不能如賢人所為，退求其次，則避開混亂的地方，另覓他鄉。再求其次，如果見到有人言語無味，面目可憎，則儘量避開。更求其次，則遇到有人放言高論，言不及義，則加以避開。此章之中，孔子指出，自古賢人處世，不得已而隱避，有這四種層次，都是不得已而為之者。

（二一九）

子張問崇德辨惑❶。子曰：「主忠信❷，徙義❸，崇德也。愛之欲其生，惡之欲其死，既欲其生，又欲其死，是惑也。」（〈顏淵第十二〉・十）

【注釋】❶崇德辨惑　尊崇道德，明辨疑惑。❷主忠信　行為以忠信為主。❸徙義　行為趨向道義。

【語譯】子張問怎樣才能增進德行，辨明疑惑。孔子說：「行為以忠信為主，看到合於道義的事情立刻去做，這樣就可以增進德行。喜歡一個人的時候便希望他活，厭惡一個人的時候便恨不得他去死，既要他活，又要他死，這便是疑惑。」

【解義】子張問如何增進品德，明辨疑惑。孔子回答，以忠信為行為的目標，見義則遷善改過，自然品德日進。至於明辨疑惑，孔子則以為，與人相處，愛惡如過於極端，則足以惑亂人心，如果心中清靜，喜怒有節，愛惡得當，自然能夠明辨疑難，心中不致惑亂。

（二二〇）

樊遲從遊於舞雩❶之下，曰：「敢問崇德、脩慝❷、辨惑？」子曰：

「善哉問！先事後得❸，非崇德與？攻其惡，無攻人之惡，非脩慝與？一朝之忿❹，忘其身，以及其親，非惑與？」（〈顏淵第十二〉．二十一）

【注釋】❶舞雩　臺名。雩，祭天求雨，配以音樂與舞蹈，故稱舞雩。❷脩慝　修養品德，去除心中之隱惡。慝，惡也。❸先事後得　有事先作，有所得則退居人後，則品德日益增進。❹一朝之念　因一時的忿怒，不能忍耐。

【語譯】樊遲跟隨孔子在舞雩臺下遊覽，說：「請問怎樣才能提升自己的品德，消除心中的惡念，辨明行為的疑惑呢？」孔子說：「問得很好啊！先做應該做的事，把獲得利益的想法放在後面，這不是提升品德嗎？責備自己的錯誤，不責備別人的錯誤，這不是消除惡念嗎？因為一時的忿怒，與人爭鬥，不顧自己的生命，也忘了會連累父母，這不是迷惑嗎？」

【解義】孔子回答樊遲之問，首先說明，凡事先求耕耘，再求收穫，見義勇為，見利不爭，這便是「崇德」的行為。其次，與人相處，嚴以責己，寬以待人，多檢討自己的過錯，而不計較他人的過錯，便能使自己的惡念，無所遁形，這便是「脩慝」的行為。再其次，能多所克制，懲忿窒慾，不因一時的忿怒衝動，危及本身的安全，甚致連累父母，使父母蒙羞，這便是「辨惑」的行為。

（二二一）

子張問明❶，子曰：「浸潤之譖❷，膚受之愬❸，不行焉，可謂明也已矣。浸潤之譖，膚受之愬，不行焉，可謂遠❹也已矣。」（〈顏淵第十二〉·六）

【注釋】❶明　明察秋毫。❷浸潤之譖　毀謗別人的讒言，如水浸物一般，漸漸濕潤，使人不覺。譖，毀謗之義。❸膚受之愬　向人訴冤之辭，如同肌膚受到切傷，易於使人相信。愬，同「訴」。❹遠　見識深遠。

【語譯】子張問怎樣才算明察事理，孔子說：「像水一樣逐漸滲透的讒言，像切身之痛一樣的誣告，都能識破他的用意，這樣可以說是明察事理了。逐漸滲透的讒言，切身之痛的誣告，都在你面前行不通，不但是明察事理，更是見識深遠了。」

【解義】子張問如何可稱明察是非，孔子回答，如有毀謗他人之言，像水一般潤物，逐漸浸透，聽者不易覺察受欺，又如有人訴說自己冤情，儼然似有切膚之痛一般，聽者容易信以為真。對於這兩種情況，如果能理智分晰，辨別清楚，不被欺瞞，則可算是具有明察秋毫的能力，有高瞻遠矚的見解。

（二二二）

子張問行，子曰：「言忠信，行篤敬❶，雖蠻貊之邦❷，行矣；言不忠信，行不篤敬，雖州里❸，行乎哉？立，則見其參❹於前也；在輿❺，則見其倚於衡❻也。夫然後行。」子張書諸紳❼。〈衛靈公第十五〉‧五

【注釋】❶篤敬　篤厚恭敬。❷蠻貊之邦　中國之外，四方的異族，南方稱蠻，北方名貊。❸州里　指鄉里。古代二十五家為里，二千五百家為州。❹參　排列。❺輿　車也。❻衡　車前橫木。❼書諸紳　寫在衣帶之上，時時閱覽，以防遺忘。

【語譯】子張請問行事通達的原則，孔子說：「說話忠誠信實，行為篤厚謹慎，這樣，即使到野蠻的國家，也行得通；說話不忠誠信實，行為不篤厚謹慎，雖然是在自己的家鄉，能夠行得通嗎？所以，一個人站立的時候，就彷彿看見忠信篤敬出現在眼前；坐在車中，又彷彿看見這四個字靠在車前的橫木上。能夠這樣，便可以使自己到處行得通。」子張聽了，把這些話寫在衣帶上，以便隨時省察。

【解義】子張問如何可以通行各地，自在往來。孔子回答，當先要求自己，言語忠信，行為篤敬，能具備如此的素養，不止鄰近國家，即使遠處蠻夷之地，也可以通行無阻。反之，不能具備忠信

篤敬的品德，即使州里之間，也必然多所阻礙，甚至寸步難行。故忠信篤敬，當隨時映現眼前，牢記心中，切實履行。子張聆聽之後，深有所感，也隨身記錄在衣帶之上，以備省覽。

(二二三)

子曰：「可與言，而不與之言，失人❶；不可與言，而與之言，失言❷。知者❸不失人，亦不失言。」〈衛靈公第十五〉．七

【注釋】❶失人　錯失了人才。❷失言　說錯了話。❸知者　有智慧的人。知，同「智」。

【語譯】孔子說：「可以和他說話，卻不和他說話，這是錯過了值得談話的人；不可以和他說話，卻和他說話，這是浪費了語言。有智慧的人，既不會錯過值得交談的人，也不隨便浪費語言。」

【解　義】可以使人為善，而不與其人相言，是失去選拔優秀人才的機會。不可使其人為善，而與其人相言，是說錯言語的情況。所以孔子以為，真正有智慧的人，應當善於觀人，詳察是非，才能作到既不失人，又不失言的適當態度。

(二二四)

子曰：「狂而不直❶，侗而不愿❷，悾悾而不信❸，吾不知之矣！」（〈泰伯第八〉．十六）

【注釋】❶狂而不直　為人狂妄，卻不正直。❷侗而不愿　為人幼稚，卻不忠厚。侗，缺乏知識。❸悾悾而不信　缺乏才能，又不真誠。

【語譯】孔子說：「狂妄而不正直，無知而不誠懇，無能又不信實，這種人，我不知道他將怎麼辦！」

【解義】人的性格，往往既有所長，又有所短，但如果有人，性格狂妄，又不正直，知識缺乏，又不厚道，能力不足，又不守信用，則是全無長處可取，自然不能為人所重視。

（二二五）

子貢問曰：「鄉人皆好之❶，何如？」子曰：「未可也。」「鄉人皆惡之❷，何如？」子曰：「未可也。不如鄉人之善者好之，其不善者惡之。」（〈子路第十三〉．二十四）

【注釋】❶好之　都喜歡他。❷惡之　都厭惡他。

【語　譯】子貢問：「全鄉的人都喜歡他，這個人怎麼樣呢？」孔子說：「還不能確信他是好人。」子貢又問：「全鄉的人都厭惡他，這個人怎麼樣呢？」孔子說：「也不能就確信他是壞人。不如全鄉的好人都喜歡他，壞人都厭惡他，這才能確信他是真正的好人。」

【解　義】對於子貢之問，孔子以為，一鄉之人全都喜歡他，也許他是譁眾取寵，擅長掩飾，因此，也不必肯定他就是善人。反之，一鄉之人全都厭惡他，也許他是特立獨行，不計毀譽，因此，也不必肯定他就是惡人。孔子提出的辨法是，如果全鄉的善人都喜歡他，全鄉的惡人都厭惡他，他才應該是真正的善人。因為，物以類聚，同聲相應，同氣相求，這樣的評斷方法，才較為準確可信。

十一、交友

小引

人不能離群索居，孤獨一生，因此，無法避免與人交往，也不能沒有朋友，孔子教導弟子，也希望他們結交良友，以友輔仁。

在《論語》中，孔子提示弟子，朋友有益友與損友之分，「友直、友諒、友多聞，益也」（《論語‧季氏》），正直的朋友，可以使人了解自己的過錯，誠懇的朋友，可以使人增進信實，博學的朋友，可以使人見解日明，自然於己有益。反之，「友便辟，友善柔，友便佞，損也」（《論語‧季氏》），邪枉的朋友，使人易入驕矜，諂諛的朋友，使人易受欺騙，巧言令色的朋友，使人易受蒙蔽。總之，與益友相處，勸善規過，能使自己進步，與損友相處，浸染漸深，常使自己墮落。

人生在世，不能沒有朋友，朋友對人的影響，又極為鉅大，因此，結交朋友，不能不小心謹慎。

（二二六）

孔子曰：「益者三友，損者三友。友直❶，友諒❷，友多聞，益矣。友便辟❸，友善柔❹，友便佞❺，損矣。」（〈季氏第十六〉．四）

【注釋】❶直　正直。❷諒　誠信。❸便僻　善於逢迎。❹善柔　工於取媚。❺便佞　巧言無實。

【語譯】孔子說：「有益的朋友有三種，有害的朋友有三種。與正直的人交朋友，與信實的人交朋友，與見聞廣博的人交朋友，便有益處。與善於逢迎的人交朋友，與工於諂媚的人交朋友，與口辯無實的人交朋友，便有害處。」

【解　義】對自己有助益的朋友，有三種，一是正直的人，可以規勸自己的過錯，二是信實的人，可以使自己內心誠懇，三是多聞的人，可以使自己增進學識。

對自己有損害的朋友，也有三種，一是巧於逢迎的人，使自己易致驕傲，二是諂諛的人，使自己易受矇蔽，三是巧言無實之人，使自己易受欺騙。

故孔子以為，交友擇友，不可不小心謹慎。

（二二七）

孔子曰：「益者三樂❶，損者三樂。樂節禮樂❷，樂道人之善，樂多賢友，益矣。樂驕樂❸，樂佚遊❹，樂宴樂❺，損矣。」（〈季第十六〉．五）

【注釋】❶樂　愛好之義。下文凡句首之「樂」字，義皆同。❷節禮樂　以禮樂去節制各種行為。❸驕樂　驕縱放肆。❹佚遊　放佚遊玩。❺宴樂　飲食沉溺。

【語譯】孔子說：「有益的喜好有三種，有害的喜好也有三種。喜好得到禮樂的調節，喜好宣揚別人的善德，喜好結交眾多有益的朋友，這三者都可以使人受益。喜好驕傲誇奢，喜好遊蕩忘返，喜好飲食荒淫，這三者都可以使人受害。」

【解義】使人受益的，有三種喜好，一是喜好推行禮樂，則可使自己的行為不致放蕩，二是喜好稱道他人的善行，則可使自己有所取法，三是喜好結交賢能的朋友，則可使自己不斷進步。

使人受害的，也有三種喜好，一是喜好意氣驕矜，則良友多去，二是喜好閒散遊蕩，則浪費時光，三是喜好沉迷酒食，則傷害身體。

故孔子教人，對於所喜所好的事情，應該謹慎選擇。

（二二八）

子貢問友❶，子曰：「忠告❷而善道之❸，不可則止，毋自辱焉。」

（〈顏淵第十二〉．二十三）

【注釋】❶友　指交友之道。❷忠告　忠實地勸告。❸道之　引導他。道，同「導」。

【語譯】子貢問交友的方法，孔子說：「朋友有了過失，要盡心地勸告他，好好地開導他，朋友如果不接受，便要停止，不要自討沒趣，自取羞辱。」

【解義】朋友有勸善規過的義務，但是，每個人的個性不同，處境相異，有人礙於面子，不肯認錯，有人嘴上倔強，不肯服輸，各種情況，難以預料。所以，朋友犯錯，可以委婉相勸，盡心相告，但如不被接受，就應適可而止，不必勉強一定求其聽從，免得期望過高，反而自取其辱。

（二二九）

子夏之門人，問交❶於子張。子張曰：「子夏云何？」對曰：「子夏曰：『可者與之，其不可者拒之。』」子張曰：「異乎吾所聞❷：『君子尊賢而容眾，嘉善而矜不能❸。』我之大賢與，於人何所不容？我之不賢與，人將拒我，如之何其拒人也？」（〈子張第十九〉．三）

【注　釋】❶交　指交友之道。❷異乎吾所聞　與我所聽到的不相同。❸矜不能　同情那些不能為善的人。矜，憐憫。

【語　譯】子夏的門人向子張請問交友的道理。子張說：「子夏說了些什麼呢？」子夏的門人回答說：「我的老師認為：『可以交往的，就和他做朋友；不可以交往的，就拒絕他。』」子張說：「這和我聽到的完全不同：『君子尊敬賢人，也容納平常的人；嘉許有才能的人，也同情沒有才能的人。』假如我是賢者，對什麼人不能容納呢？假如我是不賢的人，別人將先拒絕我，我又怎能去拒絕別人呢？」

【解　義】交友之道，子夏的看法，是從自己的立場為出發點，要求對方之意為多，視對方值得為友，則與其交友，視對方不值得為友，則不與其交友。

子張的看法，是兼顧對方的立場而作深一層的思考，要求自己之意為多。自己如果是賢人，則何人不願與我為友，自己如果是不賢之人，則何人願意與我為友，所以，特別強調，君子既能尊賢，又能容眾，稱美善人，而同情能力不足者。

（二三〇）

子曰：「晏平仲❶善與人交❷，久而敬之❸。」（〈公冶長第五〉．十六）

【注釋】❶晏平仲　姓晏，名嬰，字仲，諡號為平，齊國大夫。❷交　交往；交友。❸久而敬之　交往時間越久，越發對他尊敬。

【語譯】孔子說：「晏平仲善於與別人交朋友，交往越久，別人越是尊敬他。」

【解義】朋友交往，其事甚難，太近則易狎，過遠則招怨，唯有能夠彼此敬重，保持適當的距離，容納不同的意見，近而不狎，遠而不怨，能使人敬，也能敬人，則友誼可長相保持。晏嬰善與人交往，雖久而使人仍然敬之，其事極為不易，故孔子特加稱許。

（二三一）

子曰：「道不同❶，不相為謀❷。」（〈衛靈公第十五〉．三十九）

【注釋】❶道不同　彼此志趣不同。❷謀　謀畫。

【語譯】孔子說：「各人的理想不同，志趣不合，便無法在一起互相商議。」

【解　義】研究學問，目標不同，理想各異，自然很難在一起協商討論。但也希望彼此能夠相互容忍，相互尊重，不必相互責難，相互批判。如果務求唯我獨尊，而否定異己，以致水火不容，勢將造成思想界的災難。

十二、為政

小引

孔子有治國的抱負，曾經擔任過魯國的大司寇；教導弟子，也注重培養他們政事的能力，因此，在《論語》中，也記錄了不少孔子珍貴的政治思想。

在治理政務方面，孔子主張推行仁政，要「道之以德，齊之以禮」（《論語・為政》），使國家富庶，「足食足兵」（《論語・顏淵》），才能獲得民眾的信任，才能使得民眾「近者說，遠者來」（《論語・子路》），為政者要善用賢才，「舉直錯諸枉，則民服」，反之，「舉枉錯諸直，則民不服」（《論語・為政》），要教導民眾，懂得孝慈，懂得忠信，更要善用人民農閒的時候，使人民學習軍事戰鬥的訓練，使人民了解保家衛國的道理。

在君臣關係方面，孔子主張，「政者正也，子帥以正，孰敢不正」（《論語・顏淵》），主張統御領導，要從君主本人以身作則開始，先要求自己，然後才能要求臣下，要「君使臣以禮，臣事君以忠」（《論語・八佾》），相互尊重，才能做到「君臣、臣臣」（《論語・顏淵》），各守本分的情況，才能使大臣事君，忠心為國，竭盡心力，處理庶務。

孔子的政治理念，有許多原則，並不受時間的影響，而能夠歷久彌新，價值常存，值得從事政治工作的人們，去加以珍視，加以應用。

（二三二）

季康子❶問政於孔子，孔子對曰：「政者正也❷，子帥以正❸，孰敢不正？」（〈顏淵第十二〉．十七）

【注　釋】❶季康子　魯國執政大夫，姓季孫，名肥，康，是諡號。❷政者正也　指為政之事，必以正道推行。政字本身，即含有正的意義。❸子帥以正　你用正道領導。

【語　譯】季康子問孔子為政的道理，孔子回答說：「政字的意義就是端正，你如果依正道而行，去領導民眾，那誰敢有不正當的行為呢？」

【解　義】季康子問政，孔子回答，釋政為正，主要指出，政治的動機，必出於正當，以此貢獻心力，造福民眾，才是正確的行為。而從事政治的人，必須品格端正，足以為民表率，才能具有領袖群倫的氣度。所以，孔子以正解釋政字，自然有他的深意。

(二三三)

子曰：「為政以德❶，譬如北辰❷，居其所，而眾星共之❸。」(〈為政第二〉・一)

【注　釋】❶德　道德。❷北辰　北極星。古人認為北極星居天之中樞地位，安然不動。❸共之　環繞它。共，同「拱」。

【語　譯】孔子說：「國君依據道德教化來治理國政，就如同北極星一樣，安居在一定的位置之上，眾星環繞它而運轉。」

【解　義】儒家的政治主張，是以德治為主，在上位者如果是賢德的君主，以身作則，先能正己，才能推行仁政和王道，嘉惠百姓。雖然，後世的政治，多以法治為重心，以民主為依歸，但是，領導人的道德品格，是否端正，仍然對於國計民生，產生極大的影響。一人之心，可能影響千萬人的人心動向，趨善趨惡，仍在居高位者一念之間。所以，孔子才以北極星安居其處，眾星環繞其所而旋轉，作為譬喻，用以說明政治領袖品德的重要性。

（二三四）

子曰：「無為而治❶，其舜也與❷！夫何為哉？恭己正南面❸而已矣。」（〈衛靈公第十五〉．五）

【注　釋】❶無為而治　無所作為，而天下大治。❷與　表感嘆，同「歟」。❸正南面　人君面向南而臨朝。

【語　譯】孔子說：「能無為而治，只有舜吧！他做了些什麼呢？他只需心存恭敬，端正向南而坐在人君的位子上就可以了。」

【解　義】虞舜能無為而治，一則在於聖人道德純備，人民受到感化，自然風俗淳厚，易於治理；一則所任大臣，都屬大賢，各具專長，不必君王煩心，而天下大治。故大舜能恭己南面，無為而治天下。

（二三五）

子曰：「道之以政❶，齊之以刑❷，民免而無恥❸；道之以德，齊之

以禮❹，有恥且格❺。」（〈為政第二〉・三）

【注釋】❶道之以政　用法制禁令領導民眾。道，同「導」。❷齊之以刑　用刑罰整飭百姓。❸民免而無恥　人民但求免受刑戮，而無羞愧之心。❹禮　禮儀制度。❺格　正也。

【語譯】孔子說：「用政令去領導人民，用刑罰去整飭百姓，人民只求能免於刑法的懲罰而已，談不到有羞恥心的存在。如果用道德去引導人民，以禮樂去教化百姓，那麼，人民自然會養成羞恥心和榮譽感。」

【解義】古代政治有兩種型態，一種是用威力懾服人民，以嚴刑峻法驅策人民，其人民則但求苟免，自尊心已盪然無存。另一種型態是用道德鼓勵人民，用禮制引導人民，使人民能夠遵守禮法，進退有度，而且人人具有榮譽的感覺。

這兩種政治型態，前者近乎暴政，後者近乎德治。在現代的社會中，法治雖不可少，仍需以德治相輔，但暴政則必不可有。

（二三六）

哀公❶問曰：「何為則民服❷？」孔子對曰：「舉直錯諸枉❸，則民服；舉枉錯諸直，則民不服。」（〈為政第二〉・十九）

【注　釋】❶哀公　魯國國君。❷服　服從；心服。❸舉直錯諸枉　舉用正直的人，安置在邪枉不直者的上位。錯，同「措」。諸，「之於」的合音。枉，邪曲之人。

【語　譯】魯哀公問孔子：「怎樣才能使人民信服？」孔子回答說：「舉用正直的人，安置在邪枉者的上位，人民便自然信服。反之，舉用邪枉的人，安置在正直者的上位，人民便不會信服。」

【解　義】魯哀公詢問為政之道，如何可使人民心服？孔子指出，人君為政，重在舉用正直的賢才，罷黜奸佞之小人，使賢人在高位，發揮所長，而不使小人在位，肆其奸慝，則民眾自然心悅誠服。因公道自在人心，而民意也正可鑑別賢否。諸葛亮在〈出師表〉中說：「親賢臣，遠小人，此先漢所以興隆也；親小人，遠賢臣，此後漢所以傾頹也。」政治上的領導人，應將該語作為座右銘看待。

（二三七）

子曰：「臧文仲❶，其竊位❷者與！知柳下惠❸之賢，而不與立❹也。」

（〈衛靈公第十五〉·十四）

【注　釋】❶臧文仲　魯國大夫。❷竊位　居高位而不盡職，有如盜取其位。竊，偷盜。❸柳下惠　姓展，名獲，字禽，食邑柳下，諡號為惠。❹與立　指並立於朝廷，為國服務。

【語　譯】孔子說：「臧文仲大概是一個只會做官而不願做事的人吧！他明知柳下惠很賢能，卻不推薦他同朝為官，共理政事。」

【解　義】為政治國，以能得賢才共治為要務，當朝大臣，以進賢薦能為職責。魯大夫臧文仲位居要津，既已知柳下惠之賢，又有權薦賢，卻不加以薦進，有虧職守。故孔子指其有如竊居高位，徒食俸祿，豈不有愧於心。

（二三八）

葉公❶問政，子曰：「近者說❷，遠者來❸。」〈子路第十三〉．十六

【注　釋】❶葉公　葉，楚國地名。葉公，姓沈，名諸梁，為葉邑大夫。❷說　同「悅」。❸來　來歸。

【語　譯】葉公問為政的道理，孔子說：「要使境內的人民喜悅，境外的人民來歸。」

【解　義】葉公為楚國大夫，問為政之道。孔子告以為政者，應使近處之民眾，喜有佳鄰，皆能安居樂業，而遠處之民眾，聞風興起，樂於來歸，遷為當地居民。春秋時期，楚國據有南方，以武力與諸侯相爭，近未必悅，遠未必來，所以孔子針對楚國的處境，而作忠告。但他的意見，同樣也是為政的通則。

(二三九)

季康子問：「使民敬忠以勸❶，如之何？」子曰：「臨之以莊❷，則敬；孝慈❸，則忠；舉善❹而教不能，則勸。」〈為政第二〉．二十

【注　釋】❶勸　勸勉。❷臨之以莊　在上位者，以莊重的態度，面對百姓。臨，居上對下為臨。莊，莊重；莊嚴。❸孝慈　孝敬父母，慈愛百姓。❹舉善而教不能　舉用賢善之人，教導能力不足者。

【語　譯】魯國大夫季康子請問孔子：「要使人民尊敬長上，又能竭盡忠心，相互勉勵，如何才能做到呢？」孔子說：「在上位者，要以莊重的態度面對民眾，民眾自然會尊敬長上；能孝順父母，慈愛子女，民眾自然會盡忠國家；能舉用善人，教育能力不足的人，民眾自然會相互勸勉。」

【解　義】魯國大夫季康子，向孔子請問，如何才能使民眾敬重長上，效忠國家，相互勸勉？

孔子回答說，第一，行政官員，如能以莊重的態度對待百姓，則百姓自然會尊敬長官。第二，政府官員，如能提倡孝道，教導慈愛，則百姓自然會盡忠國家。第三，政府官員，如能舉薦賢士，照顧弱勢民眾，則百姓自然會相互勉勵，為國事努力貢獻。

季康子所問的三件事情，偏重在要求民眾，而孔子的回答，則指出重點應該是官員們修之在己，居上位者先有德治善政，百姓們才能化之於下。

（二四〇）

子曰：「能以禮讓❶為國❷乎，何有❸？不能以禮讓為國，如禮何❹？」（〈里仁第四〉．十三）

【注釋】❶禮讓　禮節與謙讓。❷為國　治國。❸何有　何難之有。猶言「有何困難」。❹如禮何　言有禮又有何用。

【語譯】孔子說：「能用禮讓去治理國家，那還有什麼困難呢？如果不能用禮讓去治理國家，那麼，有禮制又有什麼用處呢？」

【解義】禮以謙讓為本，禮見於人的外表，讓具在人的內心，內外一致，人們才能外貌恭敬，內心和諧。治國之君，如能倡導禮讓，使人人有禮，人人謙讓，國家自然容易步上軌道。反之，如果在上位者，不能倡導禮讓，甚至暗行詭詐，以禮為手段，則禮將徒具虛文，而無實質，則禮也將無所可用，國家自然不能長治久安。

（二四一）

子曰：「道千乘之國❶，敬事而信，節用而愛人，使民以時❷。」（〈學而第一〉．五）

【注釋】❶道千乘之國　治理擁有千輛兵車的大國。道，同「導」。❷使民以時　使民眾服勞役，應利用農隙之時，不妨礙農民耕種。

【語譯】孔子說：「領導一個擁有千輛兵車的大國，處理政事，能謹慎從事，取得人民信任，能節省財用，愛護百姓，徵用民力，也要選在農閒的時候。」

【解義】孔子針對治理大國的政務，提出為政者應當留意的三項要件，第一，領導國家，處理政務，必須遇事謹慎，信守法度，令出必行。第二，節省財用，愛護人民，使百姓家有餘財，不虞匱乏。第三，如果必須徵用民力，動員百姓，則無論是為了繇役或軍事的原因，都應該考慮利用秋收之後的農閒時期，以避免民眾不能專心農耕，使得糧食歉收，影響百姓的生活。

（二四二）

子夏為莒父宰❶，問政。子曰：「無欲速❷，無見小利❸。欲速，則不達；見小利，則大事不成。」（〈子路第十三〉．十七）

【注　釋】❶莒父宰　莒父地方的邑長。莒父，魯國邑名。宰，邑長。❷速　快速成功。❸小利　眼前即可見到的小利益。

【語　譯】子夏做莒父的邑宰，請問為政的道理。孔子說：「不能操之過急，不要貪圖小利。求速成，反而不能達到目的；貪圖小利，大事就不能成功。」

【解　義】為政欲速求快，希望立刻見到效果，那是眼光淺短的行為，不能高瞻遠矚，不容易有大作為。政治家應該有遠大的眼光，追求大事業的理想，如果只見到眼前獲得的小利益，就心滿意足，貪圖快捷到手的小成就，就以此驕人，肯定成不了什麼鴻圖大業。

（二四三）

子禽❶問於子貢曰：「夫子至於是邦也，必聞其政❷，求之與？抑與之與❸？」子貢曰：「夫子溫、良、恭、儉、讓❹以得之。夫子之求之也，其諸異乎人之求之與❺！」（〈學而第一〉．十）

【注　釋】❶子禽　姓陳，名亢，字子禽，孔子弟子。❷必聞其政　必然預聞該國的政治情況。❸求之與二句　是孔子去求人告知，或者是當地人主動告知呢？抑，還是之義。兩「之與」之與，同「歟」。❹溫良恭儉讓　溫，溫和。良，善良。恭，恭敬。儉，節制。讓，謙虛。❺其諸異乎人之求之與　或許和別人求取的方法有所不同吧。其諸，或許。

【語　譯】孔子弟子子禽問子貢：「老師每到一國，必然預聞該國的政事，是自己去要求了解？還是別人自願告訴他的呢？」子貢說：「我們老師的為人，具有溫和、善良、恭敬、節儉、謙讓這五種美德，他是以那五種美德，去預聞該國的政事。如果說這也是一種求取的方法，那麼，老師這種方法，也與別人的求法有所不同吧！」

【解　義】孔子懷抱救世的苦心，周遊列國，所到之處，也希望儘量去了解該國的政治情況，時君世主，也希望向孔子請教一些為政治國的方法。但是，孔子不同於當時一般的遊說之士，用心揣摩，逢迎人主之所好；孔子有他自己的仁政思想，希望造福人民，治平天下。當他面對有權位的國君時，他也以溫和、善良、恭敬、儉樸、謙讓的態度，誠懇地去傳達自己的治國理念。因此，子貢才說，孔子即使是向君主要求了解該國的政治情況，他要求的態度，也與其他說客所持的態度，根本上有所不同。就因為孔子有著這樣的道德修養，所以，一些時君世主，也才敬重孔子，願意向他請教為政的道理，並告以該國的政治情況。

（二四四）

樊遲請學稼❶，子曰：「吾不如老農。」請學為圃❷，曰：「吾不如老圃。」樊遲出，子曰：「小人哉❸，樊須也！上好禮，則民莫敢不敬；上好義，則民莫敢不服；上好信，則民莫敢不用情❹。夫如是❺，則四方之民，襁負其子而至矣❻，焉用稼？」（〈子路第十三〉．四）

【注釋】❶稼　種植五穀。❷圃　菜園。❸小人哉　指志氣平庸。❹用情　以真實情況陳述報告。情，實情。❺夫如是　指居上者好禮、好義、好信，人民能敬、能服、能用情等三件事情。夫，語氣詞。❻襁負其子而至矣　用背帶背負孩子而來到此地。襁，背孩子的布帶。

【語譯】樊遲請求學習耕田種地的事，孔子說：「我不如老農夫。」又請求學習種菜種花的事，孔子說：「我不如老園丁。」樊遲離開以後，孔子對弟子們說：「樊須真是一個平常的老百姓啊！在上位的人如果愛好禮義，人民就不敢不恭敬；在上位的人如果愛好道義，人民就不敢不服從；在上位的人如果愛好信用，人民就不敢不誠實。能夠做到這樣，四方的人民都會扶老攜幼來到這個國家，何必要自己去耕田種地呢？」

【解義】樊遲性情樸實，出仕很早，卻不能一展所長，眼見魯國季氏專權，政治敗壞，賦稅繁重，田園荒廢甚多，不免有退歸田里，專力務農之意。因此問於孔子，孔子以為，如能教民忠信，愛好禮義，使人民心生敬意，自然會有民眾遠道來歸，在此從事農稼之業，又何愁生產勞力之不足呢！

（二四五）

子適衛❶，冉有僕❷。子曰：「庶❸矣哉！」冉有曰：「既庶矣，又何加❹焉？」曰：「富之❺。」曰：「既富矣，又何加焉？」曰：「教之❻。」（〈子路第十三〉．九）

【注釋】❶子適衛　孔子前往衛國。適，往也。❷僕　駕車。❸庶　人口眾多。❹加　增加。❺富之　使他們富裕。❻教之　教育他們。

【語譯】孔子前往衛國，冉有替他駕車。到了衛國，孔子說：「好稠密的人口呀！」冉有說：「人口已經眾多了，還要增加些什麼呢？」孔子說：「要使他們生活富足。」冉有又問：「人民生活富足了，還要增加些什麼呢？」孔子說：「要使他們接受良好的教育。」

【解義】孔子初至衛國，見到人口眾多，因而嘆息，又因冉有之問，而指出為政的三大要素，一是庶，二是富，三是教。「庶」是人口繁多，能夠充實國力。「富」是發展經濟，人民不虞匱乏。「教」是振興教育，提升人民知識水準，使能明理謙恭，風俗淳厚。對於治國而言，三者同樣重要。

（二四六）

仲弓為季氏宰❶，問政。子曰：「先有司❷，赦小過❸，舉賢才。」曰：「焉知賢才而舉之？」曰：「舉爾所知，爾所不知，人其舍諸❹？」

（〈子路第十三〉．二）

【注釋】❶仲弓為季氏宰　孔子弟子仲弓為魯國大夫季氏的家臣。宰，家臣。❷先有司　自己率先僚屬而實行。有司，眾官。❸赦小過　官員如有小過錯，則加寬宥。❹人其舍諸　別人難道會捨棄他嗎？其，豈也。舍，同「捨」。諸，之也。

【語譯】仲弓做季氏的家臣，請問為政的道理。孔子說：「先做屬下的表率，寬赦屬下細微的過失，舉薦賢能的人才。」仲弓又問：「如何識別人才而提拔他們呢？」孔子說：「舉薦你所知道的人，那些你不知道的，別人難道會埋沒他嗎？」

【解義】仲弓問政，孔子回答，為政之事，應當先作有司的表率，使下屬有所取法。屬下即使偶有差錯，也當加以寬赦，以鼓勵任事的精神。為政者更需要薦舉賢能的人才，共理國政，即使不能遍舉，但風氣一開，他人也將跟進，必能廣舉賢才，蔚為國用。

（二四七）

子路問政，子曰：「先之❶，勞之❷。」請益❸，曰：「無倦❹。」

〈子路第十三〉‧一

【注釋】❶先之　執政者率先創導。❷勞之　使百姓勤勞於事。❸益　增加。❹無倦　持之有恆，不可倦怠。

【語譯】子路請問為政的道理，孔子說：「要以身作則，先自己實行，然後使民眾勞動。」子路請求再說詳細一點，孔子說：「要持久而不倦怠。」

【解義】為政之道，言教不如身教，凡有興革舉措，勞動民眾之事，在位者應以身作則，為民表率，自己先作示範，使人民對政府產生信心，民眾才能心生感動，遵循政令，勤勉工作。為政者也應以無倦的精神，激勵民眾，貫徹始終。

（二四八）

子張問政，子曰：「居之無倦❶，行之以忠❷。」〈顏淵第十二〉‧十四

【注釋】❶居之無倦　心存謹慎，毫不懈怠。❷行之以忠　推行政事，盡忠職守。

【語譯】子張請問從政的道理，孔子說：「居官行政，不可懈怠；推行政令，要盡忠職守。」

【解義】公務員應該具有服務的精神，解除民眾的困難，不敢因倦怠而稍有推託。同時，忠實執行上級的命令，盡力達成任務。

（二四九）

子路曰：「衛君❶待子而為政，子將奚先❷？」子曰：「必也正名❸乎！」子路曰：「有是哉？子之迂❹也！奚其正？」子曰：「野❺哉，由也！君子於其所不知，蓋闕如❻也。名不正，則言不順❼；言不順，則事不成；事不成，則禮樂不興；禮樂不興，則刑罰不中❽；刑罰不中，則民無所措手足。故君子名之必可言也，言之必可行也。君子於其言，無所苟❾而已矣！」（〈子路第十三〉．三）

【注釋】❶衛君　指衛出公。❷奚先　以何者為先。奚，何也。❸正名　正君臣、父子的名分。❹迂　迂闊。指不切實際。❺野　粗野鄙俗。❻闕如　省略不論。闕，同「缺」。如，語助詞。❼不順　不順乎理。❽不中不合道理。❾苟　苟且；草率。

【語　譯】子路說：「衛國國君等待夫子去輔助他治理國政，夫子將先從那一方面著手呢？」孔子說：「那一定要先正名吧！」子路說：「有這樣的必要嗎？夫子未免太迂闊了！何必正什麼名？」孔子說：「你真是太粗率了，仲由！君子對於自己所不懂的事，應該採取保留的態度。如果名分不正，說話便不能合理；說話不能合理，做事就不能成功；做事不能成功，禮樂教化就不能推行；禮樂教化不能推行，刑罰就不能用得恰當；刑罰不能用得恰當，人民就會無所遵從。所以君子立下一個名分，必然可以說得出道理來；說得出道理來，必定可以行得通。君子對於自己所說的話，從來不苟且隨便啊！」

【解　義】魯定公十四年，衛靈公的世子蒯聵，因與靈公夫人南子有隙，謀弒南子不成，被靈公逐出衛國，逃往晉國。魯哀公二年，衛靈公卒，國人立蒯聵之子輒為君，是為衛出公。晉大夫趙鞅帥軍，欲送蒯聵返回衛國，衛人拒絕，蒯聵居於戚地。魯哀公六年，孔子由楚國經過衛國，受衛出公禮遇，故子路假設衛君將請孔子治國，而詢問孔子將以何事為先？

蒯聵為人子而欲弒母，出公為人子而拒父返國，父既不父，子也不子，二人的行為，違反倫理，也悖於名分，故孔子答子路之問，即以「正名」為先，並說明不能正名，會有種種弊病產生。像衛國的情形，父子爭國，父借外兵，以求強入，子據國內，力圖抗拒，名分未定，主權不知屬於何人，衛國人民，莫知所從，分黨分派，禮樂刑罰，都失去常軌，百姓無法安定。因此，孔子強調，正名定分，確是當務之急，並非迂闊之論。

（二五〇）

齊景公❶問政於孔子，孔子對曰：「君君，臣臣，父父，子子❷。」公曰：「善哉！信如君不君，臣不臣，父不父，子不子，雖有粟❸，吾得而食諸❹？」（〈顏淵第十二〉・十一）

【注釋】❶齊景公　齊國國君。在位期間大夫陳氏專政，景公又多內寵，不立太子，君臣、父子之間皆不得其正。❷君君四句　指為君者要盡君道，為臣者要盡臣道，為父者要盡父道，為子者要盡子道。❸粟　米也。❹諸　「之乎」的合音。

【語譯】齊景公向孔子請教治國的道理，孔子回答說：「國君要盡到做國君的責任，臣下要盡到做臣下的本分，父親要盡到做父親的責任，兒子要盡到做兒子的本分。」景公說：「這些話對極了！假如國君不像個國君，臣下不像個臣下，父親不像個父親，兒子不像個兒子，即使糧食很多，我怎能吃得到呢？」

【解義】齊景公問政，孔子回答，為政當以人倫為本，使君臣、父子，都能各盡其本分，例如為君者當有恩有威，為臣者當有為有守，為父者當教導子女，為子者當孝敬雙親。反之，如果君臣、父子，不能各盡本分，則人倫之間，缺乏互信，社會秩序，因而敗壞，則國君憂困在心，雖有美食，也不能坐而安享。

（二五一）

子貢問政，子曰：「足食，足兵，民信之矣❶。」子貢曰：「必不得已而去❷，於斯三者何先？」曰：「去兵。」子貢曰：「必不得已而去，於斯二者何先？」曰：「去食。自古皆有死，民無信不立❸。」（〈顏淵第十二〉．七）

【注釋】❶民信之矣　民眾對政府有信心。❷去　去除；減少。❸民無信不立　人民對政府失去信心，則國家建立不起來。

【語譯】子貢問治國的道理，孔子說：「糧食充足，軍備充實，人民對政府就有信心。」子貢說：「如果在不得已的時候，必須在三者之中除去一項，該先除去那一項呢？」孔子說：「除去軍備。」子貢又說：「如果在不得已的時候，必須在兩者之中除去一項，該先除去那一項呢？」孔子說：「除去糧食。自古以來，人都有死的一天，如果人民對政府失去信心，國家就無法存在了。」

【解義】子貢問政，孔子答以足食足兵，民方信之，已可見食與兵的重要，況且去食去兵，正常謀國，斷無此理，只是在非常的狀況下，寧可去食去兵，而不可去信，孔子言「民無信不立」，也是格外彰顯以信待民的重要性。否則，人民不信任政府，政府不相信人民，上下相疑相怨，民心一失，國家能不亂不亡者，自古少見。

（二五二）

季康子問政於孔子曰：「如殺無道，以就❶有道，何如？」孔子對曰：「子為政，焉用殺？子欲善，而民善矣。君子之德風，小人之德草❷，草上之風，必偃❸。」（〈顏淵第十二〉．十九）

【注　釋】❶就　成就。❷君子之德風二句　在高位者，德行像風，在下位的民眾，德行如草。❸偃　僕倒。

【語　譯】季康子向孔子請教為政的方法，說：「如果殺掉壞人，成就善人，這辦法怎樣？」孔子回答說：「你是執掌國政的人，何必要用殺人的辦法呢？只要你想行善，百姓自然跟隨向善。主政者的德行像風，百姓的德行像草，風在草上吹過，草必然隨風而僕倒。」

【解　義】季康子欲殺壞人，以保全善人，孔子則想教化壞人，使成為善人。因為，政治的目的，不在殘民，而在愛民。在上位者，如果想要依賴兇暴的殺人手段，維持政權，絕對不是正本清源的辦法。而教化的原則，莫善於在位者自正其德，以身作則，為民表率，則人民受到感化，將如風吹而草靡，其效立見。

（二五三）

季康子患盜❶，問於孔子。孔子對曰：「苟子之不欲❷，雖賞之不竊❸。」（〈顏淵十二〉．十八）

【注釋】❶患盜　憂慮盜賊繁多。❷不欲　不貪求。❸竊　盜竊。

【語譯】季康子憂慮國內的盜賊太多，向孔子請教。孔子回答說：「如果您自己不貪求財利，即使獎勵人民去做盜賊，他們也不肯去做的。」

【解義】季康子憂慮盜賊繁多，社會秩序不佳，其實，盜賊產生，有兩種情況，一是飢寒交迫，民不聊生，一是放縱私慾，鋌而走險，而這兩種情況的造成，主要由於在上位者不恤民情，貪瀆無厭，社會風氣敗壞所致。因此，為政者如果能夠廉潔自持，降低賦稅，恬淡寡慾，減少奢靡，使人民衣食無缺，自然不會再有盜竊的出現。

（二五四）

哀公問於有若曰：「年饑，用不足，如之何？」有若對曰：「盍徹乎❶？」曰：「二❷，吾猶不足，如之何其徹也？」對曰：「百姓足，君孰與不足？百姓不足，君孰與❸足？」（〈顏淵第十二〉．九）

【注釋】❶盍徹乎　言何不使用十分取一的稅法呢。盍，何不。徹，周代稅收的名稱。❷二　指十分取二的稅法。❸孰與　猶言「怎麼會」。

【語譯】魯哀公問有若說：「年歲饑荒，國家的稅收不夠，應該怎麼辦呢？」有若回答說：「何不實行十分取一的稅法呢？」哀公說：「現在徵收十分之二的稅，我還感到不夠用，怎能實行十分取一的稅法呢？」有若回答說：「如果百姓富足了，國君有什麼不足呢？如果百姓不富足，國君又怎會富足呢？」

【解義】魯哀公因為年歲飢饉，財用不足，問於有若，當如何應付。有若對以不妨實行收取十分之一的「徹」法。但魯國早自宣公十五年，已開始收取十分之二的田稅，所以哀公對有若之意，感到不解。有若告以「百姓足，君孰與不足」之言，主要是提出了藏富於民的辦法。因為，民眾是國家的一分子，財富分散在民間，也如同收藏在國君的宮中一樣，國家及民眾，貧則同貧，富則同富。另外，採用「徹」法收稅，一方面使百姓收入增加，生活較為安定，另一方面，為了增加更多的收入，民眾自必開拓田畝，努力耕種，生產更多的農作物。所以，實行「徹」法，也是刺激農民生產意願的動力。如此，百姓增加財富，國家自然富強，國君也不必再為財用不足而憂心。

（二五五）

子曰：「知及之❶，仁不能守之，雖得之，必失之。知及之，仁能守之，不莊以涖之❷，則民不敬。知及之，仁能守之，莊以涖之，動之不以禮，未善也。」〈衛靈公第十五〉．三十二

【注釋】❶知及之　指才智足以治國。知，同「智」。❷莊以涖之　指以莊重的態度治理百姓。涖，臨也。

【語譯】孔子說：「聰明才智足以治理國家，然而仁德不能固守，即使一時得到人民的擁護，終究會失去民心。聰明才智足以治理國家，仁德也能固守，卻不能以莊重的態度治理人民，就不能獲得人民的尊敬。聰明才智足以治理國家，仁德也能固守，又能以莊重的態度治理人民，但是，發布政令，指揮人民，卻不依照禮制，還不能算是盡善盡美。」

【解義】居位臨民，才智足以治國，仁德廣被百姓，為第一層基礎。進一步，則應加以威儀莊重，方能使民眾尊敬。再進一步，則當以禮教民，使人民行為合度，秩序和順。故為政之事，欲求完善，則智、仁、莊、禮四者，都不可忽略。

（二五六）

子張問於孔子曰：「何如斯可以從政矣？」子曰：「尊五美❶，屏四惡❷，斯可以從政矣。」子張曰：「何謂五美？」子曰：「君子惠而不費❸，勞而不怨❹，欲而不貪❺，泰而不驕❻，威而不猛❼。」子張曰：「何謂惠而不費？」子曰：「因民之所利而利之，斯不亦惠而不費乎？擇可勞而勞之，又誰怨？欲仁而得仁，又焉貪？君子無眾寡，無小大，無敢慢，斯不亦泰而不驕乎？君子正其衣冠，尊其瞻視❽，儼然人望而畏之，斯不亦威而不猛乎？」子張曰：「何謂四惡？」子曰：「不教而殺謂之虐；不戒視成謂之暴❾；慢令致期謂之賊❿；猶之與人也，出納之吝，謂之有司⓫。」（〈堯曰第二十〉·二）

【注釋】❶尊五美　尊重五種美德。❷屏四惡　去除四種惡行。❸惠而不費　嘉惠於百姓，自己卻不浪費。❹勞而不怨　勞動人民，人民卻不怨恨。❺欲而不貪　自己雖有欲望，卻不貪婪。❻泰而不驕　身安安泰，卻不驕傲。❼威而不猛　容貌威嚴，卻不兇猛。❽尊其瞻視　儀容端莊，使人敬仰。❾不戒視成謂之暴　不先告誡民眾，臨時卻要求成果，那是暴虐。❿慢令致期謂之賊　起初政令緩慢，後來卻又限期完成工作，那是殘害。

⓫猶之與人也三句　同是給人財物，卻在付出之際，吝於出手，只能稱之為小官吏。

【語　譯】子張問孔子說：「怎樣才可以從事政治呢？」孔子說：「遵行五件美事，排除四種惡政，就可以從事政治了。」子張說：「什麼是五件美事呢？」孔子說：「君子給予人民好處，而自己卻不破費；征用人民服勞役，而人民卻不怨恨；心有嗜欲，卻不貪求；胸懷安泰，卻不驕傲；氣象威嚴，卻不兇猛。」子張說：「怎樣能夠給予人民好處，自己卻不破費呢？」孔子說：「順著人民原有的利益，使他們獲得實利，這不就是給予人民好處，而自己卻不耗費嗎？選擇可以勞動人民的農閒時間，而使壯年者從事適當的工作，又有誰會怨恨呢？心中想要實踐仁德，便得到了仁德，又有什麼可貪求呢？君子與人相處，無論對方人多人少，地位是高是低，都不敢有所怠慢，這不就是安泰而不驕傲嗎？君子端正自己的衣冠，整肅自己的儀容，使人望見就敬畏他，這不就是威嚴而不兇猛嗎？」子張說：「什麼是五種惡政呢？」孔子說：「不先教化人民，人民犯了罪便即誅殺，這叫做虐政；不先告誡人民，就立刻要求施政的成果，這叫做暴政；開始的時候鬆懈，突然限期完成，這叫做殘害；該發給人民的財貨，卻在支出的時候特別吝嗇，這叫做小氣。」

【解　義】為政當以尊五美，屏四惡為原則。

五美，一是惠而不費，要惠及民眾，而不浪費國家的資源。二是勞而不怨，要慎擇民眾的時間，雖勞動人民，而民心無怨。三是欲而不貪，要努力推行仁政，而心無其他貪念。四是泰而不驕，要對待百姓，不分貧富貴賤，皆能和諧相待，而不驕傲逼人。五是威而不猛，要莊重處事，自尊尊人，人必相敬。

四惡，一是不教而殺，是不事先教導民眾，卻逕行驅使百姓投入戰爭，視民命如草芥。二是不戒視成，是未曾告誡民眾，卻於事急時要求成果。三是慢令致期，是政令發布遲緩，到期又嚴令完成使命。四是出納之吝，是散發錢財，救濟民眾，卻斤斤計較，吝於出手。

孔門弟子問政之言甚多，孔子回答，如此章之完備者，實不多見，值得珍視。

（二五七）

子曰：「善人教民七年，亦可以即戎❶矣。」（〈子路第十三〉·二十九）

【注釋】❶即戎　投身兵戎，保家衛國。

【語譯】孔子說：「善人主政，教導民眾七年之久，也可以使他們上戰場作戰了。」

【解義】善人懷抱善意，推行仁政教化，經過七年時間，民眾已經具備孝弟忠信的行為，深知保家衛國的重要，當可以使百姓手執干戈，投身戰鬥。

(二五八)

子曰：「以不教民戰❶，是謂棄之❷。」（〈子路第十三〉．三十）

【注釋】❶以不教民戰　用未經過訓練的民眾去作戰。以，用也。❷棄之　拋棄他們。

【語譯】孔子說：「用沒有經過訓練的民眾去作戰，等於是拋棄他們。」

【解義】侵略的行為不可有，而防禦戰爭的準備不可無。為政者應在平時，教導民眾，了解保國衛民的意義，也學習軍事戰伐的技術，一旦國家有警，才可以使民眾挺身而起，捍衛疆土。如果不在平時教導有方，嚴格訓練，遇到敵人侵襲，卻命令百姓匆促投入戰爭，則是草菅人命的不仁行為。

(二五九)

定公❶問：「君使臣，臣事君，如之何❷？」孔子對曰：「君使臣以禮，臣事君以忠。」（〈八佾第三〉．十九）

【注釋】❶定公　魯國國君。❷如之何　應該怎樣。

【語譯】魯定公問：「國君任用臣下，臣子侍奉國君，應該如何？」孔子回答：「國君應該以禮對待臣下，臣子應該以忠侍奉國君。」

【解義】君臣之間，以道義相結合，合則合，不合則可以離去。君臣的關係，只在賓主師友之間，與父子兄弟不同。故君應以禮待臣，臣應盡忠以事其君，君臣共治，以理萬民之事，使百姓實受其福，才是天下置君設臣的真義。自後世專制之王，創立君尊臣卑之說，君以強權爵祿制臣，臣以詭詐欺蒙事君，君臣的關係既壞，百姓也因而受苦不堪。孔子回答魯定公之問，是要君臣各盡本分，才能福國利民。

（二六〇）

子路問事君❶，子曰：「勿欺也，而犯之❷。」〈憲問第十四〉·二十三

【注釋】❶事君　侍奉國君。❷犯之　寧可冒犯他。

【語譯】子路問侍奉國君的道理，孔子說：「不要欺瞞他，卻可以直言諫諍。」

【解義】君臣相處，彼此應當具有絕對的信任，有此互信，身為大臣，才能夠知無不言，言無不盡，寧願犯顏直諫，得罪君主，也不可欺瞞君主，討好君主，使國家產生無窮的禍患。

（二六一）

子游曰：「事君數❶，斯辱❷矣。朋友數，斯疏❸矣。」〈里仁第四〉·

二十六）

【注釋】❶數 煩數；屢次。❷辱 召致羞辱。❸疏 引起疏遠。

【語譯】子游說：「侍奉國君過於煩瑣，反而容易招來侮辱。對待朋友過於煩瑣，反而容易引致疏遠。」

【解義】侍奉君長，交往朋友，皆當以禮相接。君長雖有過失，誠心諫之即可，朋友雖有差錯，宛轉勸之即可。因君臣朋友，都是以道義相結合，不合則可以離去。如果侍奉君長，強諫再三，朋友相交，規勸再四，則聽者心厭，大臣反致羞辱，朋友或致疏遠，皆非必要之舉。

（二六二）

季子然❶問：「仲由、冉求，可謂大臣與？」子曰：「吾以子為異之問❷，曾❸由與求之問！所謂大臣者，以道事君，不可則止。今由與求也，可謂具臣❹矣。」曰：「然則從之者與？」子曰：「弒父與君，亦不從也。」（〈先進第十一〉·二十三）

【注　釋】❶季子然　魯國大夫季氏的子弟。季氏用子路、冉求為家臣，季子然以為二人有大臣之才，故喜而問於孔子。❷異之問　所詢問的是別人。異，其他。❸曾　乃也。❹具臣　具備某種專業才能的人臣。

【語　譯】季子然問孔子：「仲由和冉求，可以說是大臣嗎？」孔子說：「我以為你問的是別人，原來是問仲由和冉求！所謂大臣，是能用正道去侍奉國君，如果行不通，寧願辭官。仲由和冉求兩人，只能說是具備專業才能的臣子而已。」季子然又問：「那麼，他們會一切都順從長官嗎？」孔子說：「若要弒父與弒君，他們也是不會順從的。」

【解　義】季子然是魯國權臣季孫氏家中的子弟，因為子路冉求擔任季氏的家臣，所以季子然詢問孔子，子路冉求是否可稱為大臣。孔子回答，大臣與具臣不同，大臣掌理政策的制定，是政務官，以道事君，其政策如不能實現，就應當辭去官職；具臣以忠心執行上級的意旨為職責，是事務官。孔子以為，子路冉求，各自具有專長，都是很好的事務官員。季子然聽後，以為事務官必須事事服從上級的命令，孔子則回答，不合理的事情，像弒君弒父，篡位逆倫之事，也是不應該去服從的。孔子的回答，自然也有指斥季氏專權不臣的用意在內。

（二六三）

子曰：「鄙夫❶可與事君也與哉？其未得之也，患得之❷；既得之，患失之。苟患失之，無所不至矣❸。」（〈陽貨第十七〉．十五）

【注釋】❶鄙夫　庸俗鄙陋之人。❷患得之　患不能得到職位。❸無所不至矣　謂無所不為。

【語譯】孔子說：「性格貪鄙的小人，能夠和他在朝共事嗎？當他尚未得到權位的時候，生怕得不到；已經得到之後，又怕一旦會失去。假若害怕失去權位，便會無所不用其極了。」

【解義】鄙夫所念，無非是富貴祿位，故未得之時，勞心焦慮，以求獲得，既得之後，又時時焦慮勞心，唯恐失去。這種人，不顧國家與百姓，只顧一己的祿位，故不足與其在朝共事為官。

（二六四）

衛靈公問陳❶於孔子，孔子對曰：「俎豆之事❷，則嘗聞之矣；軍旅之事，未之學也。」明日遂行。（〈衛靈公第十五〉．一）

【注　釋】❶陳　同「陣」。指作戰列陣。❷俎豆之事　行禮之事。俎豆，二者都是古代行禮時盛祭品肉類的器皿。

【語　譯】衛靈公問孔子佈陣作戰的方法，孔子回答說：「宗廟祭祀，陳列俎豆的禮儀，我曾經聽說過；至於用兵作戰的事情，我卻沒有學習過。」第二天，孔子便離開了衛國。

【解　義】魯哀公二年，孔子經過衛國，時衛靈公無道，太子蒯聵出亡在外，靈公又有用兵爭戰之意，故見孔子，而問及作戰的方法。孔子答以但學俎豆禮儀之事，而未嘗習聞軍旅陣法，次日，孔子遂離開衛國。其實，孔子因見靈公年老，太子出亡，內亂將作，盼其怵然知悔，修身齊家，講求禮讓，以安邦國，以靖內亂，並非諱言軍事。

（二六五）

憲問❶恥，子曰：「邦有道，穀❷；邦無道，穀，恥也。」（〈憲問第十四〉．一）

【注　釋】❶憲　姓原，名憲，字子思，孔子弟子。❷穀　俸祿。古代出仕，俸祿皆給穀米，故以穀作為俸祿的代稱。

【語　譯】原憲問什麼是可恥的事情，孔子說：「當國家太平時，只知食祿，沒有貢獻；在國家混亂時，也只知食祿，不能引退，都是可恥的事情。」

【解　義】人之所恥，各有不同，也正可反映出他的人品。原憲問恥，孔子以為，居官食祿，如當政治清明之時，正好有所貢獻，嘉惠民眾，卻僅能安享俸祿；反之，政治昏暗之時，不知遜退，獨善其身，仍然尸位素餐，貪圖俸祿；則都是可羞可恥的行為。

（二六六）

子曰：「邦有道，危言危行❶；邦無道，危行言孫❷。」（〈憲問第十四〉・四）

【注　釋】❶危言危行　言語正直，行為正直。危，正也。❷孫　言語謙虛。孫，同「遜」。

【語　譯】孔子說：「國家太平時，言論應該正直，行為應該正直；國家混亂時，行為應該正直，但言語應該謙遜。」

【解　義】政治清明時期，士人當言語正直，行為正直，據理而言，依道而行。政治濁亂時期，言語文字，容易觸犯當權者的忌諱，招致災禍，故士人當言語謹慎謙遜，而行為仍須持守正道，不隨世俗而轉移。

（二六七）

子曰：「篤信好學❶，守死善道❷。危邦不入，亂邦不居。天下有道則見❸，無道則隱。邦有道，貧且賤焉，恥也；邦無道，富且貴焉，恥也。」（〈泰伯第八〉．十三）

【注　釋】❶篤信好學　堅信正道，愛好學習。篤，堅守。❷守死善道　堅守善道，至死不變。❸見　指出仕而居高位。見，同「現」。

【語　譯】孔子說：「有篤定的信念，又能好學，堅守正道，至死方休。不進入危險的國家，不居住混亂的國家。天下太平的時候，就出來做官；天下混亂的時候，就隱居不出。國家政治清明時，自己仍然貧賤，是可恥的；國家政治黑暗時，自己反而富貴，那也是可恥的。」

【解　義】能具備堅定的信仰，又能勤勉好學，則必能恪守正道。以此為終身的志業，發揚光大，有此信仰在心，故能見危邦而不入，逢亂邦而遠去，以確保正道的存在。如果遭逢治世，則出而弘揚此道；遭逢亂世，則隱而維護此道。反之，遭逢治世，不能貢獻才學，脫離貧困；遭逢亂世，卻身居富貴，貪圖利祿，則皆屬可恥的行為。

（二六八）

子曰：「好勇疾貧❶，亂也。人而不仁，疾之已甚❷，亂也。」（〈泰伯第八〉．十）

【注釋】❶好勇疾貧　愛好勇力，又痛恨貧窮。❷疾之已甚　指憎惡過分。甚，過度。

【語譯】孔子說：「喜逞匹夫之勇，卻又厭惡自己貧賤的人，足以造成禍亂。對於不仁的人，厭恨得太過分，也足以造成禍亂。」

【解義】好勇之人，敢作敢為，如再身處貧賤，心懷怨憤，則更易促使其人為非作歹。不仁之人，缺乏反省，社會如對其排斥過度，也更易刺激他鋌而走險。在此章中，孔子提出兩種社會動亂的根源，使在位者心知警惕，防患未然，也盼望能使作亂者，有自新之路。

（二六九）

孟氏❶使陽膚❷為士師❸，問於曾子。曾子曰：「上失其道，民散久

矣❹！如得其情❺，則哀矜而勿喜❻。」（〈子張第十九〉．十九）

【注　釋】❶孟氏　指魯國大夫孟孫氏。❷陽膚　曾子弟子。❸士師　典獄之官。❹民散久矣　民心背離已久。❺情　真實情況。❻哀矜而勿喜　應心中悲憫，而不必以此為喜。

【語　譯】孟氏派陽膚做典獄之官，陽膚向曾子請教。曾子說：「在上位的人，治理人民，失其正道，民心背離，已經很久了！如果你查出他們犯罪的實情，應該存著悲哀與同情的心理，不要沾沾自喜。」

【解　義】國政敗壞，社會動亂，教化不行，民心疲散，遇有作奸犯科之人，掌守司法責任者，應當體察民情，了解問題的關鍵所在，多加體恤，即使偵訊得到實情，也當心懷哀憐，而不宜以明察善斷，沾沾自喜，誇耀他人，自鳴得意。

（二七〇）

子曰：「聽訟❶，吾猶人也❷。必也使無訟乎！」（〈顏淵第十二〉．十三）

【注　釋】❶聽訟　審判案件。訟，訴訟。❷吾猶人也　我與別人一樣。

【語　譯】孔子說：「審判案件，我也和他人一樣。但是，最好是使人民沒有訴訟事件發生吧！」

【解　義】孔子自稱，聽訟斷案的能力，並不輸給他人，但他的理想，則在推動教化，使人們能行禮讓，不相爭奪，自然減少訴訟的案件，而使社會充滿祥和的氣氛。

(二七一)

子曰：「居上不寬❶，為禮不敬，臨喪不哀❷，吾何以觀之哉！」

(〈八佾第三〉．二十六)

【注　釋】❶寬　寬宏大量。❷臨喪不哀　面對喪祭，卻心中缺乏哀痛之情。

【語　譯】孔子說：「在上位卻不能寬宏大量，行禮時卻又不能恭敬從事，弔喪時卻不哀傷，這種人，我對他還有什麼可看之處呢！」

【解　義】孔子從三件事情，觀察在位的政治人物，第一，居上位卻不能寬厚待民，對待百姓，只是強人從己。第二，當典禮進行時，不能恭敬從事，保持肅穆的神態。第三，當面臨喪葬儀式時，卻並無哀戚的感覺。三件事情，如有其一，孔子對於其人，也以為不足再作詳細的觀察。

因此，政治人物，都必須寬洪大量，遇事審慎，感情真摯，才是優秀的人才。否則，心胸狹隘，行為傲慢，秉性涼薄，有一於此，豈能領袖群倫。

（二七二）

或謂孔子曰：「子奚❶不為政？」子曰：「《書》云：『孝乎惟孝，友于兄弟❷。』施於有政，是亦為政，奚其為為政❸？」（〈為政第二〉・二十一）

【注釋】❶奚　何也。❷孝乎惟孝友於兄弟　言善事父母者，必能友愛兄弟。此二句，當是《尚書》的逸文，東晉時被收入《偽古文尚書》的〈君陳〉篇中。❸奚其為為政　言何必一定居在高位，才是為政呢？

【語譯】有人問孔子說：「你為什麼不從政？」孔子說：「《尚書》上說：『孝啊！能孝順父母的人，必能友愛兄弟。』把孝順與友愛，推廣到家庭，治理好一個家庭，這便是從政了，又何必一定要在朝為官，才算是從政呢？」

【解義】孔子經常論及為政之事，孔門四科，也有政事一科。當時孔子並未擔任官職，因此，有人詢問孔子，何以自己不從事政務？孔子回答，引述《尚書》所言「孝乎惟孝，友于兄弟」，認為君子修德，在家能孝敬父母，友愛兄弟，先將家庭治理妥善，先齊其家，如果能有機會，將同樣的道理，運用到政治事務上面，也當能卓有成效。如此一家仁，進而可以一國興仁，所以，孔子回答他人之問，以為不必眼前位居高官，才是為政的唯一途徑。

（二七三）

季康子問：「仲由可使從政也與？」子曰：「由也果❶，於從政乎何有❷？」曰：「賜也可使從政也與？」曰：「賜也達❸，於從政乎何有？」曰：「求也可使從政也與？」曰：「求也藝❹，於從政乎何有？」（〈雍也第六〉・六）

【注　釋】❶果　果敢；果決。❷何有　言有何困難。❸達　通達事理。❹藝　多才多藝。

【語　譯】季康子問：「仲由可以使他從事政治嗎？」孔子說：「仲由有果決心，對於從事政治，又有什麼困難呢？」季康子又問：「端木賜可以使他從事政治嗎？」孔子說：「端木賜通達事理，對於從事政治，又有什麼困難呢？」季康子再問：「冉求可以使他從事政治嗎？」孔子說：「冉求多才多藝，對於從事政治，又有什麼困難呢？」

【解　義】孔子回答季康子之問，指弟子子路、子貢、冉求，分別具有果、達、藝三種特長。「果」是果決果敢，意志堅強，能擔當艱鉅的任務。「達」是識解通達，智慧圓融，能處理衝突矛盾的事件。「藝」是博學多才，熟悉人情，能化解百姓不滿的心態。三種特長，都正是從事政治需要的人才，有機會從政，必然能夠獲得優異的效果。

（二七四）

子游為武城宰❶，子曰：「女得人焉爾乎❷？」曰：「有澹臺滅明者❸，行不由徑❹，非公事，未嘗至於偃❺之室也。」〈雍也第六〉·十二

【注　釋】❶武城宰　武城的邑宰。武城，魯國邑名。宰，邑宰。❷焉爾乎　語氣詞，表疑問。❸澹臺滅明　姓澹臺，名滅明，字子羽。❹徑　小路；邪徑。❺偃　子游姓言，名偃，字子游。

【語　譯】子游擔任武城的邑宰，孔子說：「你在當地有沒有發現人才呢？」子游回答說：「有個叫澹臺滅明的人，他走路不走小路捷徑，除了公事，他從未沒到過我的屋中來。」

【解　義】子游為武城邑宰，而為政以得人才為先，故孔子以得人與否為問，子游舉澹臺滅明以對。行不由徑，可見滅明行動守正，不以小利求其快速。非公事不見邑宰，可見滅明舉措守直，而無枉己徇私之事。武城雖為小邑，滅明的行為，雖為小事，但從小可以觀大，則在朝為國家大政，其取人也當端正如此，可以推知。

（二七五）

曾子有疾，孟敬子❶問之，曾子言❷曰：「鳥之將死，其鳴也哀；人之將死，其言也善。君子所貴乎道者三：動容貌❸，斯遠暴慢矣；正顏色❹，斯近信矣；出辭氣❺，斯遠鄙倍❻矣。籩豆之事❼，則有司❽存。」

（〈泰伯第八〉．四）

【注釋】❶孟敬子　姓仲孫，名捷，魯國大夫。❷言　自言；主動說起。❸動容貌　容貌舉止，振作嚴肅。❹正顏色　面容端莊。❺出辭氣　指言語聲音。❻遠鄙倍　遠離鄙陋粗野的人。倍，同「背」。背理。❼籩豆之事　指各種祭祀應用之物。❽有司　主管其事的官員。

【語譯】曾手病重，孟敬子前往探問，曾子對他說：「鳥將要死的時候，鳴叫的聲音特別悲傷；人將要死的時候，所說的話也特別良善。君子待人接物，應該注意三件事情：容貌舉止，依禮而行，便可以避免粗暴怠慢；臉色莊重，便可以使人相信；說話語氣得體，便可以避免別人的鄙陋粗野。至於禮儀的細節，自有主管其事的官員負責。」

【解義】曾子病重，魯國大夫孟敬子前往探望，曾子藉機誠懇地向孟敬子提出君子為政亟須注意的三件根本要務，加以叮嚀。一是容貌謙和，可以使自己遠離他人粗暴怠慢的對待。二是面色莊重，可以使自己受人尊敬，不致受到欺騙。三是言語誠懇，可以使自己避免受到他人的誤解。政治人物的這三件事情，關係到國家的治亂安危，並非細故，所以應該格外注意。曾子的臨終贈言，其重要性自然可見。至於其他瑣碎的事務，諸如祭祀時禮器的配備等，已經有專官負責掌守，不須為政的大夫去分心擔憂。

（二七六）

子曰：「晉文公❶譎❷而不正，齊桓公❸正而不譎。」（〈憲問第十四〉・十六）

【注釋】❶晉文公　名重耳。繼齊桓公為春秋時諸侯霸主。❷譎　詭詐。❸齊桓公　名小白。任管仲為相，尊王攘夷，九合諸侯，一匡天下，為春秋五霸之首。

【語譯】孔子說：「晉文公詭詐而不純正，齊桓公純正而不詭詐。」

【解義】春秋五霸之中，晉文公擴張霸業，侵佔土地，以武力征服他國，為達目的，不擇手段，所以，孔子批評他行事的心態，是詭詐而不純正。齊桓公能尊王攘夷，扶助弱小國家，振興諸夏民族，所以，孔手稱讚他行事的動機，是純正而不詭詐。

（二七七）

顏淵問為邦❶，子曰：「行夏之時❷，乘殷之輅❸，服周之冕❹，樂則韶舞❺。放鄭聲❻，遠佞人❼。鄭聲淫❽，佞人殆❾。」（〈衛靈公第十五〉．十）

【注　釋】❶為邦　治國之道。❷行夏之時　採用夏朝的曆法。即現今之農曆。❸輅　殷代的木車。❹冕　周朝祭祀時的禮冠。❺韶舞　舜時的音樂，古代樂舞合一，故曰韶舞。❻放鄭聲　禁絕鄭國的樂音。❼佞人　諂媚之小人。❽淫　淫穢。❾殆　居心險惡。

【語　譯】顏淵請問怎樣治理國家，孔子說：「用夏朝的曆法，乘商代的木車，穿周朝的禮服，音樂則採用舜時的韶樂。禁絕鄭國靡靡之音，排斥巧言令色的小人。因為靡靡之音腐蝕人心，小人使國家陷入危險。」

【解　義】顏淵問治國之道，孔子首言推行夏代曆法（今之農曆），以其最能配合農耕的時令；次言乘坐殷代的木車，以其可以作為軍事防禦的用途；再言服裝穿用周代的冠服，是沿用周代的禮制；再則言音樂採用虞舜的韶樂，以加強教育的功能。綜合四代優良的典制，加以損益，因時制宜，已經近於理想的規劃。此外，更加禁止鄭國邪淫的樂曲，摒去奸佞的小人，用以防範弊端，則以此行政，足以振興邦國，施展仁政。

（二七八）

周公謂魯公❶曰：「君子不施❷其親，不使大臣怨乎不以❸。故舊無大故❹，則不棄也。無求備於一人❺。」（〈微子第十八〉・十）

【注釋】❶魯公　周公之子，名伯禽，封於魯。❷施　與「弛」通。遺棄。❸不以　不用；不得信用。❹大故　重大的事故。如大罪。❺無求備於一人　不可在一人身上求全責備。

【語譯】周公對魯公說：「君子不怠慢遺棄親族，不使大臣抱怨不受重用。元老重臣若沒有嚴重的過失，就不要廢棄他。對人不要求全責備。」

【解義】周公是周武王的弟弟，助武王滅亡商紂，並制禮作樂，教化百姓。周公之子伯禽，受封於魯，故稱為魯公。當伯禽前往就國之時，周公告誡魯公，治理國政，必須注意「尊賢親親」的四項原則：一是「不施其親」，不應遺棄親族。二是「不使大臣怨乎不以」，不應使大臣懷才不遇，不受重用。三是「故舊無大故，則不棄」，元老重臣，如果沒犯重大的違逆過錯，就不應輕易廢棄。四是「無求備於一人」，量才適用，用得其宜，使人臣能發揮專長，而不是苛責繁細，浪費人才。

這些話魯人傳誦，久而不忘，或許孔子曾與弟子言及，故弟子記於《論語》之中。

（二七九）

定公❶問：「一言而可以興邦，有諸❷？」孔子對曰：「言不可以若是其幾❸也。人之言曰：『為君難，為臣不易。』如知為君之難也，不幾乎❹一言而興邦乎？」曰：「一言而喪邦，有諸？」孔子對曰：「言不可以若是其幾也。人之言曰：『予無樂乎為君，唯其言而莫予違❺也。』如其善而莫之違也，不亦善乎？如不善而莫之違也，不幾乎一言而喪邦乎？」（〈子路第十三〉．十五）

【注　釋】❶定公　魯國國君。❷諸　「之乎」的合音。❸幾　期望效果。❹幾乎　近於。❺違　違背。

【語　譯】魯定公問：「一句話便可以使國家興盛，有這種事嗎？」孔子回答說：「話不能講得這麼肯定。不過，大家都說：『做國君很難，做臣下也不容易。』假如國君知道做國君的艱難，不敢稍存疏忽之心，這樣，豈不是近乎一句話便可以使國家興盛了嗎？」定公又問：「一句話便可以使國家衰亡，有這種事嗎？」孔子回答說：「話不能講得這麼肯定。不過，大家都說：『我做國君沒有別的快樂，只是我說什麼話都沒有人違抗我。』如果所說的話正確而沒有人違抗，不也很好嗎？假如所說的話不正確也沒有人違抗，這樣，豈不是近乎一句話便可以使國家衰亡了嗎？」

【解　義】言為心聲，盡人皆然，在位者一人居上，影響巨大，一言向善，眾人與之向善，一言向惡，眾人隨之向惡。一言之出，不必就能興邦喪邦，但興邦喪邦的源頭，卻可能起於主政者脫口而出的一言。所以，孔子回答魯定公之問，如國君知道「為君難」，謹慎戒懼，進用賢才，而出言向善，引導百姓向善，則是近於可以興邦的言語。反之，如國君知道「唯其言而莫予違」，卻濫用權威，剛愎自用，任性出言，引致讒諛之人，群起逢迎，則是近於可以喪邦的言論。

十三、至道

小引

孔子博學多聞，他以禮樂射御書數等技藝教導弟子，以詩書禮樂等載籍傳授弟子，故孔門四科之中，德行、言語、政事、文學，各種類別，都有表現傑出的人才，因此，人們也都以為，孔子之學，浩博無涯，莫可端倪；其實，在《論語・衛靈公》篇中，曾經記載：「子曰：賜也，女以予為多學而識之者與？對曰：然！非與？曰：非也！予一以貫之。」孔子之學，在博覽廣識之外，仍然有他至為精約的一貫之道。因為，孔子雖然「多學而識」，但是，經由閱覽記憶，所獲得的知識見聞，大多數是零星散漫，缺乏條理與組織，而一貫之道，則是對於從外在獲得的知識，經過自己深邃的思考，親切的體驗，而能將各種見聞，歸束其要，從而得到一種貫通的原理。因此，「道」是各種人倫道德、事物學識中所統一呈現的不變的原則，當然的道理，只有把握了這種「一以貫之」的道理和原則，才能將知識見聞醞釀成為學習者自己的心得，才能以少持多，才能學以致用，造福人群。所以，孔子雖然博學多能，但他仍然要說：「朝聞道，夕死可矣。」（《論語・里仁》），足以反映「道」在孔子心目中的地位。

（二八〇）

子曰：「朝聞道❶，夕死可矣❷。」（〈里仁第四〉・八）

【注釋】❶朝聞道　早上領悟真理。❷夕死可也　晚上死去，心中也無所遺憾。

【語譯】孔子說：「早上覺悟到真理，即使當晚死去，也心滿意足了。」

【解義】道是事物的當然之理，也是人生應該履行的理想。孔子的人生理想，是效法聖賢，達到人格完美的境界，是修己治人，成就治國平天下的理想。但是，孔子一生，栖栖遑遑，周遊列國，不獲寧居，並無試行理想的機會，救世的苦心，未能及時實現。因此，到了晚年，不免心中感嘆，如能早上聞道，得悉可以到達聖賢的境界，實踐治平天下的理想，則傍晚雖死，也無恨於心。

（二八一）

子曰：「士志於道，而恥惡衣惡食者❶，未足與議也❷。」（〈里仁第四〉・九）

【注釋】❶而恥惡衣惡食者　乃以惡衣惡食為恥。❷未足與議也　不能和他討論真理至道。

【語譯】孔子說：「一個讀書人立志追求真理，卻對自己的粗衣惡食感到羞恥，這種人便不足和他討論真理了。」

【解義】身為進學求知的士人，理當以明於大道，實行大道，作為自己的志向，心中既有目標，自然對於身外衣食物質的享受，淡然視之。反之，如果以惡衣惡食為可恥，縈心於外物的華美，則不免見識庸俗，也就不配論及高遠理想的追求了。

（二八二）

子曰：「賜也❶，女以予為多學而識之❷者與？」對曰：「然，非與？」曰：「非也，予一以貫之❸。」（〈衛靈公第十五〉·三）

【注釋】❶賜也　賜，子貢名。❷多學而識　孔子教人博學於文，弟子或以為孔子乃多學之人。識，記也。❸一以貫之　以一個基本道理將所知所學貫通起來。

【語譯】孔子對子貢說：「賜啊！你以為我的學問，是博學強記而得來的嗎？」子貢回答說：「是啊！難道不是這樣嗎？」孔子說：「不是的，我是掌握一個基本原則，用來貫通萬事萬物的道理。」

【解義】博學強記，誦習如流，固然可貴，但須從紛繁錯雜的眾多事物中，分析歸納，尋覓出相通的原理，共同的原則，以少持眾，肆應不窮，才是具有系統的知識，才是層次更高的一貫之道。

（二八三）

子曰：「人能弘道❶，非道弘人❷。」（〈衛靈公第十五〉・二十八）

【注釋】❶人能弘道　人能使道弘大。弘，擴大。❷非道弘人　人們的道德學問，須要由人們力行實踐，才能有所成就，而不能依憑道去開展自己。

【語譯】孔子說：「人能使道發揚光大，不能憑藉道來弘大個人。」

【解義】道待人而明，故人能弘揚大道，推行仁德。道由人而行，故道並無一定的大小，必隨人的實踐履行，才可大可小。小則進德修業，大則安邦治國，都是由人推動，才能發揮功用，所以說，人能弘道，非道弘人。

（二八四）

儀封人❶請見，曰：「君子❷之至於斯也，吾未嘗不得見也。」從者見之❸，出曰：「二三子❹，何患於喪❺乎？天下之無道也久矣，天將

以夫子為木鐸❻。」（〈八佾第三〉．二十四）

【注　釋】❶儀封人　儀，衛國邑名。封人，掌封疆的官吏。❷君子　指有道德學問之人。❸從者見之　跟隨孔子的弟子，請孔子接見儀封人。❹二三子　指孔子弟子，猶言「諸位」。❺喪　喪失。指弟子們憂心孔子失去官位。❻木鐸　金屬木舌的搖鈴。古代施政，發布命令時，由官員搖動鈴聲，宣告教令。

【語　譯】衛國儀邑的官員請見孔子，說：「凡有君子經過此地，我從未有不會見他的。」孔子的弟子請孔子接見，儀封人告辭出來，對孔子的弟子們說：「諸位，何必憂心你們的老師失去官爵呢？天下混亂已經很久了，上天將以你們的老師作為警悟世人的木鐸，去教導世人。」

【解　義】孔子周遊列國，經過衛國，儀邑的封疆官吏，請求見於孔子，並自稱凡有賢人君子經過此地，他都曾經請求相見，以觀察對方的為人。弟子引導儀封人會見孔子，儀封人出而說，弟子們不必憂慮孔子去魯失位，因為，天下混亂已久，孔子肩負救世的苦心和理想，上天也必將交付孔子振鐸傳道、宣揚教化的責任，勢將大有所為，正不必為眼前的艱困而擔憂。

孔子傳播教化於兩千多年以前，卻使後人沾溉無窮，後世尊他為「至聖先師」，宋人說：「天不生仲尼，萬古如長夜。」儀封人當時的遠見，確實令人欽佩。

十四、忠恕

小引

《論語》中提到「忠」字，有十多次，提到「恕」字，只有兩次，而「忠恕」並舉的，更只有一次，但是，「忠恕」的觀念，尤其是「恕」的觀念，在儒家思想中，卻是一件珍貴的特色。

子貢問：「有一言而可以終身行之者乎？」孔子回答說：「其恕乎！己所不欲，勿施於人。」（《論語・衛靈公》），恕是推己及人，孔子注重仁道，而實踐仁道的方法，尤其重在推己及人，因為，「仁者己欲立而立人，己欲達而達人」（《論語・雍也》），能否立人達人，都在仁者自己心中一念之間，朱熹曾說：「盡己之謂忠，推己之謂恕。」又說：「中心為忠，如心為恕。」（見朱熹《論語集注》〈里仁〉篇注），人能將自己之心，推而比之他人之心，以己心，比人心，更以人心，比己心，如此，人我之心，自然所想如一，所以，「恕」之一字，孔子才以為可以終身行之。

在《論語・里仁》篇中，曾經記載：「子曰：參乎！吾道一以貫之。曾子曰：唯。子出，門人問曰：何謂也？曾子曰：夫子之道，忠恕而已矣。」曾子也體悟到，孔子的思想，以「仁」為主，而行仁的方法，即在「忠恕」，忠是盡己力而為，恕是推己心而及於他人之心，「忠恕」連言，更增加了實踐仁道的範圍及力量。

在前一節中，曾引述孔子所說的「予一以貫之」，在此節之中，也引述到孔子所說的「吾道一以貫之」，孔子相同的話，分別見於〈衛靈公〉篇和〈里仁〉篇，分別針對子貢和曾參而言，只是，孔子對子貢所言，著重在學識，孔子對曾參所言，著重在德行，兩者有此差異。

（二八五）

子貢問曰：「有一言❶而可以終身行之者乎？」子曰：「其恕乎❷！己所不欲❸，勿施於人。」（〈衛靈公第十五〉・二十四）

【注釋】❶一言　一字。❷其恕乎　那將是一個恕字吧！恕，推己及人之義。❸不欲　不喜歡。

【語譯】子貢問道：「有一個字可以終身奉行的嗎？」孔子說：「大概是恕字吧！自己所不喜歡的事，也不要加在別人身上。」

【解　義】「己所不欲」，自己稍作反省，就可明白欲與不欲。「勿施於人」，將自己不欲之事，也稍加節制，不施行於他人之身。故「恕」之一字，平淺易知，而人人可行，但其作用，能維持人我之間的和諧，減少人我之間的紛爭，作用極大，可以長行。故孔子以「恕」作為人群相處的重要原則，人們可以終身行之而無弊。

（二八六）

子貢曰：「我不欲人之加❶諸❷我也，吾亦欲無加諸人。」子曰：「賜也，非爾所及❸也！」（〈公冶長第五〉．十二）

【注釋】❶加　加被。❷諸　之也。❸及　做到。

【語譯】子貢說：「我不願意別人加在我身上的事情，我也不願意將它加在別人身上。」孔子說：「賜啊！這不是你眼前所能做到的事啊！」

【解義】孔子曾說：「己所不欲，勿施於人。」（見前章）與子貢在此章所說的，「我不欲人之加諸我也，吾亦欲無加諸人」，兩者十分相似，但也略有不同。

「己所不欲，勿施於人」，是由自己先作思考，見到有自己所不願欲的行為，便也同時不加之於他人身上，這種情況，是主動在於自己，是一種推己及人的措施，所以是一種「恕道」的表現。

「我不欲人之加諸我也，吾亦欲無加諸人」，是由他人先有舉動，加之於己，自己既然感覺不欲，然後自己反思，也不願以此相同的行為，加之於別人身上，這種情況，是主動在於他人，自己既是被動，仍舊坦然願行，所以是一種「仁德」的表現。

「仁德」出於自然，「恕道」稍有勉強，「仁德」的層次高於「恕道」，也難於「恕道」，所以，孔子告訴子貢，以他目前的修養，還不能夠立即達到「仁德」的境界。

（二八七）

子曰：「參乎❶！吾道一以貫之❷。」曾子曰：「唯❸。」子出，門人❹問：「何謂也？」曾子曰：「夫子之道，忠恕❺而已矣❻！」（〈里仁第四〉．十五）

【注釋】❶參乎　參，曾子之名。❷吾道一以貫之　孔子以為自己的道理雖多，可以用一個原則去貫穿它。❸唯　承應之辭。❹門人　指孔子其他的學生。❺忠恕　盡己之心為忠，推己及人為恕。❻而已矣　句末語助詞。

【語譯】孔子說：「參啊！我的學說，可以用一個道理去貫通它。」曾子說：「是的。」孔子出門後，弟子們問曾子道：「那是什麼道理？」曾子說：「老師的道理，就是忠恕兩字吧了！」

【解義】孔子教導弟子，常就其性之所近，而加以鍛練裁成，弟子們遂也以為，孔子之道，必然博識多聞。因此，孔子藉著告知曾參之言，用以說明，自己的為學，有其一貫的宗旨，其宗旨即在於「仁」，而推動行仁的方法，就在「忠恕」。忠是盡己之力，恕是推己及人，凡行仁道，既能盡己之力，以求貫徹目的，又能推己及人，以仁道惠及他人，使他人也能成為仁者。如此，成己成物，故忠恕之道就是仁道，能行忠恕，就是能行仁道。孔門宗旨，即在於此。曾子在孔門，資性較為魯鈍，孔子選擇曾子，告以一貫之道，正見孔子教人，下學上達，都在庸言庸行之間，而不務於玄妙幽遠。

十五、天命

小引

《論語》中出現的「天」或「命」或「天命」，分析起來，約可分為幾種意義。

第一種是指自然界而言，像孔子所說的，「天何言哉？四時行焉，百物生焉，天何言哉？」（《論語・陽貨》），以及所說的，「巍巍乎，唯天為大，唯堯則之」（《論語・泰伯》），此處所說的「天」，實指陳宇宙間的自然現象而言。

第二種是指人們的命運而言，像孔子所說的，「不怨天，不尤人」（《論語。憲問》），以及子貢所說的，「死生有命，富貴在天」（《論語・泰伯》），此處所說的「天」，都是陳述人們在人生際遇中所遭逢的命運而言。

第三種是指「天」作為人世間的主宰而言，像孔子所說的，「無臣而為有臣，吾誰欺？欺天乎？」（《論語・子罕》），以及「夫子矢之曰：予所否者，天厭之！天厭之！」（《論語・雍也》），此處所說的「天」，則是具有主宰人間吉凶禍福的意義而言。

第四種是指「天」能賦予人們使命的功能而言，像孔子所說的，「天生德於予，桓魋其如予何？」

（《論語・述而》），以及所說的，「文王既沒，文不在茲乎？天之將喪斯文也，後死者不得與於斯文也；天之未喪斯文也，匡人其如予何？」（《論語・子罕》），此處所說的「天」，都具有能夠賦予人們某種使命而言。

孔子談到人性，只是提出「性相近也，習相遠也」（《論語・陽貨》）的主張，卻能對於後世孟子荀子，性善性惡的見解，加以包括在內，人性出於天然，所以，在此節中，一併也加以論及。

（二八八）

子罕言利❶，與命與仁❷。（〈子罕第九〉・一）

【注　釋】❶子罕言利　財利人人欲得，易起爭端，故孔子少言。罕，少也。❷與命與仁　稱許命及仁。命是人生當然之理，仁是人生基本道德，所以，孔子經常對此兩者，加以稱許。

【語　譯】孔子很少談到利益，但對命和仁，卻加以稱許。

【解　義】利，是人之所欲，利益當前，易啟爭端，有害道義，破壞團結，莫此為甚，故孔子平素，少言私利。

至於命與仁，命，為天道當然之理，為人生自然的原則。仁，為人的基本德性，為泛愛眾人的根源。所以，孔子對於命及仁，特別加以稱許，常與門人講習，希望弟子深體天命，實踐仁道。

（二八九）

子曰：「莫我知也夫❶！」子貢曰：「何為其莫知子也？」子曰：「不怨天，不尤人❷，下學而上達❸，知我者，其天乎！」（〈憲問第十四〉・三十七）

【注釋】❶莫我知也夫　孔子年老，感嘆無人了解自己。❷不怨天二句　言自己不為世人所用，也不怨天，人不知己，也不尤人。❸下學而上達　指下學人事，上達天理。

【語譯】孔子說：「沒有人能真正了解我吧！」子貢問道：「為什麼說沒有人能了解老師呢？」孔子說：「我既不埋怨上天，也不責怪別人，從淺近的地方去學習人生的知識，然後通達高深的天理，能真正了解我的，恐怕只有上天吧！」

【解義】孔子年事漸長，歷盡艱辛，不得天佑，而不怨天，不得人助，也不尤人，但知實踐力行，下學人事，體驗真知，以求上達天理。同時，孔子自知曲高和寡，故不求為世人所知，心中坦然，而明言能知道自己者，唯有上天而已。

（二九〇）

子曰：「天生德於予❶，桓魋其如予何❷？」（〈述而第七〉‧二十二）

【注釋】❶天生德於予　上天賦予自己優良救世的品德及任務。❷桓魋其如予何　桓魋又能奈何於我。桓魋，宋國的司馬向魋，是宋桓公的後代，故也稱為桓魋。

【語譯】孔子說：「天既然賦給我延續文化的責任，桓魋他又能把我怎樣呢？」

【解義】周敬王二十八年（西元前四九二年），孔子自魯國前往宋國，與弟子習禮於大樹之下，宋國司馬桓魋想殺孔子，將大樹砍倒拔起，孔子不得已而離去，弟子請孔子行動快速，以免招致災禍。孔子表示，上天賦予我延續文化道德的使命，桓魋又怎能奈何於我？在此章中，可見孔子雖然身處變亂，但能深體天命，不憂不懼，肩負道義而行。

（二九一）

子畏於匡❶，曰：「文王既沒，文❷不在茲乎？天之將喪❸斯文也，後死者❹不得與❺於斯文也；天之未喪斯文也，匡人其如予何？」（〈子罕第

九〉・五）

【注　釋】❶子畏於匡　孔子在匡地被群眾包圍。畏，畏懼；拘留。匡，鄭國邑名，魯國季氏家臣陽虎，曾為暴於匡，孔子貌似陽虎，孔子過匡，匡人以為陽虎又至，於是加以圍困。❷文　禮樂教化。❸喪　毀滅。❹後死者　指孔子自己。❺與　參與。

【語　譯】孔子在匡地被群眾所圍困，於是對弟子說：「文王死後，文化傳統不是都在我身上嗎？如果上天要滅亡這種文化，那麼，後死的我，將不會承擔這種責任；如果上天不想滅亡這種文化，那麼，匡人又能對我怎樣呢？」

【解　義】魯定公六年，魯國侵略鄭國，陽虎率軍，攻打匡地；魯定公十三年，孔子率弟子經過匡地，因陽虎貌似孔子，匡人誤以為陽虎又至，而包圍孔子師徒，拘留五日。弟子恐懼，孔子於是加以勉勵，說明自己深通周初文王武王周公建立的禮樂制度，文王等去世之後，周代文化傳承的重責大任，已經落在自己肩上，如果天意將使周代文化滅亡，自己早已無緣傳承重任；如果天意不使周代文化滅亡，則道在己身，文化不亡，文明不滅，匡人之圍，又何足懼？

（二九二）

子曰：「予欲無言。」子貢曰：「子如不言，則小子何述❶焉？」

子曰：「天何言哉？四時行焉❷，百物生焉❸，天何言哉？」〈陽貨第十七〉·十九）

【注釋】❶述　傳述。❷四時行焉　春夏秋冬，四季運行不息。❸百物生焉　動物植物，自然生長不已。

【語譯】孔子說：「我想不說話了。」子貢說：「夫子假如不說話，那我們傳述什麼呢？」孔子說：「天說什麼呢？四季照樣運行，百物照樣生長，天說了什麼呢？」

【解義】孔子教授弟子，本以身教為主，因恐弟子徒於言語方面，追求學識，故以「予欲無言」，加以啟發，並以天地不言而四時春夏秋冬自然運行不息，以動物植物自然生長不止，作為比喻，勉勵弟子自行觀察，多加體驗，效法天道，親身力行，而不應全賴語言文字傳達思想教誨。

（二九三）

子疾病❶，子路使門人為臣❷，病閒❸，曰：「久矣哉，由之行詐也！無臣而為有臣❹，吾誰欺？欺天乎？且予與其死於臣之手也，無寧死於二三子之手乎！且予縱不得大葬❺，予死於道路乎？」〈子罕第九〉·十一）

【注釋】❶疾病　疾，生病。病，病重。❷為臣　作為家臣。古時大夫之喪，由家臣治其喪禮。❸病閒　疾病轉癒。❹無臣而為有臣　孔子其時已無官爵，不當有治喪的家臣。❺大葬　隆重的喪禮。

【語　譯】孔子病得很重，子路指派同學們充當家臣，準備辦理喪事。不久，孔子的病好轉，知道此事，便說：「仲由做這種詐偽的事情已經很久了吧！沒有家臣，卻偽裝家臣，我欺騙誰呢？難道要欺騙上天嗎？而且我與其死在家臣手上，倒不如死在弟子們的手上！何況我即使不能用大夫的葬禮，難道我會死在道路之上嗎？」

【解　義】孔子病重，因孔子重禮，又曾為魯國司寇，喪禮應由家臣治理，但當時孔子已經去位，並無家臣，故子路想以弟子作為家臣，以治其喪。孔子疾病稍癒，得知此事，因而責備子路，使弟子假作家臣，有欺騙上天之意。

其實，孔子雖然重禮，但更重視真實情況，不願作假欺騙。同時，孔子心中所特重者，不在自己曾為魯國司寇之官爵，尤在創立師道，有弟子多人，作為師道的表率，並能延續道統而無愧於天。證以後世「萬世師表」的尊稱，孔子當日，應已體悟此意。

（二九四）

子曰：「性相近也❶，習相遠也❷。」〈陽貨第十七〉．二

【注　釋】❶性相近也　人的本性，天生相近。❷習相遠也　因為後天的習染不同，人的本性，逐漸或善或惡，也越來越遠。

【語　譯】孔子說：「人性本來是相近的，由於各人後天的習染不同，彼此就相差很遠了。」

【解　義】性，是本性，是天性，是不學而能，不慮而知者。習，是學習，是練習，是經過學而後能，慮而後知者。人們天生的本性，都相去不遠，但成長以後，賢愚善惡，卻可能相差極大，主要是由於後天學習的努力不同，學習的環境不同，才有了不同的結果。孔子對於人的本性，只說是「性相近」，對於人的為賢為愚，只說是「習相遠」，對於後世如孟子言性善、荀子言性惡等學說，卻都能包攬無遺。

（二九五）

子貢曰：「夫子之文章❶，可得而聞也；夫子之言性與天道❷，不可得而聞也。」（〈公冶長第五〉．十二）

【注　釋】❶文章　指詩書禮樂。❷性與天道　人性和天理。

【語　譯】子貢說：「老師所講的詩書禮樂，我們可以聽得到；老師有關人性和天道方面的意見，我們卻很少聽到。」

【解　義】此章記述子貢所說，孔子在日常教導弟子的言語之中，著重詩書禮樂等古代文獻的闡釋，強調詩書禮樂的實踐功用，至於人性的稟賦，天道自然的現象，以及其影響於社會的禍福因果等等，涉及玄遠的義旨，則是孔子平日極少談論的問題。

（二九六）

司馬牛憂曰：「人皆有兄弟，我獨亡❶。」子夏曰：「商❷聞之矣：『死生有命，富貴在天❸。』君子敬而無失，與人恭而有禮，四海之內❹，皆兄弟也。君子何患乎無兄弟也？」（〈顏淵第十二〉．五）

【注釋】❶亡　同「無」。❷商　子夏之名。❸死生有命二句　指人的生死，由命運所決定，人的富貴，由上天所安排。此二句是古代相傳的成語，故子夏引用，來安慰司馬牛不必太過憂心。❹四海之內　指中國。古代傳說中國遙遠的邊境，四面皆海。

【語　譯】司馬牛憂愁地說：「別人都有好兄弟，唯獨我沒有。」子夏說：「我聽說過：『死生是由命運所決定，富貴則在天意的安排。』君子只要處事謹慎，不出差錯，待人恭敬，合乎禮節，天下的人，都像自己的兄弟一樣。君子何必憂慮自己沒有好兄弟呢？」

【解　義】司馬牛之兄桓魋、向巢，弟子頎、子車，都在宋國，從桓魋作亂，故司馬牛心中憂慮，他們如果作亂而死，自己將無兄弟。子夏安慰他說，死生富貴，都有命在天，並非自己所能掌握。君子之人，只要恭敬存心，行事沒有差錯，與人相交，謙虛有禮，則四海之內，人們都將以你為兄弟。子夏安慰司馬牛，同學之情，宛然可見。

（二九七）

子曰：「不知命❶，無以為君子也；不知禮，無以立也；不知言❷，無以知人也。」（〈堯曰第二十〉・三）

【注釋】❶命　指窮達的分際。❷言　指別人言論的是非。

【語譯】孔子說：「不了解天命，不能成為君子；不懂得禮儀，無法立身於社會；不能分辨言語的是非，就無從認識他人的善惡。」

【解義】「命」是理所當然，人能知命，自然能夠分辨利害，有所取捨，方足以為君子。「禮」是行為的規範，人能知禮，自然能夠謹守尺度，堅定不移，不致誤入歧途。「言」是心聲的表現，人能知言，自然能夠明瞭是非，不致為他人的花言巧語所迷惑。

十六、鬼神

小引

人死為鬼，其人如果在生前有功於社會，死後，人們追懷德澤，加以祀奉，則被稱之為神，鬼神其實都是從人而來。但是，由於鬼神都是無影無蹤，不可捉摸，因此，也從而引起人們的一些驚恐和畏懼，傳說及傅會。

孔子討論鬼神，他不像世俗的一些人們，從驚怖怪異處入手，他只是從人們孝親的立場上，去推動人倫社會的教育意義，他強調人生在世，要注重眼前的現實世界，所以，他回答子路所問鬼神的問題，則直接說：「未能事人，焉能事鬼？」（《論語・先進》）他要弟子們好好地經營自己生活的世界，不要花費思量去涉想死後邈不可知的問題。

孔子也從慎終追遠的立場上，教導弟子們去發揚孝道，當親人亡故之後，要實施祭祀的舉措，用以表達對於前代先祖崇功報德的心意，在祭祀行禮時，要以誠敬的心情為之，要「祭如在，祭神如神在」（《論語・八佾》），而不應該去相信無根之言，妄圖福報，而有著「非其鬼而祭之」（《論語・為政》）的諂媚行為。

（二九八）

季路問事鬼神❶，子曰：「未能事人❷，焉能事鬼❸？」曰：「敢問死？」曰：「未知生，焉知死？」（〈先進第十一〉．十一）

【注釋】❶季路問事鬼神　季路詢問奉祀鬼神之道。季路，姓仲，名由，字子路，又字季路，孔子弟子。❷事人　如子女侍奉父母，臣下侍奉君長之事。❸鬼　指上文鬼神二者。

【語譯】子路問怎樣侍奉鬼神，孔子說：「還不懂得侍奉人，怎能懂得侍奉鬼呢？」子路又問：「我大膽地問，人死之後，是怎樣的情形？」孔子說：「生前的事情尚且不能知道，怎能去知道死後的事情呢？」

【解義】佛教言三世因果，主張有過去、現在、未來。孔子以為，人生在世，眼前當下，才是現實境地，而過去未來，渺不可知，鬼神之事，也在人生理解範圍之外。故孔子之意，教人把握當下，充實人生，進德修業，俯仰無愧，建構理想世界，人間樂土。至於未來死後鬼神有無之事，人們既無法掌握在己，煩憂也多屬無益。故孔子對於子路之問，未作正面回答，但也提出了「把握當前」的人生觀念。

（二九九）

樊遲問知❶，子曰：「務民之義❷，敬鬼神而遠之，可謂知矣。」問仁，曰：「仁者先難而後獲❸，可謂仁矣。」（《雍也第六》‧二十）

【注釋】❶知　同「智」。❷務民之義　專心盡力於對人民有利之事。❸先難而後獲　有困難勞苦，搶先而作，遇獲利酬功，則退居人後。

【語譯】樊遲問怎樣才算明智，孔子說：「專心致力於民眾之事，尊敬鬼神，卻遠離鬼神，可說是明智了。」又問怎樣才算是有仁德，孔子說：「有仁德的人，遇到艱難的事，就爭先去做，遇到可以獲得私利的事，卻退居人後，這便可說是有仁德了。」

【解義】樊遲正將出仕，問於孔子，尤其著重在治民時，如何處理智與仁兩件事。孔子乃分別回答。首先，孔子以為，尊天敬祖，使百姓心懷誠意，收束行為，不敢放縱，而又不致專事祈福，過於迷信，如此便屬具有智慧。其次，推行仁德，安定百姓，則遇到艱難之事，自己率先面對，獲利之事，則讓民眾先行得到，如此便是具有仁德。

（三〇〇）

祭如在❶，祭神如神在❷。子曰：「吾不與祭，如不祭❸。」〈八佾第三〉・十二

【注　釋】❶祭如在　祭祀祖先，如同祖先親在眼前。❷祭神如神在　祭祀神明，如同神明就在現場。❸吾不與祭二句　我如未能親自祭祀，就如同不曾祭祀一般。與，參與。

【語　譯】祭祀祖先的時候，就如同祖先在上受祭一般；祭祀神明，就如同神明在上受祭一般。孔子說：「我如不能親自參加祭祀，即使有人代理，我也好像不曾祭祀一樣。」

【解　義】祭祀先祖或祭祀其他神靈，都應以誠敬為本。當祭祀之時，有如先祖出現在面前，神靈顯現在眼中，則自己有如親身與先祖或神靈相接相對，心中自然倍增孝親追思之誠，倍增虔誠敬仰之意。

至於孔子自己偶有出行在外，周遊列國之時，無法親臨致祭先祖或其他神靈，不得已而請人代為祭祀，孔子心中，也常懷歉然，「吾不與祭，如不祭」，強調的也是那份誠敬之心。

（三〇一）

子曰：「非其鬼而祭之❶，諂也❷。見義不為，無勇也。」（〈為政第二〉·二十四）

【注釋】❶非其鬼而祭之　所祭祀的，並非自己當祭的祖先。❷諂也　那就是諂媚的行為。

【語譯】孔子說：「不應該祭祀的鬼神，卻去祭祀，這便是諂媚的行為。遇見應當去做的事，卻不敢去做，這便是缺乏勇氣的行為。」

【解義】人們追思先祖，崇德報恩，按時祭祀，乃是人情之常，但若是非其祖考，而廣泛祭祀，意在祈福求財，未免有諂媚之心，則不是應當的行為。另外，義是當為之事，人們若見到當為之事，怯而不為，則是缺乏勇氣的表現。

此章分說「不當為而為」與「當為而不為」兩件事情，都屬於人們心中需要作出的價值判斷，判斷合理，才能符合道義的條件。

（三〇二）

曾子曰：「慎終❶追遠❷，民德歸厚矣。」（〈學而第一〉・九）

【注　釋】❶慎終　對親長送終之禮，應謹慎辦理。❷追遠　對先祖祭祀之禮，要誠敬追思。

【語　譯】曾子說：「對父母親長的喪禮，能謹慎盡哀，對遠祖的祭祀，能恭敬追念，這樣才能使社會風俗日趨敦厚篤實。」

【解　義】慎終，是尊重死者，注意喪禮，以盡其哀傷；追遠，是思念先祖，注意祭禮，以懷其德澤。治國為政者，如果能重視喪禮與祭禮，發揚民眾對於去世親人追思的真情至性，以不忘根源，則民風自然日趨於淳厚篤實。

十七、弟子

小引

孔子是教育家，《史記・孔子世家》記載：「孔子以詩書禮樂教，弟子蓋三千焉，身通六藝者，七十有二人。」孔子教學，因才施教，弟子們各以性之所近，分別致力，所學所得，各有成就。《論語》中記錄了許多孔子與弟子們相互問答之詞，也記錄了不少孔子對於弟子們的評論和叮嚀，不但反映出孔子教學的諄諄善誘，同時，弟子們學習的心得，個性的特點，像顏回的敏而好學，子路的好勇過人，子游的弦歌不輟，子貢的億則屢中，閔子騫的純孝不匱，子貢的擅於言詩，澹臺滅明的行不由徑，曾點的意態從容，宰我的利口爭辯，冉求的聚斂財貨等情形，也都生動清晰地被記錄下來，分散在《論語》的各篇之中。在這一節中，則只是彙集了弟子們的一些代表性的言行，作為與孔子教學互動的一些例子。

（三〇三）

子曰：「賢哉回也！一簞食❶，一瓢飲❷，在陋巷❸，人不堪❹其憂，回也不改其樂。賢哉回也！」（〈雍也第六〉‧九）

【注釋】❶一簞食　吃一竹筐的飯。簞，用竹編成的小筐，用以盛飯。❷一瓢飲　飲一瓢水。瓢，以瓠瓜切半，用以盛水。❸在陋巷　居住在簡陋的屋子中。巷，里中小道稱巷。❹堪　忍受。

【語譯】孔子說：「多麼賢德啊顏回，吃的是一小筐飯，喝的是一瓢水，住在簡陋的巷子中，別人都受不了這種貧苦的生活，顏回卻仍然不改變他心中的快樂，多麼賢德啊顏回！」

【解義】顏回雖居陋巷，食粗食，處於貧困，卻能心中泰然，並不憂愁，且不改其樂。最主要的，是能夠隨從孔子講習，追求至道，俯仰無愧，意態灑然，心中擁有崇高的理想，有其求取的目標，自然忘卻眼前的困苦。要之，粗食陋巷，雖非可樂，顏回卻有可樂者在其心中。可樂者大，可忘者小，自然無所憂怨，而能安於天命。

（三〇四）

子曰：「吾與回言終日，不違如愚❶。退而省其私❷，亦足以發❸，回也不愚！」（〈為政第二〉．九）

【注釋】❶不違如愚　從不懷疑反問，只是聽取接受，有如愚笨者一般。❷退而省其私　等到顏回離開，再考察他和別人私下的討論。退，從老師處離開。私，與同門友人私自討論。省，考察。❸發　發揮孔子所講的道理。

【語　譯】孔子說：「我整天和顏回講學，他從不提出反對意見，只是一味接受，像是愚笨的人一樣。等到離開之後，我觀察他和別人私下討論，卻能發揮已知的道理，這樣看來，顏回實在並不愚笨啊！」

【解　義】顏回聽從孔子講學，有時聽講整日，雖不曾提出與孔子相異的意見，卻能潛心體會孔子講論的道理，默識心契，不言而喻，又能實踐孔子的指示，發揮孔子的思想。他的態度，似無實有，似愚實智，與一般好為炫耀心得，夸夸而談的人，絕不相類。所以，孔子稱讚顏回，並非愚者，而是具有淵懿智慧的人才。

（三〇五）

子曰：「回也，非助我者也❶！於吾言，無所不說❷。」〈先進第十一〉．

三）

【注釋】❶回也二句　指顏回在學問上，不是一個對我有助益的人。❷說　同「悅」。

【語譯】孔子說：「顏回啊！不是對我有助益的人，對於我所講述的話，沒有不喜歡的。」

【解義】天地之間，義理無窮，老師與學生相對，學生發問越多，越能激發老師的深思熟慮，闡釋的義趣，也越加精微。但是，顏回天資聰慧，對於孔子所言，默識心解，並無疑問，而且能夠聞一知十，多加推論。因此，面對孔子之教，無所不悅。孔子雖然說顏回極少提出疑問，使孔子減少了抒發微旨、教學相長的機會，但也深喜顏回能入耳心通，胸中了無窒礙。

（三〇六）

子曰：「回也其庶乎❶！屢空❷。賜不受命❸，而貨殖❹焉，億❺則屢中。」（〈先進第十一〉．十八）

【注釋】❶回也其庶乎　指顏回的學識品德，已經接近聖人一般完美的境地了。庶，庶幾；接近。❷屢空　經常貧窮。空，空乏。❸賜不受命　指子貢不安於天命。❹貨殖　經營商業。❺億　猜測。

【語譯】孔子說：「顏回的學問道德已經接近理想的境界了！可惜生活卻經常匱乏。子貢雖然不安於天命，而從事經商，卻每每猜中商業的行情。」

【解　義】在孔門弟子中，顏回與子貢，代表兩種不同的人生類型。顏回的學識道德，已經接近成熟的境地，卻經常處在空乏貧窮的遭遇之中，但他安於貧窮，並不改其樂。子貢卻不願安於貧窮，安於天命，經常向命運挑戰，從事發展自己商業經營的專長，對於商業市場的行情，用心逆測，常常能夠猜度物價的高低，每每得中，因而生財致富。孔子雖然喜愛顏回的聰明早慧，但對子貢的才識努力，也十分肯定。

（三〇七）

顏淵、季路侍❶，子曰：「盍❷各言爾志？」子路曰：「願車馬，衣輕裘❸，與朋友共，敝之❹而無憾❺。」顏淵曰：「願無伐善❻，無施勞❼。」子路曰：「願聞子之志。」子曰：「老者安之，朋友信之，少者懷之❽。」（〈公冶長第五〉．二十六）

【注　釋】❶侍　陪侍在旁。❷盍　何不。❸輕裘　輕軟的皮衣。❹敝　破舊。❺憾　悔恨。❻伐善　誇耀自己的能力。❼施勞　表揚自己的功勞。❽懷之　感受恩情。

【語　譯】顏淵和子路侍立在孔子身邊，孔子說：「何不各人談談自己的志願呢？」子路說：「我願把自己的車馬，穿著的皮衣，和朋友共享，就是用破舊了，心中也不覺得遺憾。」顏淵說：「我希望不誇耀自己的才能，不表揚自己的功勞。」子路說：「我們也想聽聽老師的志願。」孔子說：「我希望使老年人得到奉養安樂，使朋友們以信用相交，使少年人能獲得關懷。」

【解　義】子路所志，在於輕財貨、好朋友，是豪傑的作為。顏淵所志，在有善行不欲人知，有勞苦不加於人，是賢者的風度。孔子所志，施及老壯少三種人群，務使各得其所，老者能安，朋友能信，少者懷恩，是聖人的氣象，有裨益於生民，與子路顏淵以克己為工夫者，境界有大小之分。

（三〇八）

子謂子貢曰：「女與回也孰愈❶？」對曰：「賜也何敢望回！回也聞一以知十❷，賜也聞一以知二❸。」子曰：「弗如也，吾與女弗如也！」

〈〈公治長第五〉・九〉

【注　釋】❶愈　勝；強。❷回也聞一以知十　顏回資質聰慧，聽到一件事情，可以理解到相似的十件事情。❸賜也聞一以知二　子貢的才智，只能從一件事情，推論到另外一件事情。

【語　譯】孔子對子貢說：「你和顏回，那一個比較強些？」子貢回答說：「我怎敢和顏回相比呢？

顏回聽到一個道理，可以推知到十個相似的道理，我聽到一個道理，只能夠推知到兩個相似的道理。」孔子說：「你的確不如他，我和你一樣，都不如他！」

【解　義】子貢喜歡比較人物，論其長短，孔子因此就問子貢，你與顏回，何人優勝？子貢畢竟有自知之明，乃回答說，賜（端木賜）豈敢與顏回相較，顏回聞一知十，了解一件具體事例，可以推悟出全部事件的抽象原理，我了解一件具體事例，只能推測出另外一件具體的事例，兩人的才智，有此不同，豈敢期望與顏回相比。孔子聞知後，也微笑同意子貢的意見，並且也認為，在才智捷悟的工夫上，自己也與子貢一樣，都不如顏回來得高妙。

（三〇九）

子謂顏淵曰：「用之則行，舍之則藏❶，唯我與爾有是夫！」子路曰：「子行三軍，則誰與？」子曰：「暴虎❷馮河❸，死而無悔者，吾不與也。必也臨事而懼❹，好謀而成者也！」（〈述而第七〉．十）

【注　釋】❶用之則行二句　受到任用，則推行理念，不受任用，則收藏理念。舍，同「捨」。藏，隱藏。❷暴虎　徒手搏虎。❸馮河　涉水渡河。❹懼　謹慎戒懼。

【語　譯】孔子對顏回說：「有人用我，就出來做事，不用我時，就不出來，只有我和你可以這樣吧！」子路說：「如果老師出來率領三軍出征，將和誰一同去呢？」孔子說：「赤手空拳，和老虎搏鬥，徒步涉水，卻要強行渡河，死了也不後悔的人，我是不和他同去的。必須要遇事小心，事先計劃，有成功把握的人，我才和他一起行動呀！」

【解　義】時君世主，有能用為行政，則起而造福人民，如不獲此機會，則以廣施教育，有益民眾，如此行非貪位，舍非獨善，只有顏回幾於聖人，可與孔子相同。子路好勇，故言孔子如為三軍之帥，必當與自己相偕而往。而孔子以為，軍爭戰危之事，也當嫻熟兵法，戒慎於心，然後決定策略，付諸行動，而不宜妄逞匹夫之勇，以致敗事。孔子用這些話，以匡正子路的性格。

（三一〇）

哀公❶問：「弟子孰為好學？」孔子對曰：「有顏回者好學，不遷怒❷，不貳過❸，不幸短命死矣❹！今也則亡❺，未聞好學者也。」（〈雍也第六〉．二）

【注　釋】❶哀公　魯國國君。❷不遷怒　對此人憎怒，不將怒氣牽聯到另外他人。❸不貳過　已犯過於前，不再犯相同的過錯於後。貳，兩次。❹不幸短命死矣　顏回死時，年歲多少，傳說不一，《孔子家語．七十弟子解》說顏回三十二歲而卒，可以參考。❺亡　同「無」。

【語譯】魯哀公問：「你的弟子裡面，誰最好學？」孔子回答說：「有一人名叫顏回的，非常好學，他從不把自己心中的怒氣發洩到別人身上，也從來不犯同樣的錯誤，不幸卻短命死了，現在已沒有這樣的人了，再也沒聽說好學的人了。」

【解義】孔子弟子三千，卻獨稱顏回最為好學，而不遷怒，不貳過，都是切己省察、自我克制的工夫。因凡人不能無怒，既怒於此，不遷於彼，尤其不遷怒到無辜之人；至於不貳過，則是凡人不能無過，既有過於前，以此為戒，不再犯過於後，由此以往，漸可入於不怒無過的境地；這一境地，孔門之中，唯有顏回能夠做到。也足見孔門之學，雖博學多端，而終以德行修身之事，為力學的第一要義。故顏回之死，孔子的感傷，也最為深重。

(三一)

子曰：「道不行❶，乘桴浮於海❷，從我者，其由與？」子路聞之喜，子曰：「由也，好勇過我，無所取材❸。」〈公冶長第五〉．七

【注釋】❶道不行　指理想不獲實行。❷乘桴浮於海　將乘木筏遠赴海外。乘，乘坐。桴，編木成筏，以代舟船。浮，飄浮。❸無所取材　指目前還不知從何處去取得製造木筏的材料啊。

【語譯】孔子說：「我的理想既不能實現，不如乘著木筏到海外去，願意跟我一起去的，也許只

有子路吧！」子路聽到，心中非常高興，孔子說：「仲由啊！你比我勇敢，可是，目前我們還未能找到製作木筏的材料哩！」

【解　義】孔子懷抱救世之志，周遊列國，而時君世主，卻無人能加重用，孔子晚年，見道不行，生平抱負，不能行於中土，而年歲漸長，不免有避世之念，口中常言，想要遁跡山林，乘桴出海。而弟子之中，願從而行者，以子路好勇，為第一人。子路聞知孔子之言，以為孔子真心想要隱遁，故心中歡喜，想從孔子出海避世。孔子知道子路誤會，乃微笑而說，子路好勇，有過於我，只是浮海之桴，日前尚未覓得其材質啊！孔子志在救世，並非厭世之人，浮海之嘆，也只是一時的感慨而已。孔子與子路，師生之間的親切互動，也令人感佩。

（三一二）

子曰：「衣敝縕袍❶，與衣狐貉❷者立，而不恥者，其由也與！『不忮不求，何用不臧❸？』」子路終身誦之❹。子曰：「是道也，何足以臧？」

〈子罕第九〉．二十六

【注　釋】❶衣敝縕袍　穿破舊的衣服。衣，穿也。敝，破舊。縕，舊棉絮。❷狐貉　以狐皮貉皮為裘。貉，獸名。❸不忮不求二句　不心存嫉妬，不貪得無厭，則何處不善呢？忮，嫉害。求，貪求。臧，善也。❹終身

誦之　終身記憶誦讀。

【語　譯】孔子說：「穿著舊棉袍，和穿著狐貉皮衣的人站立在一起，而不覺得慚愧的，恐怕只有仲由能夠吧！《詩經》上說：『不嫉妬，不貪求，怎麼會不好呢？』」子路於是經常誦讀這兩句詩。孔子說：「不嫉妬，不貪求，是作人的基本道理，怎能說是最好呢？」

【解　義】子路服膺孔子之教，雖身穿粗服，與衣皮毛革服的人，共立一處，也心中並無慚意，故孔子以《詩經》衛風雄雉篇中的詞句，「不嫉妬，不貪求」，稱許子路。子路得知孔子稱許自己，不免得意自喜，也反覆吟誦詩句，以為自己所學，其「用」已足。但是，不嫉妬，不貪求，只是不損傷他人而已，距離濟世利民的大道尚遠。孔子恐怕子路自滿，不復再求進步，故又言「何足以臧」，指出嘉美的行為，還有更高的境地，用以激勵子路，力求進步，切勿以此自畫，以此滿足。

（三一三）

子路有聞❶，未之能行，唯恐有❷聞。〈公治長第五〉‧十四

【注　釋】❶有聞　有所聽聞。❷有　又也。

【語　譯】子路每次聽到孔子說明一項道理，在自己還沒能夠實行以前，唯恐又聽到新的道理，以致來不及實行。

【解　義】子路勇於實踐，意志剛強，從孔子處，每有所聞，則必然迅速力行，因為，他惟恐從孔子處，可能得到更新的知識，累積在心中，而無法一一實行。相對於有些人，遇事牽延，躊躇不前，則子路果決剛毅、即知即行的精神，就格外顯得可貴。

（三一四）

子曰：「由之瑟❶，奚❷為之於丘之門？」門人不敬子路，子曰：「由也升堂矣，未入於室也❸！」（〈先進第十一〉．十四）

【注　釋】❶瑟　樂器之名。此處指子路奏瑟的樂音，有過於剛猛之聲。❷奚　何也。❸由也升堂矣二句　二句為譬喻之詞，譬喻子路的學問，所達到的層次，已能入門升堂，只是尚未入於內室，即已經到達廣大之途，只是尚未至於精深的境地。

【語　譯】孔子說：「仲由的瑟音，為什麼在我的門下彈奏呢？」弟子們因此不敬重子路，孔子說：「仲由的學問，已經到達廣大的地步，只是尚未進入精要的境域吧！」

【解　義】言為心聲，音樂演奏，也能適當地表現出演奏者的個性與品德。子路好勇，其所演奏的瑟音，自然透露出殺伐之聲。故孔子對他批評，以孔門雍容和諧的氣象，應該流露出相同的音樂風格才是。孔子言後，其他門人，因此有人不再尊敬子路。孔子乃言，子路之學，已經通達大道，唯尚未至於精純的境地而已，豈可輕加忽略，而對他有不敬之心。

（三一五）

子貢問曰：「賜❶也何如？」子曰：「女器也❷。」曰：「何器也？」曰：「瑚璉❸也。」（〈公治長第五〉．四）

【注釋】❶賜　子貢之名。❷女器也　你是一個好器材。女，同「汝」。器，器皿；器材。❸瑚璉　古代宗廟祭祀，盛黍稷的容器，以竹編成，加以玉器為飾。

【語譯】子貢問道：「我是怎樣的一個人呢？」孔子說：「你好比是一個器皿。」子貢問：「那是什麼器皿呢？」孔子說：「你好比是宗廟中盛黍稷的瑚璉一般。」

【解義】子貢向孔子請問，對自己的評價如何？孔子回答說，子貢極有才華，已是成器在身，可以致用。子貢又問，如果自己成器，則應該比之為何種器皿之用？孔子回答，子貢之才，應似瑚璉，可在宗廟中盛裝黍稷，飾以玉器，用以祭祀。這是對子貢才華的一種肯定，子貢在孔門，以言語、政事、貨殖兼長著稱，故孔子喻之為宗廟中重要的禮器。

（三一六）

子貢問：「師與商也孰賢❶？」子曰：「師也過❷，商也不及❸。」曰：「然則師愈❹與？」曰：「過猶不及❺。」（〈先進第十一〉‧十五）

【注釋】❶師也與商也孰賢　子張和子夏二人誰比較賢能。師，顓孫師，子張之名。商，卜商，子夏之名。子貢好方人，喜歡比較各人的長處。❷過　超過中庸。❸不及　趕不上中庸。❹愈　勝過。❺過猶不及　超過與不及，都同樣不合中庸之道。

【語譯】子貢問道：「子張與子夏，誰比較賢能？」孔子說：「子張超過一些，子夏有點不及。」子貢說：「那麼子張比較賢嗎？」孔子說：「超過和不及，同樣都不好。」

【解義】子貢問子張與子夏二人孰賢，孔子回答，子張略為超過，子夏略為不及，都未達到中行中庸的適當標準。至於誰優誰劣，孔子回答，過猶不及，兩者並無高下之分。猶如狂者進取，狷者有所不為，狂狷都不如中行；但狂狷二者，各有其用，也並無高下之分。

（三一七）

魯人為長府❶，閔子騫曰：「仍舊貫❷，如之何？何必改作？」子曰：「夫人❸不言，言必有中❹。」（〈先進第十一〉．十三）

【注釋】❶長府　藏貨財的府庫之名。❷仍舊貫　言依照舊制。❸夫人　夫人，此人。指閔子騫。❹中　正確。

【語譯】魯國的執政者想要擴建一個名叫長府的庫房，閔子騫說：「依照舊有的樣子，怎樣呢？何必要大加改建？」孔子說：「這人平常不多言，一開口說話，便很中肯。」

【解義】魯國的權臣季氏，想要改建收藏貨財的廠屋長府，以謀求更多的聚斂。其實，國家有所興建，首先應問有無必要，其次應考慮經濟負擔的能力。閔子騫向來少言，這次卻加以表示，國家舊有府庫，已足夠收藏備用，目前國家並不富裕，何必浪費金錢資源，更新改作？孔子聞知，稱讚閔子騫，不言則已，言必有中，凡有發言，必能切中事情的關鍵。

（三一八）

子使漆雕開仕❶，對曰：「吾斯之未能信❷。」子說❸。（〈公冶長第五〉．六）

【注　釋】❶子使漆雕開仕　孔子要派漆雕開去出仕為官。漆雕開，姓漆雕，名開，字子若，孔子弟子。❷吾斯之未能信　我還未有信心去為官。斯，指出仕。信，信心。❸說　同「悅」。

【語　譯】孔子要派遣漆雕開去做官，漆雕開說：「我對為官這件事還沒有自信。」孔子聽了很高興。

【解　義】孔門有政事一科，孔子也常鼓勵弟子從政，以拓展視野，利濟群生。但雖使漆雕開出仕，開卻回答，自己的信心尚未足夠建立，自己的能力也尚未準備充分，故願稍俟，等待條件成熟，再作出仕之舉。孔子以為，漆雕開有自知之明，又不汲汲於功名利祿的追求，希望多作準備，充實學識，再行出仕，為民服務。所以孔子聽後，心中喜悅，也對漆雕開加以稱許。

（三一九）

子之武城❶，聞弦歌之聲❷，夫子莞爾❸而笑曰：「割雞焉用牛刀❹？」子游對曰：「昔者偃❺也聞諸夫子曰：『君子學道則愛人，小人學道則易使也❻。』」子曰：「二三子❼！偃之言是也，前言戲之耳。」

（〈陽貨第十七〉．四）

【注釋】❶武城　魯邑，時子游為武城邑宰。❷弦歌之聲　指音樂歌唱之聲。子游為政，倡導禮樂，故邑中揚溢弦歌之聲。❸莞爾　微笑之貌。❹割雞焉用牛刀　殺雞何必使用宰牛之刀，喻大材小用。治小邑，何必用禮樂之教。❺偃　子游之名。❻君子學道等二句　指君子固然需要禮樂的教化，民眾同樣也需要禮樂的陶冶。❼二三子　指跟隨孔子至武城的其他學生。

【語　譯】孔子到了武城，聽見處處都是彈琴唱歌的聲音，於是微笑地說：「殺雞何必用牛刀呢？」子游回答說：「從前我聽夫子說過：『君子學習了禮樂，就能愛護人民；百姓學了禮樂，就能明白道理。』所以我正在實行禮樂的教化啊！」孔子向隨行的弟子們說：「弟子們！言偃的話很對！我剛才所說的那句話，不過是和他開玩笑罷了。」

【解　義】子游為武城邑宰，建立學校，教育青年，使琴聲歌聲讀書之聲，不絕於耳，禮樂之道大行。孔子經過武城，心中歡喜，不覺稱讚子游。但也有大材小用之感，以為子游之教，當行之於國家，而眼前卻只能小試於縣邑。牛刀割雞的譬喻，既是戲言，也是感嘆。

（三二〇）

冉求曰：「非不說❶子之道，力不足也。」子曰：「力不足者，中道而廢❷，今女畫❸。」（〈雍也第六〉．十）

【注釋】❶說 同「悅」。❷中道而廢 指半途而廢。中道，半路。❸今女畫 現今你卻是畫地自限。女，同「汝」。

【語譯】冉求說：「並不是不喜歡老師的道理，實在是我的力量不夠。」孔子說：「力量不夠的人，走到一半，才停下來，現在你卻是畫地自限，不想前進。」

【解義】孔子之道，平實易行，弟子各盡其力學習，都可得到應有的成就。冉求的個性，偏於柔弱謙退，以為孔子之道高遠，非自己力量所能企及，並以此為推託之詞。孔子則勉以量力而行，如果力量真是不足，也將行至半途，方欲止歇。否則，尚未起步而行，就說力量不足，不免是畫地自限的行為。

（三二一）

子路、曾皙❶、冉有、公西華侍坐，子曰：「以吾一日長乎爾❷，毋吾以也❸。居❹則曰：『不吾知也！』如或知爾，則何以哉❺？」子路率爾❻而對曰：「千乘之國，攝❼乎大國之間，加之以師旅❽，因❾之以饑饉❿，由也為之，比及三年，可使有勇，且知方也。」夫子哂之⓫。

「求，爾何如？」對曰：「方六七十，如⑫五六十，求也為之，比及三年，可使足民⑬；如其禮樂，以俟⑭君子。」「赤，爾何如？」對曰：「非曰能之，願學焉：宗廟之事⑮，如會同⑯，端章甫⑰，願為小相⑱焉。」「點，爾何如？」鼓瑟希⑲，鏗爾⑳。舍瑟而作㉑，對曰：「異乎三子者之撰㉒。」子曰：「何傷乎？亦各言其志也。」曰：「莫春㉓者，春服㉔既成，冠者五六人㉕，童子六七人，浴乎沂㉖，風乎舞雩㉗，詠㉘而歸。」夫子喟然歎曰：「吾與點也㉙！」三子者出，曾皙後。曾皙曰：「夫三子者之言何如？」子曰：「亦各言其志也已矣！」曰：「夫子何哂由也？」曰：「為國以禮，其言不讓，是故哂之。」「唯求則非邦也與？」「安見方六七十，如五六十，而非邦也者？」「唯赤則非邦也與？」「宗廟會同，非諸侯而何？赤也為之小，孰能為之大㉚？」（〈先進第十一〉．二十五）

【注釋】❶曾皙　姓曾，名點，字皙，曾參之父，孔子弟子。❷以吾一日長乎爾　言我年齡雖然比你們大一點。❸毋吾以也　不必因我年齡稍長，而不敢自由說話。❹居　平時。❺如或知爾二句　言如果有人了解你們，那麼，你們將如何貢獻才能呢！❻率爾　輕率貌。❼攝　脅迫。❽師旅　軍隊；侵伐。古代二千五百人為師，五百人為旅。❾因　連續。❿飢饉　饑荒。穀不熟曰飢，菜不熟曰饉。⓫哂之　笑之。⓬如　或也。⓭足民　人民富足。⓮俟　等候。⓯宗廟之事　指祭祀之事。⓰會同　諸侯集會同盟。⓱端章甫　穿禮服，戴禮帽。端，玄端，指禮服。章甫，禮帽。⓲小相　祭祀時，贊禮之司儀。⓳希　稀疏。希，同「稀」。⓴鏗爾　鼓瑟之聲。㉑舍瑟而作　離開樂器起立。舍，同「捨」。作，起立。㉒撰　陳說。㉓莫春　暮春時節。指三月，氣候開始溫暖。莫，同「暮」。㉔春服　春天的服裝。㉕冠者五六人　古代男子年二十歲，行加冠之禮，以為成人。㉖浴乎沂　在沂水中盥洗。沂，河水名，在今山東曲阜。㉗風乎舞雩　在舞雩壇上乘涼。舞雩，古代祭天祈雨，有舞蹈音樂助祭，故稱舞雩。㉘詠　歌詠。㉙吾與點也　孔子贊同曾點的看法。㉚赤也為之小二句　指公西華只願作小相，那何人能作大相呢？

【語譯】子路、曾皙、冉有、公西華陪坐在孔子身邊，孔子對他們說：「不要因為我的年紀比你們大一些，就不敢把心裡的話說出來。你們平時常說：『沒有人了解我！』假若有人了解你們，請你們出去做事，你們將如何為世所用呢？」子路率先回答說：「如果有一個能出千輛兵車的國家，處在大國之間，外受強敵侵略，國內又遭遇饑荒。讓我來治理，只要三年，就可以使人人有勇氣，知道做事的大原則。」孔子聽了，微微一笑。接著問道：「冉求！你的志向怎樣？」冉求回答說：「如果有一個面積六七十方里，或五六十方里的小國家，我來治理，只要三年，可以使人人富足。至於禮樂教化，只有等待賢人君子去做了。」孔子又問：「公西赤！你的志向如何？」公西華回答道：「我不敢說一定能夠做得好，只是願意學習而已：像宗廟裡的祭祀，或是諸侯的盟會，我願意穿著禮服，戴著禮帽，做一個襄助典禮進行的小司儀。」最後，孔子問曾皙說：「曾點！你的志向是什麼呢？」曾皙正在彈瑟，聽見孔子問到自己，把瑟音停歇下來，鏗然一聲，結束了樂曲。推開瑟，站了起來，回答說：「我的志向和他們三位不同。」孔子說：「那有什麼關係？只不過是各人談談自己的志願罷了。」曾皙回答說：「暮春的時候，穿上春裝，邀約五六個成年人，帶著六七個童子，一同到沂水邊玩玩水，再到舞雩臺上吹吹風，一路唱歌，一路走回來。」孔子聽了，嘆息地說：「我同意曾點的想法啊！」子路、冉求、公西華先離開，曾皙走在最後面，問道：「他們三位所說的話怎麼樣呢？」孔子說：「也不過是各人說說自己的志向罷了。」曾皙又問：「夫子為什麼要笑仲由呢？」孔子說：「治理國家應該講求禮讓，仲由說話毫不謙虛，所以笑他。」曾皙又問：「難道冉求所說的就不是國家嗎？」孔子說：「怎麼見得六七十方里，或是五六十方里的地方，就不是一個國家呢？」曾皙又問：「公西赤所說的，難道不是治理國家的事嗎？」孔子說：「宗廟祭祀，諸侯盟會，不是諸侯的事嗎？公西赤只願做個小相，那麼，又有誰能做大相呢？」

【解　義】孔子懷抱經世之志，教授弟子，使他們各具專長。子路長於軍事，冉求長於政務，公西華長於禮，都以進仕為念；而曾點則嚮往自然，心境和諧，隨處享受生活的情趣，意態瀟灑，不汲汲求仕，不怨天尤人。孔子歷經艱困，而不能行道於世，偶聞曾點之志，不免心有所感，故加以稱許，而有「與點」之嘆。但在回答曾點之問時，也陳述了子路冉求公西華三人的長處，並非就以忘世自樂為賢，而輕視子路等三人的志向。

（三二二）

子曰：「從我於陳蔡者❶，皆不及門也❷。」德行：顏淵、閔子騫、冉伯牛、仲弓。言語❸：宰我、子貢。政事：冉有、季路。文學❹：子游、子夏。（〈先進第十一〉．二）

【注釋】❶從我於陳者　魯哀公四年，孔子周遊列國，在陳蔡二國之間，楚國使人往聘孔子，陳蔡二國恐不利於己，乃發徒役圍困孔子等人，後得楚昭王興兵往迎，孔子等人，方免於受困。❷皆不及門也　如今都不在門下。❸言語　擅長辭令。❹文學　指詩書禮樂，典章制度。

【語譯】孔子說：「當年跟從我在陳國蔡國共渡患難的學生，現在都不在門下了。」在德行方面，優秀的有顏淵、閔子騫、冉伯牛、仲弓。在言語方面，優秀的有宰我、子貢。在政事方面，優秀的有冉有、季路。在文學方面，優秀的有子游、子夏。

【解義】魯哀公六年，孔子與眾弟子途經陳國蔡國之間，楚國聞知，使人聘請孔子。陳蔡兩國，畏懼孔子前往楚國，不利於己，於是圍困孔子等人於郊野，至於糧食斷絕。楚昭王興師往迎孔子，然後得以脫困。孔子晚年，想到昔日陳蔡之厄，弟子相從，共渡患難者，眼前皆不在門下，不免深有感慨。當時，其他弟子在旁，即將相從孔子於陳蔡的弟子，分別專長，加以記錄，共分為德行、言語、政事、文學四種類別。德行用以修己，政事用以安人，言語用以應對，文學用以抒情，四者都是孔子教學的重心，也顯示了孔子因才施教的方針。

（三二三）

季氏❶富於周公，而求也為之聚斂，而附益之❷。子曰：「非吾徒也，小子鳴鼓而攻之❸可也！」（〈先進第十一〉．十六）

【注釋】❶季氏　魯國執政大臣季康子。❷求也為之聚斂二句　孔子弟子冉求，為季氏家臣，為季氏增加財富，聚集財貨。聚斂，搜刮。附益，增加。❸小子鳴鼓而攻之　指其他的孔門弟子，可以擊鼓責備，聲討冉求的罪過。

【語譯】季氏的家產超過周公，而冉求竟然幫他搜刮民財，以增加財富。孔子說：「他不是我的門徒，弟子們，可以大張旗鼓地去聲討他！」

【解義】周公是武王之弟，制禮作樂，建有大功，富貴在身，自然合宜。而季康子專擅魯國之政，以諸侯之卿，而財富卻超過周公。孔子弟子冉求，為季氏家宰，襄助季氏，提高賦稅，剝削民眾，攘取財貨。孔子聞知以後，嚴正表示，冉求已非自己的門徒，令門下其餘弟子，擊鼓聲討冉求的罪過。其實，聲討冉求，也正是聲討季氏。

十八、行誼

小引

孔子一生，好學不厭，誨人不倦，他雖然擁有救世的抱負，為政的理想，也曾率領弟子，周遊列國，卻不為時君世主所重用，晚年回到魯國，刪訂六經，將自己的理念，垂留後世，他的苦心孤詣，聲音笑貌，言語舉止，經由弟子們的記錄，也真實地保留下來。從這些記錄中，我們可以看到，一位終其一生，棲棲遑遑，不忘救世理想，不忘辛勤教學的哲人形象。另外，從孔子生活起居的一些細微行動，往來應對，待人處事上，也都能夠反映出哲人平易親切的一面。他的種種行誼，值得人們仔細觀察，仔細體會。

（三二四）

子曰：「德之不修❶，學之不講❷，聞義不能徙❸，不善不能改❹，

是吾憂也。」（〈述而第七〉‧三）

【注　釋】❶修　修養；培養。❷講　講論；學習。❸徙　遷徙；隨從。❹改　更改；改錯。

【語　譯】孔子說：「品德不加修養，學問不加講習，聽到合宜的道理不能相從，錯誤不能改正，這都是我所憂慮的事情。」

【解　義】品德須要修養，才能漸成，學識須要講習，才能漸明，見義行應當下效法，有過錯應立即改正。否則，品德、學識、勇氣、行為，都無法日益進步，容易流於怠墮。故孔子以為，那才是他深感憂慮的事情。

（三二五）

子曰：「飯疏食❶，飲水❷，曲肱而枕之❸，樂亦在其中矣。不義而富且貴，於我如浮雲❹。」（〈述而第七〉‧十五）

【注　釋】❶飯疏食　吃粗陋的食物。飯，作動詞用，進食之義。❷飲水　以清水代湯。❸曲肱而枕之　彎曲手臂，當作枕頭而臥。肱，手臂。❹於我如浮雲　言如浮雲過眼，與己無關。

【語　譯】孔子說：「吃粗米飯，喝水，彎曲手臂當枕頭睡覺，樂趣也自然在其中。如果以不合理的方法，求得富貴，對我而言，只像是天上的浮雲一般。」

【解　義】孔子生活儉樸，習於平淡，對於物質享受，尤能淡然處之，故雖疏食飲水，曲肱而枕，也能自得其樂。如果有人以不義的富貴相誘引，則孔子將視同浮雲過眼，無關輕重。

（三二六）

子溫而厲❶，威而不猛❷，恭而安❸。〈述而第七〉・三十七

【注　釋】❶厲　嚴肅。❷威而不猛　有威嚴，但不兇猛。❸恭而安　面容莊重，態度安詳。

【語　譯】孔子待人，態度溫和而嚴肅，有威嚴，但不兇暴，恭敬而又自然安詳。

【解　義】態度親切溫和，容易失於柔弱，故須以嚴肅相濟。儀表具有威嚴，則恐過分剛強，故宜以不致兇暴為限。對待尊長恭敬，不免有時拘謹，故當以自然安詳作調節。三種處世待人的態度，孔子都能調和適當，故弟子加以記錄，作為學習的榜樣。

（三二七）

子之所慎❶：齊❷、戰、疾。〈述而第七〉・十二

【注　釋】❶慎　謹慎。❷齊　通「齋」。齋戒。古人於祭祀之前，必須沐浴戒慎，整肅身心，稱之為齋。

【語　譯】孔子所謹慎小心的事情有三件：齋戒、戰爭、疾病。

【解　義】孔子平日，必然謹慎以對者，共有三件事情，一為齋，二為戰，三為疾。「齋」是誠心敬意，以祈禱於神明祖先。「戰」是服役軍旅，執戈衛國，保護疆土。「疾」是染患疾病，關係健康幸福。人們對此三事，自然也應謹慎面對，以求獲得禎祥。

（三二八）

師冕見❶，及階❷，子曰：「階也。」及席❸，子曰：「席也。」皆坐，子告之曰：「某在斯❹，某在斯。」師冕出，子張問曰：「與師言之道與？」子曰：「然，固相❺師之道也。」（〈衛靈公第十五〉．四十二）

【注　釋】❶師冕見　樂師名冕，來見孔子。古代樂師，多由盲人擔任。❷階　臺階。❸席　坐位，古代舖席於地而坐。❹某在斯　指出在坐者的姓名，以告訴師冕知曉，以便對話。❺相　幫助。

【語　譯】魯國的樂師師冕來見孔子，走到階前，孔子就對他說：「這裡是臺階。」走到席前，孔子又對他說：「這裡是坐席。」等大家都坐定了，孔子告訴他說：「某人坐在這裡，某人坐在這裡。」師冕出門之後，子張問道：「這就是與樂師說話的方式嗎？」孔子說：「是的，這就是幫助盲人應有的道理。」

【解　義】樂師師冕往見孔子，孔子對待盲者，一一用言語引導他登階、坐席，以及分別告以在座賓客諸人的姓名，以及他們座席的方位，使盲者可以與他們言語問答。如此體恤及尊重盲者，也顯示了孔子的仁心與誠意，自然流露，毫無矯飾。

（三二九）

子見齊衰者❶，冕衣裳者❷，與瞽者❸，見之，雖少必作❹，過之必趨❺。（〈子罕第九〉．九）

【注　釋】❶齊衰者　穿喪服之人。衰，同「縗」。❷冕衣裳者　穿戴禮服禮冠的大夫。❸瞽者　盲人。❹雖少必作　對方雖然年輕，孔子也必然起立，表示尊重。作，起立。❺趨　疾步而行。

【語　譯】孔子看見身穿孝服的人，穿戴禮服禮帽的人，瞎了眼睛的人，看到他們，雖然有人年紀比孔子輕，孔子也一定會站起身來，如果走過他們面前，也必定快步而行。

【解　義】孔子以仁存心，故見到身穿孝服的人，自然有哀憫之情；見到身穿公務服裝的人，自然有尊重之意；見到盲人，自然有同情之心。見到這三種人，即使對方年少，孔子也必然起立，表示敬意。如果經過三者面前，孔子也必然快步而行。這些都是內心誠懇的自然流露。

（三三〇）

子曰：「文莫❶，吾猶人也❷，躬行君子❸，則吾未之有得❹！」（〈述而第七〉．三十二）

【注釋】❶文莫　猶「黽勉」。勤勉努力之義。❷吾猶人也　我可以和別人一樣。❸躬行君子　親身實踐，成為道德高尚的君子。❹則吾未之有得　那我尚沒能做到。

【語譯】孔子說：「在努力求知方面，我大約還趕得上別人，至於作一個身體力行的君子，我還不能做到！」

【解義】追求知識學問，勤勉努力，不加懈怠，孔子自稱，能與他人相同，不作謙遜。至於從事內心修養，躬行仁義，提升自己的道德，則孔子自認，尚未能夠到達君子的境地。孔子對於前者，有充分的自信，對於後者，也有適度的謙虛。

（三三一）

子曰：「若聖與仁，則吾豈敢❶？抑❷為之不厭，誨人不倦，則可

謂云爾已矣❸！」公西華曰：「正唯弟子不能學也！」（〈述而第七〉．三十三）

【注釋】❶若聖與仁二句　當時有人以聖人與仁者推崇孔子，孔子則自謙不敢承當。聖是最高的人品，仁是最大的德行。❷抑　或者。轉接之詞。❸云爾已矣　云爾，如此之義。已矣，語末助詞。

【語譯】孔子說：「如果說我是聖人是仁者，我怎敢當呢？我不過在追求聖仁之道這方面，不厭煩地學習，不懈怠地教人，倒還可以說是這樣吧！」公西華說：「這正是弟子們所學不到的啊！」

【解義】孔子不敢自當聖人與仁者之名，僅稱自己對於聖仁之道，能勤於實踐，也能以聖仁之道，樂於教人，故終身願以希聖求仁，自我勉勵，努力求進。公西華則以為，孔子對聖仁二者，為不厭教不倦的精神，弟子們已不能企及，何況聖人仁者的境界，更不易仰望，但也願以學習孔子的精神，作為目標。

（三三二）

子疾病❶，子路請禱❷，子曰：「有諸❸？」子路對曰：「有之，誄❹曰：『禱爾於上下神祇❺。』」子曰：「丘之禱久矣❻！」（〈述而第七〉．三十四）

【注　釋】❶子疾病　孔子病得很重。疾，生病。病，病重。❷請禱　請代向神明祈求保佑。❸諸　「之乎」的合音。❹誄　自古相傳的祈禱文。❺神祇　神，天神。祇，地神。❻丘之禱久矣　孔子言，自己早就禱告過了，意思是婉拒子路的請求，要他不必再行祈禱。

【語　譯】孔子病重，子路請求代老師向神靈祈禱，孔子說：「有這回事嗎？」子路回答說：「有的，誄詞上說：『為你向上天下地的神靈地祇祈禱。』」孔子說：「那麼，我早就祈禱過了！」

【解　義】祈禱能使人心情虔敬，有助心理生理的平靜。子路請禱，孔子不曾否定，但說吾禱已久。因孔子平素行為合於神明的理想，無時無處而不悔過向善，故自言所禱已久，逆境中的心情自然平順，不必在臨事之時，再行祈禱，去媚神求福。同時，也表明了不願他人代為祈禱之意。

（三三三）

子釣而不綱❶，弋不射宿❷。〈述而第七〉・二十六

【注　釋】❶綱　王引之《經義述聞》以為是「網」字之誤。❷弋不射宿　不用帶線的箭，去射巢中的宿鳥。弋，於箭上繫絲線，以射鳥類。

【語　譯】孔子用釣竿釣魚，不用大網取魚，只用生絲繫箭，射空中飛鳥，不射巢中夜宿的鳥。

【解　義】人們捕食魚鳥，事非得已，仍當以不濫捕濫殺，斷絕禽魚生長的機會為原則。故孔子雖

也垂釣，但不以大網捕捉大小魚類；雖也引弓，但只射飛鳥，而不以箭繫繩，射巢中宿鳥，以免鳥在巢中，伏卵育雛，以箭繫繩而射，覆巢之下，將無完卵。如此，也可見聖人好生之德，使禽魚留有生路。

（三三四）

子曰：「惡紫之奪朱也❶，惡鄭聲之亂雅樂也❷，惡利口之覆邦家者❸。」（〈陽貨第十七〉．十八）

【注　釋】❶惡紫之奪朱也　厭惡紫色代替了朱紅的正色地位。❷惡鄭聲之亂雅樂也　厭惡鄭國淫靡的樂曲，擾亂了典雅的樂曲。❸惡利口之覆邦家者　厭惡口才便捷的佞人，顛倒是非，敗壞國家大事。

【語　譯】孔子說：「我厭惡紫色侵奪了赤色的光彩，厭惡鄭國的靡靡之音擾亂了先王的雅樂，厭惡那口才銳利顛倒是非足以傾覆國家的人。」

【解　義】周代以朱紅為正色，紫為閒色。紫色近於朱色，易亂正色。雅樂為周代正樂，鄭聲近於淫蕩，易惑人心。利口之人，言語便捷，易使人以非為是，足以亂人國家。紫色、鄭聲、利口，都是當時人們的所喜所尚，故孔子皆深加厭惡。

（三三五）

子曰：「道聽而塗說❶，德之棄也❷！」（〈陽貨第十七〉‧十四）

【注釋】❶道聽而塗說　在道路上聽來的傳言，也在道途之中，任意傳播。❷德之棄也　是自棄於道德。

【語譯】孔子說：「在道路上聽來的傳言，也照樣在道路上加以傳播，這是自己拋棄了應守的道德啊！」

【解義】學必習而後成，德必修而益進，故必尊師博文，多聞嘉言懿行，反之於心，行之於身，方成學問。否則，學者心無所得，內無所主，僅聞道路他人之言，也就在道路之中，與人講論。如此拾人牙慧，貌似深奧，卻與自己的身心無關，故就道德而言，被視為可棄之物。

（三三六）

互鄉難與言❶，童子見❷，門人惑❸。子曰：「與其進也，不與其退也❹。唯何甚❺？人潔己以進❻，與其潔也，不保其往也❼！」（〈述而第七〉‧

二十八）

【注　釋】❶互鄉難與言　互鄉的風俗惡劣，很難告以善道。互鄉，魯國鄉名。❷見　求見孔子。❸惑　疑惑不解。❹與其進也二句　稱許他上進，不稱許他墮落。❺唯何甚　何必追究太過分呢！❻人潔己以進　其人改過自新，以求進步。❼不保其往也　不管他以前的行為如何。保，管。

【語　譯】互鄉這地方的人難於和他交談，有一個互鄉來的兒童，卻得到孔子的接見，弟子們覺得疑惑。孔子說：「我稱許他上進，不贊成他後退，何必拒人太過分呢？別人潔身自好以求上進，我稱許他現在的上進精神，並不追究他過去行為的好壞。」

【解　義】魯國互鄉之人，民風強悍，言語難與溝通，但互鄉有童子求見孔子，孔子欣然與他相見，孔門弟子不免疑惑於心。實則，孔子與人為善，有教無類，互鄉童子，既來求見，足見已有上進之心，值得稱許。如不相見而加以教導，則是助長他的墮落，何必加以拒絕？況且，其人目前既有潔己求進之念，從事教育者，也應予以獎掖，而不必去追究他過往行為的是非。

（三三七）

闕黨童子將命❶。或問之曰：「益者與❷？」子曰：「吾見其居於位也❸，見其與先生並行也❹，非求益者也，欲速成者也。」〈憲問第十四〉．

四十七）

【注釋】❶闕黨童子將命　闕黨有一童子來為孔子傳達訊息。闕黨，黨名，孔子的故里。❷益者與　問此童子前來，是真心求取進益的嗎？❸居於位也　此童子坐於成人的席位之上，而不是依禮坐於角落旁邊。❹與先生並行也　此童子與長輩並肩而行，而不是依禮隨行在長者之後。

【語譯】闕黨有一個童子來向孔子傳達信息。有人問道：「這孩子是想求上進的人嗎？」孔子說：「我看見他大模大樣地坐在成人的位子上，又看見他與長輩並肩而行，可見他不是個肯求上進的人，只是一個想走捷徑的人。」

【解義】孔子觀察敏銳，見闕里的童子為鄉人傳達言辭，人們見他英挺煥發，以為他是力求上進之人，問於孔子。孔子以為，長幼有序，為禮之根本，而闕里童子，坐則位居長者之席，行則與長者比肩並行，而不隨行於長者後側，足見心中並無謙遜禮儀之觀念。故孔子以為，那童子只是追求速成，越禮不讓之輩，他的行為，足以使人引以為戒。

（三三八）

子路宿於石門❶，晨門❷曰：「奚自❸？」子路曰：「自孔氏❹。」曰：「是知其不可而為之者與？」（〈憲問第十四〉．四十一）

【注釋】❶石門　魯城外門。❷晨門　守城門之人。❸奚自　問子路來自何方。奚，何也。❹自孔氏　來自孔子家中。

【語譯】子路在石門外住了一夜，第二天一早進城，守門的人問：「你從那裡來？」子路說：「我從孔家來。」守門的人說：「就是那位明知不可為而為的人嗎？」

【解義】處在亂世，孔子懷抱救世的精神，力行不輟，他能知道事不可為，是孔子智慧的表現，既知事不可為而仍然勉力而為，是孔子仁心的表現。石門的守城門者，能夠知曉孔子的心志與毅力，肯定也不是凡夫俗子。

（三三九）

葉公❶問孔子於子路，子路不對。子曰：「女奚不曰❷：『其為人也，發憤忘食，樂以忘憂，不知老之將至云爾❸！』」〈述而第七〉・十八

【注釋】❶葉公　姓葉，名諸梁，字子高，楚國大夫，封於葉，僭稱公。❷女奚不曰　你為何不說。女，同「汝」。奚，何也。❸云爾　語助詞。

【語譯】葉公向子路問孔子的為人，子路沒有回答。孔子說：「你為什麼不告訴他說：『我們老師的為人，用功的時候，往往忘記吃飯，快樂起來，忘記了憂愁，甚至連快老了都不知道呢！』」

【解　義】楚國大夫葉公向子路問孔子的為人，子路以為，聖人之道，不易以簡要之語說明，故不加回答。孔子以為，不妨告知，孔子的為人，發憤忘食，樂以忘憂，不知老之將至，則可見孔子致力學習，既不在意衣食，也能遺忘憂愁，更不掛心歲月的變遷。就此數語，已足見孔子的好學精神，忘食忘憂忘老，而樂觀奮鬥不懈。

（三四〇）

微生畝❶謂孔子曰：「丘何為是栖栖❷者與❸？無乃為佞❹乎？」孔子曰：「非敢為佞也，疾固❺也！」（〈憲問第十四〉·三十四）

【注　釋】❶微生畝　姓微生，名畝。❷栖栖　不安之貌。❸與　同「歟」。❹佞　口才便捷。❺固　固執。

【語　譯】微生畝對孔子說：「你為什麼這樣遑遑不安，忙碌奔波呢？難道是為了表現你的口才去取悅世人嗎？」孔子說：「我並非敢於表現口才去取悅世人，而是厭惡那種頑固的人啊！」

【解　義】微生畝稱孔子之名，當是年長於孔子，而問孔子為何栖栖遑遑，周遊列國之間，以為孔子意在表現口才的敏捷，以取悅世人。孔子回答，雖知世人多固執己見，難於曉諭新知，但他意在盡心努力，不辭勞苦，奔波忙碌，以傳播道德及仁政的理想，期望能夠感化世人，轉移時勢，雖知其不可為而為之，但也是求取心安而已。

（三四一）

子擊磬❶於衛。有荷蕢❷而過孔氏之門者，曰：「有心哉，擊磬乎！」既而曰：「鄙哉，硜硜乎❸！莫己知也，斯已而已矣！『深則厲，淺則揭❹。』」子曰：「果哉！末之難矣❺！」（〈憲問第十四〉・四十二）

【注釋】❶磬　石製樂器。❷荷蕢　荷，挑負。蕢，盛土的草器。❸硜硜乎　石器相擊之聲。其聲有堅確、固執之意。❹深則厲二句　二句見於《詩經・衛風・匏有苦葉》，指遇水過河，水深，則和衣涉水而過；水淺，則牽衣涉水而過。比喻人生應世，需深淺適宜。❺果哉二句　孔子感嘆此人用心果決，恐也無法去非難了。

【語譯】孔子在衛國的時候，有一天正在敲磬。有一個挑著草筐的人，從孔子門前經過，聽到磬聲，就嘆息說：「很有救世之心啊！這個敲磬的人。」過了不久，又說：「這個人的見識不甚高明啊！從他堅確的磬聲中，聽得出來是個固執的人！既然沒有人了解自己，也就算了。《詩經》上說：『遇到水深的地方，就和衣涉水而過；遇到水淺的地方，就提起衣裳涉水而過。』要曉得深淺得宜啊！」孔子聽了，也嘆息著說：「真是堅決遺忘世俗的人啊！假若如此，那我對他也沒有什麼非難了！」

【解義】荷蕢長者，能從磬聲中體會到孔子救世的苦心，但是，他接著又發出感嘆，規勸孔子要識時變，既然心意不為世人所知，不妨就此放下，也如同渡河一樣，要視水的深淺而調整渡河的方法。孔子則尊重荷蕢長者意見的果決，也並不加以非難。孔子與荷蕢長者，代表積極救世與消極避世兩種不同的人生觀，所以，孔子也不強求其相同，更不加以非議。

（三四二）

陽貨❶欲見孔子，孔子不見，歸孔子豚❷。孔子時其亡也，而往拜之❸，遇諸塗❹。謂孔子曰：「來！予與爾言。」曰：「懷其寶而迷其邦❺，可謂仁乎？曰：不可。好從事而亟失時❻，可謂知乎？曰：不可。日月逝矣，歲不我與❼！」孔子曰：「諾，吾將仕矣！」（〈陽貨第十七〉・一）

【注　釋】❶陽貨　魯國季氏的家臣，名虎，專魯國之政。❷歸孔子豚　送一隻蒸熟的小豬給孔子。歸，同「饋」，贈送。❸孔子時其亡也二句　孔子伺察陽貨不在家時，前往拜候，意在既不失禮，又可不見厭憎之人。❹塗　同「途」。❺懷其寶而迷其邦　比喻具備才華，卻眼見國家混亂。❻亟失時　屢次失去機會。亟，屢次。❼日月逝矣二句　時間過得很快，歲月不再等待。逝，往也。

【語　譯】陽貨想見孔子，孔子不願見他。陽貨於是送給孔子一隻蒸熟了的小豬，使孔子不得不前來道謝。孔子知道陽貨的意圖，便趁他不在家的時候前去回拜，不巧在路上遇見了。陽貨對孔子說：「來吧！我有話和你說。」孔子沒有回答。陽貨又說：「擁有寶貴的道德與才能，卻聽任國家昏亂，這樣的人可以稱為仁者嗎？恐怕不可以吧！喜歡出仕從政，卻屢次錯失機會，這樣的人可以稱為智者嗎？恐怕不可以吧！時間一天天過去，歲月是不會等待我們的！」孔子這時才說：「是啊，我正打算出來做官哩！」

【解　義】陽貨為魯國大夫季氏的家臣，欲見孔子，孔子不見，乃俟孔子外出，而饋贈孔子熟豚，希望孔子依禮往謝，以增加自己的聲名。孔子也俟陽貨外出而往答謝，不意返家途中遇見陽貨。陽貨既見孔子，遂絮絮出語而不休，孔子聆聽，默不出聲。最後，始作出五字的回答。因孔子並非不欲出仕，但不願經由陽貨的關係而出仕，因此簡略回答。孔子的態度，不卑不亢，也顯現了聖人與小人相處的態度。

（三四三）

在陳絕糧❶，從者病❷，莫能興❸。子路慍見曰：「君子亦有窮乎？」

子曰：「君子固窮❹，小人窮斯濫矣❺。」（〈衛靈公第十五〉・二）

【注　釋】❶在陳絕糧　孔子自衛國前往陳國，在陳國，缺乏糧食。❷病　飢餓。❸興　起立。❹君子固窮　君子可以固守窮困之境。❺小人窮斯濫矣　小人因不耐窮困，往往無所不為。濫，放肆。

【語　譯】孔子在陳國遭到困危，缺乏糧食，跟隨他的弟子們都因飢餓而病倒。子路帶著很不高興的態度去見孔子，說：「君子也有窮困的時候嗎？」孔子說：「君子不僅有窮困的時候，而且能堅持窮困，不像小人一樣，遇到窮困就無所不為了。」

【解　義】魯哀公六年，孔子與弟子前往陳國，因陳國內亂，故缺乏食物，弟子都疲乏飢餓。子路心中不免慍怨，問於孔子，君子也有如此困頓之時，則天理何在？孔子告以君子處窮之道，當不憂不懼，雖居窮困，也能固守正道，不因境遇不順而改變志業。更不當似小人一般，處窮困就濫無準則，無所不為。

（三四四）

子問公叔文子❶於公明賈❷，曰：「信乎？夫子❸不言、不笑、不取乎？」公明賈對曰：「以告者過❹也。夫子時然後言，人不厭其言；樂然後笑，人不厭其笑；義然後取，人不厭其取。」子曰：「其然，豈其然乎❺？」（〈憲問第十四〉．十四）

【注　釋】❶公叔文子　姓公孫，名拔，文是諡號，衛國大夫。❷公明賈　姓公明，名賈，衛國賢人。❸夫子　指公叔文子。❹以告者過也　這是告訴你話的人，說得太過分了。以，此也。❺其然二句　果真如此？難道真是如此嗎？二句連言，有稱許意，也有疑惑意。

【語　譯】孔子向公明賈詢問公叔文子的為人，說：「我聽別人說他老先生不說話、不歡笑、不貪取，這是真的嗎？」公明賈回答說：「告訴你這些話的人言過其實了。他老人家只是該說話的時候才說話，所以沒有人討厭他說話；真正快樂的時候才歡笑，所以沒有人討厭他歡笑；合理的財利他才取，所以沒有人討厭他獲取。」孔子說：「原來是這樣啊，他真是這樣的嗎？」

【解　義】人們傳說公叔文子「不言、不笑、不取」，孔子不免有所懷疑，問於公明賈。公明賈為之說明，公叔文子言得其時，笑值其樂，取合其義，使語默取捨，皆中節度，故人們對於公叔文子，不厭其言，不厭其笑，不厭其取。公明賈的說明，孔子雖加稱許，意在成人之美，但也多少仍然有疑於心。

（三四五）

蘧伯玉使人於孔子❶，孔子與之坐而問焉，曰：「夫子何為❷？」對曰：「夫子欲寡其過而未能也❸。」使者出，子曰：「使乎！使乎❹！」

（〈憲問第十四〉・二十六）

【注　釋】❶蘧伯玉使人於孔子　蘧伯玉派使者來拜訪孔子。蘧伯玉，姓蘧，名瑗，字伯玉。衛國大夫，有賢名。❷夫子為何　問蘧伯玉近來所作何事。夫子，指蘧伯玉。❸夫子欲寡其過而未能也　指蘧伯玉有意想減少自己的過錯，卻還未能做到。夫子，指蘧伯玉。❹使乎使乎　讚美使者應對得體之詞。

【語譯】蘧伯玉派了一位使者來拜訪孔子，孔子請他入座，然後問他說：「老先生近來做些什麼事情呢？」使者回答說：「他老人家想減少自己的過失，卻還沒能做到。」使者告辭出門之後，孔子說：「好一位使者啊！好一位使者啊！」

【解義】孔子經過衛國時，曾寓居衛國賢大夫蘧伯玉家中，返回魯國之後，蘧伯玉使人問候孔子，孔子問到蘧伯玉近日所為何事，使者告以，蘧伯玉平日力求寡過，深自反省，但還未能達到無過的境地。孔子聞知，乃稱許使者言詞得當，態度謙恭，既能彰顯蘧伯玉的求善心切，又表現了使者應有的謙恭，足可作為使者的模範。

（三四六）

子曰：「法語之言❶，能無從乎？改之為貴。巽與之言❷，能無說❸乎？繹之為貴❹。說而不繹，從而不改，吾末如之何也已矣❺！」〈子罕第九〉‧二十三

【注釋】❶法語之言　義正辭嚴的話語。❷巽與之言　宛轉稱讚的話語。❸說　同「悅」。❹繹之為貴　貴

在能夠細心推尋對方的真意。❺吾末如之何也已矣　那我也無法去應付了。

【語　譯】孔子說：「嚴正告誡的話，能不聽從嗎？但真能改過，才算可貴。委婉勸導的話，能不喜歡嗎？但要分析話中的含意，才算可貴。如果只是心中喜悅，而不分析話中用意，只是表面聽從，而不真正改過，那麼，我對他也沒有辦法了。」

【解　義】人非聖賢，孰能無過。不慎犯錯，他人如以嚴正的言詞來相告誡，易於使人畏懼而接受；但接受尚嫌不足，應遵從告誡之言，加以改正行為的過失，方才可貴。他人如以和婉的言詞來相勸導，易於使人寬心而喜悅；但喜悅尚嫌不足，應了解勸導之言，尋思其言外的用意，方才適當。總之，他人對自己的告誡或勸導，如只是接受而不加改正，只是喜悅而不加尋思，則都不是有益於己的態度。

（三四七）

孔子曰：「『見善如不及，見不善如探湯❶。』吾見其人矣，吾聞其語矣。『隱居以求其志，行義以達其道❷。』吾聞其語矣，未見其人也。」

（〈季氏第十六〉．十一）

【注　釋】❶見善如不及二句　見善事，如落人之後，恐追趕不及，見不善之事，如以手指試探沸湯，恐躲避不及。二句，是古代相傳之語。❷隱居以求其志二句　處亂世宜隱居以保全自己的意志，處治世宜行道以貫徹自己的理想。二句，也是古代相傳之語。

【語譯】孔子說：「『見到好的事情，好像追趕不上一樣；見到不好的事情，像手指摸到熱湯一樣。』這樣的人我見過，這樣的話我也聽過。『隱居避世以成全心志，實行道義以達成理想。』這樣的話我聽過，這樣的人我沒見過。」

【解義】見善行在前，如追之不及，乃儘速前往相從。見不善之行，如手探熱湯，乃儘速避退而去。這兩種行為，孔子自言已見其人，且聞其語。

至於能隱居不仕，以求遂其心志，見合義之事，則力行以達到仁道。這兩種行為，孔子自言已聞其語，唯尚未見到其人而已。

孔子陳述善人難得，善行不易，能堅持理想，則尤為不易。

（三四八）

子曰：「古者民有三疾❶，今也或是之亡❷也。古之狂也肆❸，今之狂也蕩❹；古之矜也廉❺，今之矜也忿戾❻；古之愚也直❼，今之愚也詐而已矣❽。」〈陽貨第十七〉‧十六

【注釋】❶三疾　三種偏失。指下文所說狂、矜、愚三者。❷亡　同「無」。❸古之狂也肆　古代的狂者，志大而直言。❹蕩　放蕩。❺古之矜也廉　古代的矜者，謹慎而方正。❻忿戾　忿怒，乖戾。❼古之愚也直　古代的愚者，坦白而直爽。❽詐而已矣　詐，欺騙。而已矣，句末助詞。

【語譯】孔子說：「古人有三種毛病，現在的人連這三種有點可貴的毛病或許都沒有了。古代狂放的人肆意直言，現在狂放的人放蕩不拘；古代矜持的人行為方正，現在矜持的人行為悖理；古代愚昧的人性情直率，現在愚昧的人只是存心詐偽罷了。」

【解義】在古時，人民有三疾，三疾是狂、矜、愚。狂者心志高大，不拘小節。矜者持守過嚴，稜角太露。愚者率直而行，不作曲枉。

而當今，人民也有狂、矜、愚三疾，則是狂者過於放蕩，矜者過於暴戾，愚者過於欺詐。

古今的人民，同有三疾，三疾之名稱相同，而其性格上的偏失，行為上的表現，卻大不相同。

古人三疾，多少尚有可貴之處，今人三疾，則都成為敗德，此實由於風俗澆薄的原因。

（三四九）

子見南子❶，子路不說❷。夫子矢❸之曰：「予所否❹者，天厭之！天厭之！」（〈雍也第六〉・二十六）

【注　釋】❶南子　衛靈公之夫人，有淫行，又蠱惑靈公，操縱朝政。孔子到衛國，南子依禮召見孔子，孔子不得已而往見。❷說　同「悅」。❸矢　發誓。❹否　指不合於禮。

【語　譯】孔子往見南子，子路不高興。孔子因而發誓說：「我的行為如果有不合禮的地方，天會厭棄我！天會厭棄我！」

【解　義】衛靈公的夫人南子，素行不端，名聲不佳。孔子到達衛國，南子使人告知，願意與孔子相見。孔子重禮，仕於該國，有見於君夫人之禮，故孔子不得已而往相見。子路以孔子詘身行道為辱，心中不悅。孔子因而發誓重申，自己行事如有不合於禮之處，則天將厭棄於我，天將厭棄於我。

十九、篤志

小引

孔子有用世的心願，有修己安民的理想，他最欽佩以禮樂政制建立西周文化的周公，他的一生，也以能夠得君行道，在東方建立一個有如西周一般的理想制度，作為努力的目標，這項目標，一直到老，他都堅持不變。

孔子曾經周遊列國，尋求致用的機會，在魯國，他曾經擔任大司寇的職務，一度還攝行相事，可惜未能長久，在齊國和衛國，他也都曾有從政的機會，卻都不能如願以償。為了追求致用的理想，他曾受到弟子的誤會，也曾反駁一些隱逸之士的譏諷。直到晚年，他回顧自己一生對於內聖外王之業的努力歷程，依然是執持理念，意志堅定，他的毅力和精神，贏得了後世人們的敬仰。

公山弗擾以費畔❶，召❷，子欲往❸。子路不說❹，曰：「末之也已❺，何必公山氏之之也❻？」子曰：「夫召我者，而豈徒哉❼？如有用我者，吾其為東周乎❽！」（〈陽貨第十七〉．五）

【注　釋】❶公山弗擾以費畔　魯國大夫公山弗擾盤據費邑叛變。公山弗擾，姓公山，名不狃，《論語》作弗擾，為魯國季氏費邑的邑宰，後據費邑叛變。畔，同「叛」。❷召　召見孔子。❸子欲往　孔子以為，公山弗擾也許能夠除去季氏權臣，復興魯國，故有意前往。❹說　同「悅」。❺末之也已　言孔子雖無處前往，則可作罷。末，無也。也已，句末助詞。❻何必公山氏之之也　指何必前往公山氏之處。之之，下「之」字，往也。❼而豈徒哉　言豈無用意呢！徒，空也。❽吾其為東周乎　言將實行文武之道於東方，周在西，魯在東。

【語　譯】公山弗擾盤據費邑反叛季氏，召請孔子，孔子正想前往。子路很不高興，說道：「沒有地方去就算了，何必一定要去公山氏那裡呢？」孔子說：「那召請我去的人，難道沒有用意嗎？假如有人用我，我將使周文王、武王的政治理想在東方復興呢！」

【解　義】魯定公八年，魯國季氏的家臣公山弗擾，據費邑而叛，使人召請孔子，時孔子懷抱用世之志，尚未出仕，故有意前往，以觀公山弗擾的意圖。子路不悅，以為不宜前往。孔子則回答，如能獲得任用，發揮抱負，將可在東方建立一個像西周那樣理想的政治制度，使文王周公的理想在東方復興，又有什麼畏懼而不可前往呢？此章可見孔子急欲把握抒發政治理想的機會，也可見孔子與人為善的精神。

（三五一）

子貢曰：「有美玉於斯❶，韞匵而藏諸❷？求善賈❸而沽❹諸？」子曰：「沽之哉！沽之哉！我待賈者也！」（〈子罕第九〉．十二）

【注釋】❶斯　此也。❷韞匵而藏諸　指將美玉藏在櫃子之中嗎？韞，藏也。匵，櫃子。諸，「之乎」的合音。❸善賈　高價。賈，同「價」。❹沽　出售。

【語譯】子貢說：「有一塊美玉在這裡，是把它藏在櫃子中呢？還是找個好價錢把它賣掉呢？」孔子說：「賣掉吧！賣掉吧！我正在等待好價錢呢！」

【解　義】子貢知道孔子有用世之志，而久不出仕，因而以譬喻的方式請問，有才華如玉在身，應當珍藏於家，或是等待善價而求售？孔子回答，自己不願炫耀求售，唯有等待真能識玉之美者，方能待善價而出售。求與待，有所不同，求是低聲下氣，易為人所輕，待是必俟人主以禮相對，誠意懇請，如此，受到尊重，才能出仕之後，發揮抱負，有所作為。如姜太公獲文王親訪，諸葛亮得劉備三顧，都是有待的例子。

（三五二）

齊景公❶待❷孔子，曰：「若季氏，則吾不能；以季、孟之間待之❸。」曰：「吾老矣，不能用也。」孔子行。（〈微子第十八〉・三）

【注　釋】❶齊景公　齊國國君。❷待　對待；待遇。❸若季氏三句　魯國當時，季孫為司徒，叔孫為司馬，孟孫為司空。司徒為上卿，司空為下卿。以季孟之間待之，則是比照叔孫之禮，對待孔子。

【語　譯】齊景公談到以祿位對待孔子的時候，說道：「要像魯君對待季氏一般，以上卿之禮對待孔子，那我做不到；我將以次於季氏而高於孟氏的祿位來對待他。」後來，又說道：「我老了，沒有什麼作為了。」孔子於是離開齊國。

【解　義】孔子懷抱救世之志，周遊列國，當他到達齊國時，齊景公願意重用孔子。時魯國有孟孫、叔孫、季孫三卿，季氏最貴，為上卿，孟孫為下卿。齊景公對待孔子，將比照魯國上卿下卿之間的祿位，任用孔子。只是稍後，齊景公嘆息自己年已老邁，不能任用孔子，有所作為。孔子知道在齊國，已無法發揮自己的政治理想，於是離開齊國而去。

（三五三）

齊人歸女樂❶，季桓子❷受之，三日不朝，孔子行❸。（〈微子第十八〉‧四）

【注　釋】❶齊人歸女樂　魯定公十四年，孔子為魯國司寇，攝行相事，魯國大治。齊國恐懼，選美女八十人，文馬三十駟，贈魯君。定公與大臣季桓子往觀終日，怠於政事。歸，同「饋」。❷季桓子　即季孫斯，時為魯國上卿。❸孔子行　孔子進諫不聽，辭官離去。

【語　譯】齊國贈送了一批舞女歌姬給魯國，季桓子勸魯君接受，一連三天不上朝處理政務，孔子便辭官離開了魯國。

【解　義】魯定公十年，孔子為魯國大司寇，掌理司法，攝行相事，推動改革，魯國大治，引起鄰邦齊國的注意，恐怕孔子受到魯國重用，對齊國不利。於是挑選美女八十人，文馬三十駟，贈送魯國，陳列於魯城門外。大臣季桓子勸魯君接受，君臣一同前往觀賞，三日不上朝，怠忽政事。孔子知己道已不能行，辭官離開魯國。

（三五四）

子欲居九夷❶。或曰：「陋，如之何？」子曰：「君子居之，何陋❷之有？」（〈子罕第九〉．十三）

【注釋】❶九夷　東方的蠻夷民族散居之地，九，指多數。❷陋　偏僻簡陋，文化落後。

【語譯】孔子想到九夷去居住。有人說：「那裡太鄙陋了，怎麼能居住呢？」孔子說：「只要君子去住，怎麼會鄙陋呢？」

【解義】孔子生逢衰亂，有心用世，而道不能行，不免心有所感，而想前往邊疆地區九夷居住。有人以為，九夷地處僻陋，文明閉塞，不宜居住，勸孔子勿往。孔子以為，如有君子居在其處，推動道德教化，自然能使該地民風轉變，禮義流行，則何嘗會有僻陋之感，不適合居住呢？

（三五五）

楚狂接輿❶歌而過孔子，曰：「鳳兮❷鳳兮！何德之衰❸？往者不可諫，來者猶可追❹。已而❺，已而！今之從政者殆❻而！」孔子下❼，欲與之言。趨而辟❽之，不得與之言。（〈微子第十八〉．五）

【注釋】❶楚狂接輿　楚國賢人，佯狂避世，不知其名，因他接近孔子之車輿而歌，故稱之為接輿。❷鳳兮鳳，鳳鳥。兮，語氣詞。❸何德之衰　相傳天下有道，則鳳鳥出現，天下無道，則鳳鳥不見。此處以鳳鳥比喻孔子，諷孔子遭逢亂世，當隱居避世。❹往者不可諫二句　指孔子往日棲棲皇皇，已成過去，今後隱居，尚來得及。❺已而　已，止也。而，語氣詞。❻殆　危險。❼下　下車。❽辟　同「避」。

【語　譯】楚國的隱士接輿走過孔子的車前，唱著歌說：「鳳凰啊！鳳凰啊！你的德行為什麼這麼衰敗呢？過去的行為不能再挽回，未來的事情還可以補救。算了吧，算了吧！現在從政的人是很危險的。」孔子下車，想同他談論。他卻急忙地避開，孔子因而沒有機會和他談話。

【解　義】楚國佯狂避世的隱士接輿，唱歌經過孔子的車前，以鳳鳥比喻孔子，暗示從政者道不得行，且將身陷危險，諷勸孔子及時退隱，以避災禍。孔子聽聞之後，下車想與隱士交談，說明自己從政的理由，隱士卻已飄然避去，孔子竟不得與他相見。這雖是道不同不相為謀，也可見隱士狂狷的性格。

（三五六）

長沮、桀溺耦而耕❶，孔子過之，使子路問津❷焉。長沮曰：「夫執輿者❸為誰？」子路曰：「為孔丘。」曰：「是魯孔丘與？」曰：「是也。」曰：「是知津矣❹。」問於桀溺。桀溺曰：「子為誰？」曰：「為仲由。」曰：「是魯孔丘之徒❺與？」對曰：「然。」曰：「滔滔者❻天下皆是也，而誰以易之❼？且而❽與其從辟人之士❾也，豈若從辟世之士❿哉？」耰而不輟⓫。子路行以告，夫子憮然⓬曰：「鳥獸不可與同群，吾非斯人之徒與而誰與⓭？天下有道，丘不與易也⓮。」（〈微子第十八〉‧六）

【注釋】❶長沮桀溺耦而耕　長沮和桀溺二人，並肩耕田。長沮，桀溺，楚國的兩位隱士，不知其真實姓名。❷問津　打聽過河的渡口。❸執輿者　在車執轡之人。此指孔子，因子路已下車問渡口。❹是知津矣　意在諷刺孔子，既然周遊列國，自應熟悉道路渡口。❺徒　門徒；弟子。❻滔滔者　指天下混亂，如洪水波濤瀰漫。❼易之　改變它。❽而　你。指子路。❾辟人之士　孔子周遊列國，四處碰壁，無人重用，如同見人而躲避，故諷刺孔子為避人之士。辟，同「避」。❿辟世之士　避世之士。桀溺自謂。⓫耰而不輟　繼續耕種不停。耰，播種後，以土覆蓋，稱耰。輟，停止。⓬憮然　失望貌。⓭吾非斯人之徒與而誰與　謂自己願與世人同群而居，共同生活，謀求幸福。斯人，指世人。⓮天下有道二句　正因天下無道，故孔子自言不得不出而力求改變世道。

【語譯】長沮、桀溺兩人一起耕田，孔子從那兒經過，叫子路下車向他們打聽渡口的所在。長沮問道：「那車上拿著韁繩的人是誰？」子路說：「是孔丘。」長沮又問：「就是魯國那位孔丘嗎？」子路說：「是的。」長沮說：「那麼，他應該知道渡口在那裡了。」子路又去問桀溺。桀溺說：「你是誰？」子路說：「我是仲由。」桀溺說：「是魯國孔丘的門徒嗎？」子路說：「是的。」桀溺說：「如今世局混亂，就像洪水橫流到處氾濫一般，誰能改變它呢？而且，你與其跟隨那與人不合的孔丘，為什麼不跟隨我們這些避世隱居的人呢？」說罷，仍舊平土覆種。子路回來，把情形告訴孔子，孔子感慨地說：「人不能只和飛禽走獸群居共處，我不同天下的人在一起，又要同誰在一起呢？如果天下已經太平，我孔丘也就不必勞碌奔波從事改革了。」

【解義】長沮桀溺二人並肩同犂而耕田，孔子使子路詢問渡口，長沮卻說，孔丘栖栖遑遑，力求救世，應當自知渡口，若自己不知，又如何能以津渡告人而救世呢？以此諷刺孔子。

子路再詢問桀溺，桀溺告以天下滔滔為亂，誰人有此能力拯救？並勸子路勿從四處碰壁的孔丘，而從自己前往隱居避世。

孔子聽完子路的回報，不免感嘆，人各有志，志不同不相為謀，有如鳥獸與人，不可同群而居。並嘆息如果天下有道，自己何必辛苦如此，努力變更混亂，尋求治道？

在此章中，表現了孔子的救世精神，堅持理想的毅力。

(三五七)

子路從而後❶，遇丈人❷，以杖荷蓧❸。子路問曰：「子見夫子乎？」丈人曰：「四體不勤，五穀不分❹，孰為夫子？」植其杖而芸❺。子路拱而立❻。止子路宿❼，殺雞為黍而食之，見其二子焉❽。明日，子路行以告⑨。子曰：「隱者也。」使子路反見之。至，則行矣⑩。子路曰⑪：「不仕無義⑫。長幼之節，不可廢也；君臣之義，如之何其廢之？欲潔其身，而亂大倫⑬。君子之仕也，行其義也；道之不行，已知之矣⑭！」

（〈微子第十八〉．七）

【注釋】❶從而後　跟隨孔子出外，卻落在後面遠處。❷丈人　老人。❸以杖荷蓧　用拐杖挑著除草的竹器。蓧，除草的器具。❹四體不勤二句　指子路不從事耕種，四肢不勞動，五穀分不清，卻出遊在外。四體，指兩手兩足，五穀，指稻、黍、稷、麥、菽（豆）。❺芸　同「耘」。除草。❻拱而立　拱手恭敬而站立。❼止子路宿　留子路至其家中住宿。止，留也。❽見其二子焉　老人使其二子出見子路。❾告　稟告孔子知曉。❿至則行矣　子路再回到老人家中，老人已經外出。⓫子路曰　子路將孔子的話，告訴老人的兩個孩子，並請轉告老人。⓬不仕無義　君子在亂世中，不出來救世濟民，是不合道義的行為。⓭大倫　指君臣的關係。君臣之義，也在五倫之中。⓮道之不行二句　指理想之道不易踐行，則是早已知道之事。

【語譯】子路跟隨孔子出外，落在後面，遇見一位老人，用手杖挑著除草的竹器。子路問他說：「您看見我的老師嗎？」老人說：「你身體不勞動，五穀分不清，誰曉得你的老師是什麼人？」說完，便立著手杖在田間鋤草。子路拱著手恭敬地站著。老人留子路到家中住宿，殺雞做飯款待他，並且叫他兩個兒子出來相見。第二天，子路辭行，趕上了孔子，向他報告這件事。孔子說：「這是一位隱士。」叫子路再回去看看他。子路到了那裡，老人已經外出。子路於是向他的家人轉述孔子的話說：「一個人不出來為國家做事是不應該的。長幼尊卑的禮節既然不能忽略，君臣的大義又如何能夠不管呢？隱居是想潔身自好，卻悖亂了君臣之間的倫常。君子出來做官，只是認為這樣做是應該的；至於本身的政治理想難以實現，我早就知道了。」

【解　義】子路與孔子相失，問於荷蓧老人。老人言語坦率，意態懇切，待子路也盡其禮，自是有道的隱士。孔子使子路返回，希望向老人說明自己奔波在外的心志。至則老人適離家外出，子路就將孔子的話語，告知老人的二子，請二人轉稟老人了解，既然人在家中，長幼之禮不可廢，則在國中，君臣之義也不可廢。如果人人隱居避世，都不勤勞國事，則君臣之義必有虧損。君子在亂世中出仕，也正是想要維持君臣之義，推動善政。至於理想能否實現，則早已不在考慮之中。

（三五八）

子在川上❶，曰：「逝者如斯夫❷！不舍晝夜❸。」（〈子罕第九〉．十六）

【注　釋】❶川上　河川邊上。❷逝者如斯夫　逝去的光陰，就如同河中的流水一樣，一去不再復返。❸不舍晝夜　指日夜不停。舍，同「捨」。指停止。

【語　譯】孔子站在河邊，感嘆地說：「逝去的歲月就像流水一般啊！日夜不停地奔流。」

【解　義】孔子經過河邊，佇足觀看流水，見河水流逝，日夜不停，不免心中感慨，光陰有如流水，自己年華漸老，而所志未成；但也激勵自己，要及時努力，自強不息。

（三五九）

子曰：「吾十有五而志於學❶，三十而立❷，四十而不惑❸，五十而知天命❹，六十而耳順❺，七十而從心所欲，不踰矩❻。」（〈為政第二〉·四）

【注釋】❶吾十有五而志於學　孔子十五歲時，已知立志向學。有，同「又」。❷立　卓然自立。❸不惑　沒有疑惑。❹知天命　了解天地間一切自然變化的道理。❺耳順　耳聞其言，即能知其是非。❻從心所欲不踰矩　一切任心而行，卻能自然不踰越法度。矩，規範。

【語譯】孔子說：「我十五歲時，立志向學；三十歲時，已確立了做人的基本原則；四十歲時，對於事物當然之理，已能無所迷惑；五十歲時，能了解天命的道理；六十歲時，聽到別人言語，自能分辨真假是非；七十歲時，已能隨心所欲，不會踰越法度。」

【解義】此章記載，孔子自述進德修業的六個階段，以及每個階段所到達的人生境界。

孔子十五歲時，已經了解到學問對自己的重要，因而立志向學，勉勵自己，立定心志，追求知識。

孔子三十歲時，在學問的大方向上，道德的基礎上，已經能夠堅持目標，在社會上，也已經能夠有所自立。

孔子四十歲時，心靈上已經能夠明辨是非，判斷善惡，而不為各種繁華繽紛的動聽言論所惑亂。

孔子五十歲時，學問更加精熟，體會愈加深邃，已能了解到宇宙自然界運行的法則，人生窮通變化的分際。

孔子六十歲時，對於人情事故的理解，也越發通達，往往耳聞他人的言語，便能明察秋毫，無幽不照，是非得失，了然於胸中，而無所凝滯。

孔子七十歲時，胸中意旨，已經能夠隨心所欲，而所思所念，又能與大道吻合，內外為一，並毫無任何扞格之處。

孔子一生，努力學問，精進不已，德性日增。他的好學精神與德性修養，值得世人視為學習的榜樣。

（三六〇）

子曰：「甚矣吾衰也❶！久矣，吾不復夢見周公❷！」（〈述而第七〉．五）

【注釋】❶甚矣吾衰也　孔子以為自己衰老得太厲害了。甚，過分；厲害。衰，衰老。❷夢見周公　周公，姓姬，名旦，文王之子，武王之弟，他制禮作樂，奠定周朝的典章制度，是孔子最為佩服的聖人。孔子年輕時，想要效法周公，日有所思，夜有所夢，故時常夢見周公。及至年老力衰，理想不能實行，連睡眠時夢見周公的情形，也已不復多見。

【語　譯】孔子說：「唉！我已經很衰老了！很久以來，我已經不再夢見周公了！」

【解　義】周公制禮作樂，創立典章，奠定周代文化政治興盛的基礎，也是孔子欽佩效法的對象。孔子壯盛之年，志在學習周公經營擘畫的作為，日有所思，夜有所夢，也時常夢見周公。等到年事漸長，周遊列國，時君世主，多不見用，政治抱負，文化理想，仍然無法實現。故孔子暮年，有感於壯志未酬，理想難於達成，睡夢之中，也不再夢見周公，所以，才偶有「甚矣吾衰也」的嘆息之詞。

二十、讚嘆

小引

孔子一生，致力於教育工作，致力於社會倫理的建設，致力於安邦治國的理想，他的行為，他的道德，受到弟子們的尊敬和讚嘆，《論語》中記載，有人將他視之為聖者，有人將他比擬為日月，有人讚許他生榮死哀，人格崇高而不可企及。後世尊稱他為「至聖先師」，的確是名實相符的不朽榮譽。

（三六一）

大宰❶問於子貢曰：「夫子聖者與❷？何其多能也？」子貢曰：「固天縱之將聖❸，又多能也。」子聞之曰：「大宰知我乎！吾少也賤，故

多能鄙事。君子多乎哉？不多也！」牢④曰：「子云：『吾不試⑤，故藝⑥。』」（〈子罕第九〉．六）

【注釋】①大宰　官名。②與　同「歟」。③固天縱之將聖　指上天有意使孔子成為大聖人。固，本也。將聖，大聖。④牢　姓琴，名牢，字子開，孔子弟子。⑤不試　不為時君所用。試，用也。⑥藝　才藝。

【語譯】太宰問子貢道：「你們的老師是聖人吧？不然，為什麼他這樣多才多藝呢？」子貢說：「這是上天要使他成為聖人，並使他多才多藝。」孔子聽到以後說：「太宰真是了解我呀！我小時候，家中貧窮，所以能做許多粗鄙的事。君子是不是要多能呢？我看是不必多吧！」琴牢說：「老師說過：『我不曾為國家試用，所以才學得這些技藝。』」

【解義】太宰因見孔子多能，而稱之為聖人。子貢回答，僅稱天縱之將聖。將聖，是代表老師謙稱，尚不至於聖人的境界。至於多能，則加以承認。孔子則說明自己多能的原因，在於少年貧困，不得不多方學習各種事務，但也表示君子當專習所長，並不以多能為貴。孔子弟子琴牢，則轉述孔子之言，說明孔子因不見試用，所以能多習才藝，以補充孔子之意。

（三六二）

顏淵喟然①歎曰：「仰之彌高②，鑽之彌堅③，瞻之在前，忽焉在後！

夫子循循然善誘人❹，博我以文，約我以禮，欲罷不能，既竭吾才，如有所立，卓爾❺，雖欲從之，末由也已❻！」（〈子罕第九〉．十）

【注　釋】❶喟然　感嘆之聲。❷仰之彌高　抬頭仰望，更見他的道理，高不可及。彌，更加。❸鑽之彌堅　沉潛鑽研，更見他的道理，深不可測。❹循循然善誘人　教導他人的方式，井然有序。❺如有所立二句　言孔子的道理，仍然矗立在前，引導自己。卓爾，高峻之貌。❻雖欲從之二句　雖然想要緊緊跟隨，卻又無法追趕得上。

【語　譯】顏淵讚嘆地說：「夫子的道理，實在高深，我越仰望，越覺得它的高遠，越鑽研它，越覺得它堅實，看起來它似乎在前，忽然又到後面去了！夫子一步步地誘導我，先教我博習典籍，再教我禮節，以約束行為，使我想要停止學習也不可能，已經用盡了我的才力，而夫子的道理，依然卓立在前面，我雖想跟上，卻無法跟得上啊！」

【解　義】孔子之學，博大精深，如高山使人仰望而遠不可及，如美玉使人琢磨鑽研而窮究不盡，道理周遍，影響多端。而孔子教學，則善於誘導學生，先使人博習典籍，然後以禮儀約束身心行為。如此內外兼修，使人興趣盎然，盡心追求，多用才力，有時以為已經接近目標，卻發現孔子之道，似無窮盡，遙遙在前，可以遠觀而難以企及，這是顏回自述從學孔子的真實感受。

（三六三）

叔孫武叔語大夫於朝❶曰：「子貢賢於仲尼。」子服景伯❷以告子貢。子貢曰：「譬之宮牆❸，賜之牆也及肩，窺見室家之好。夫子之牆數仞❹，不得其門而入，不見宗廟之美，百官之富❺。得其門者或寡矣。夫子之云❻，不亦宜乎！」（〈子張第十九〉．二十三）

【注釋】❶叔孫武叔語大夫於朝　叔孫武叔在朝廷上向大夫們說。叔孫武叔，姓叔孫，名州仇，諡曰武，魯國大夫。語，告訴。❷子服景伯　姓子服，名何，字伯，諡曰景，魯國大夫。❸宮牆　房屋的圍牆。❹仞　八尺為仞。❺不見宗廟之美二句　指不能見到宗廟似的雄偉，文武官員在府中治事一般的富盛。❻夫子之云　指叔孫武叔的話。

【語譯】叔孫武叔在朝廷中對大夫們說：「子貢比他的老師仲尼還賢能。」子服景伯把這話告訴子貢。子貢說：「譬如房屋的圍牆，我家的圍牆只有肩膀那麼高，站在牆外，就可以看到牆內房屋的美好。我老師家的圍牆卻有幾丈高，如果找不到大門走進去，就看不到裡面宗廟似的雄偉壯觀，文武官員在府中治事一般的富盛。如今能夠找到大門的人或許不多吧。那麼，叔孫武叔說出這樣的話，不也是很自然的嗎！」

【解　義】子貢以室家之好，比喻自己的學識，以宗廟之美，百官之富，比喻孔子的境界。而人們自牆外觀看，則因孔子與子貢的圍牆，有高低的不同，牆低，則對牆內情況，可以一目了然，牆高，則對牆內情況，莫能測其高深。因而宛轉說明，孔子所達到的聖域，已非凡人所可企及。

（三六四）

叔孫武叔毀❶仲尼。子貢曰：「無以為也❷！仲尼不可毀也。他人之賢者，丘陵也，猶可踰❸也；仲尼，日月也，無得而踰焉。人雖欲自絕❹，其何傷於日月乎？多見其不知量❺也。」（〈子張第十九〉・二十四）

【注　釋】❶毀　毀謗。❷無以為也　言如此之作為無所用。❸踰　跨越。❹自絕　自己棄絕。❺量　分量。

【語　譯】叔孫武叔毀謗仲尼。子貢說：「這樣做是沒有用的！仲尼是毀謗不了的。別人的賢德，好比山丘，還可以超越過去；仲尼的賢德，就像大陽和月亮，無法超越它。人們自己想要棄絕太陽和月亮，那對太陽和月亮又有什麼損害呢？只是表示他不知道自己的分量罷了。」

【解　義】子貢以日月比喻孔子之賢，以見其高不可踰，人縱然想與日月相絕，也絲毫無損於日月的光明與高峻，人縱然想要毀謗孔子，而孔子的思想，仍然屹立不搖，萬古長新。

（三六五）

陳子禽❶謂子貢曰：「子為恭也！仲尼豈賢於子乎？」子貢曰：「君子一言以為知，一言以為不知，言不可不慎也。夫子之不可及也，猶天之不可階而升也❷。夫子之得邦家者❸，所謂：『立之斯立❹，道之斯行❺，綏之斯來❻，動之斯和❼。』其生也榮❽，其死也哀❾，如之何其可及也❿？」

（〈子張第十九〉·二十五）

【注釋】❶陳子禽　姓陳，名亢，字子禽，孔子弟子。❷猶天之不可階而升也　如天之高，無法用梯子爬上去。階，梯也。❸夫子之得邦家者　孔子如果能獲得任用，在國為諸侯，在邑為大夫，自可大行其道。❹立之斯立　扶助人民，人民就能自立。❺道之斯行　教導人民，人民就能遵行。❻綏之斯來　安撫人民，人民就來依歸。❼動之斯和　鼓舞人民，人民就能和諧。❽其生也榮　他生時，人民以他為榮。❾其死也哀　他死後，人民都哀悼他。❿如之何其可及也　這樣的人，別人如何可以趕得上他呢。

【語譯】陳子禽向子貢說：「你是過分謙恭以尊敬老師吧！仲尼難道真的勝過你嗎？」子貢回答說：「君子由一句話表現他的聰明，也由一句話表現他的不聰明，所以說話不可不謹慎。夫子德業的崇高，是沒有人能趕得上的，猶如青天不能用階梯爬上去一般。如果夫子能有機會掌理國政，施行教化，那正如古語所說：『以禮義教化人民，就能使人民自立；以道德教導人民，就能使人民感化奉行；以仁政安撫人民，就能使人民聞風來歸；以禮樂鼓舞人民，就能使人民情意和諧。』他老人家，生前人人尊敬他，死後人人哀悼他，那裡有人能趕得上呢？」

【解　義】子貢稱讚孔的學問人格，崇高美善，世人不能相知相及，如同天高無梯可登一般。立之、道之、綏之、動之四句，是子貢深知孔子之語，說明孔子如果能夠從政治國，必能使人民聞風向化，禮樂振興，社會融洽。至於「其生也榮，其死也哀」兩句，則是孔子死後，子貢對於孔子的推尊之詞。孔子道貫古今，卒後以迄於今，孔子的思想，仍然長在人心，子貢對孔子的稱道之言，可以說是天下的公論。

參考書目

論語集解　何　晏　臺灣中華書局

論語義疏　皇　侃　廣文書局

論語集注　朱　熹　世界書局

四書近指　孫奇逢　臺灣商務印書館

四書講義　呂留良　廣文書局

論語正義　劉寶楠　世界書局

論語集釋　程樹德　藝文印書館

論語會箋　徐　英　正中書局

論語今解　余家菊　臺灣中華書局

論語新解　錢　穆　東大圖書公司

論語今注　潘重規　里仁書局

論語釋義　康義勇　麗文文化公司

◎新譯韓非子

賴炎元、傅武光／注譯

韓非乃集先秦法家之大成者，其思想影響後世至為深遠。由於傳統社會大抵服膺儒家仁義之說，對於韓非之鄙薄仁義，評價不高；然近世各門學科獨立發展，韓非思想已獲較多之肯定，尤其是他看出政治的本質是權力而非道德，極力主張尚法精神和中人之治，在今天更顯出其洞見。除正文之題解、注釋、語譯詳贍易讀外，書前之「導讀」一文更條分縷析，對韓非其人其書、思想淵源、學說體系及評價，皆有完整而獨到之介紹，允稱今人研讀《韓非子》之最佳選擇。

◎新譯禮記讀本

姜義華／注譯　黃俊郎／校閱

禮治是先秦儒家的重要主張，《禮記》一書則是儒家論禮的文獻總彙。它的重點在如何認識、理解禮的真義，並確保禮能得到各方面的遵行。想要了解儒家禮學與禮治的理論，以及探討中國古代的婚姻禮儀、家族體制、社會習俗等，《禮記》都具有非常高的參考及研究價值。本書先以題解分析各篇原委、要點，再以章旨提綱挈領，並輔以詳明的注釋及切合原文的語譯，闡述流暢，期能幫助讀者對於古代典章制度、社會生活規範以及禮的真精神，有更深層的認識。

◎新譯墨子讀本

李生龍／注譯　李振興／校閱

墨子是戰國時期重要的思想家、邏輯學家和軍事家，他所領導開創的墨家，與儒家在先秦諸子百家中並列「顯學」。現傳《墨子》一書共五十三篇，內容可分為三類：一屬名辯類，其中提出不少推理方法，對中國邏輯學發展有頗大助益。二屬軍事類，是墨子「非攻」思想與墨家兵法的主要論述。三屬思想類，是了解墨家思想與主張的重要依據。本書各篇有題解說明，各段有章旨概括重點，注譯簡潔明晰，為研究《墨子》提供最佳的幫助。

國家圖書館出版品預行編目資料

新譯論語新編解義／胡楚生編著.－－初版六刷.－－
臺北市：三民，2022
面；　公分.－－(古籍今注新譯叢書)

ISBN 978-957-14-5711-6（平裝）
1.論語 2.注釋

121.222　　101015336

古籍今注新譯叢書
新譯論語新編解義

編著者	胡楚生
發行人	劉振強
出版者	三民書局股份有限公司
地址	臺北市復興北路 386 號 (復北門市) 臺北市重慶南路一段 61 號 (重南門市)
電話	(02)25006600
網址	三民網路書店 https://www.sanmin.com.tw
出版日期	初版一刷 2012 年 10 月 初版六刷 2022 年 11 月
書籍編號	S033640
ISBN	978-957-14-5711-6